DREAM BIG

3G资本帝国

[巴西] 克里斯蒂娜·柯利娅（Cristiane Correa）◎著
王仁荣◎译

How the Brazilian Trio behind 3G Capital - Jorge Paulo Lemann, Marcel Telles and Beto Sicupira Acquired Anheuser-Busch, Burger King and Heinz

北京联合出版公司
Beijing United Publishing Co.,Ltd.

沃伦·巴菲特

股神，伯克希尔哈撒韦 CEO

豪尔赫·保罗·雷曼不但是我的好友，还是现在的合作伙伴。他和其团队无疑是全球最好的商人。雷曼的一生充满着传奇性，他征战商场的故事一定会给每一个人带来启发，包括我!

吉姆·柯林斯

管理大师，畅销书《从优秀到卓越》《基业长青》作者

本书讲述了历史上最具传奇色彩的商业故事之一，研究了其背后的企业家和领导者的经营理念。从起初毫不起眼到后来在全球具有巨大的影响力，3G 资本的故事值得每一个巴西人为之骄傲，它与沃尔特·迪士尼、亨利·福特、山姆·沃尔顿、盛田昭夫以及乔布斯等伟大商业天才的故事相比毫不逊色。这是一个全世界的领导者都应当了解的故事，大可作为学习和灵感的来源。

巴曙松

中国银行业协会首席经济学家
香港交易所首席中国经济学家

在国际市场上，中国的企业正进行雄心勃勃的全球化布局，频频出手进行收购，3G 资本对这些并购能提供的启示在于，收购谈判完成，只是一项成功的并购的开始而已，如何进一步推进整合，促成金融资源与产业的有机融合，才是更关键的环节。在中国本土市场上，经济的转型，行业的洗牌，以及增长方式的转变，都带来巨大的产业重构的需求。3G 资本能提供的启示表现在，富有远见的并购是推动行业洗牌和产业升级的关键，而在这个过程中，则会以大浪淘沙的方式在并购中筛选出卓越的并购金融家与杰出的企业，并共同促进经济的转型进程。

王强

真格基金联合创始人

阅读雷曼、马塞尔、贝托的追梦之旅，不时会让我想起自己的创业时期。他们是三个人，当年俞敏洪、徐小平和我也是三个人。本书的作者在诠释合伙人必须具备的能力时，突出强调了相互尊重、知识构架的差异性以及包容性，而这其实正是我想向所有创业者提出的忠告。

王航

厚生投资创始合伙人
新希望集团副董事长

创造商业奇迹的企业很多，真正值得朝拜的是创造商业文明的成功企业，3G 无疑是其中之一。想一想这样的场景：一群怀揣大梦想的优异年轻人聚集在一起，他们聪明，具有绝佳的领悟力和创造力；他们平等，充满慈悲情怀和成就彼此的气度；他们勤奋，感知忘我工作中的乐趣和意义；他们追求真正的卓越，致力于改进流程、生成价值，并与藏存于企业中的贪腐、骄奢与浪费作坚决的斗争。他们在人生的中途，职场的前段，就发现了自己的使命，如果有人称他们为精英，他们必然要承担他们的使命。阅读这本书，在儒家文化浸润过的中国商业社会中，我们应发现一份熟悉、一份亲切、一份不会孤独的欣喜。

张化桥

中国支付通集团董事长

湛庐文化把这本小书翻译成中文版，请我写几句。我很快读了一遍英文版，感觉不错。1971 年，雷曼和另外两个巴西人收购了一家破烂的小券商加兰蒂亚。经过几十年的苦干、智慧加运气，把它变成了一家超级成功的投资银行。1997 年，由于亚洲金融危机，加兰蒂亚差点翻船。1998 年，它被迫以 6.8 亿美元卖给瑞信。之前，几个合伙人曾收购了巴西最大的啤酒公司博浪，还通过它吞并了老二南极洲啤酒，组成美洲饮料。2004 年，它把自己卖给了总部在比利时的英特布鲁。由于后者股权分散，使巴西的三个合伙人有机会通过不断增持控制了全局。2008 年，他们又成功并购了百威。三个合伙人还在美国成立了一家 PE 公司，名叫 3G 资本，专投美国公司。2010 年，他们收购汉堡王;2013 年,他们联手巴菲特,收购了亨氏食品公司。这本书比《门口的野蛮人》《资本之王》简单易懂，是少有的反映巴西经济和这三个传奇人物的书，比较适宜大众阅读。

毛大庆

优客工场创始人、董事长

有的人创业是为赚很多的钱，有的人创业是为改变世界，而 3G 资本创始人的初始目标是打造一套能成为所有企业的标杆的经营模式。这种意图使得雷曼等人永远以创业的初心来看待一切成绩。无论在吞下百威、亨氏、卡夫等世界知名企业时，还是在自己名下已拥有数百亿美元财富时，都是如此，创业对于他们来说，就是生活的全部，就是一场永无止境的“马拉松”。

周健工

第一财经 CEO 兼总编辑

三位巴西人史诗般的并购，拿下一系列世界上最知名的消费品牌，甚至连股神巴菲特也参与其中。这背后的故事是什么？除了管理大师柯林斯总结作序，只有自己阅读，才能深刻体会到一家文化优秀的公司，可以跨越行业和国度，不断创造新的并购奇迹。

秦朔

秦朔朋友圈 Chin @ Moments 新媒体平台及中国商业文明研究中心发起人

当企业家的眼界和胸襟高于企业目前的价值时，企业就会持续成长。3G 资本的发展史完美地诠释了这一道理。当巴西啤酒行业的老大博浪停滞不前时，雷曼等人为它重新启动发动机；当比利时英特布鲁躺在既往的成就上心满意足时，雷曼等人使之重新步入增长轨道；当百威在丰腴的美国市场上不思进取时，雷曼等人向其注入了强力的增长基因。3G 资本的伟大，就在于它总能不断突破阻碍发展的屏障，而这显然得益于“dream big”。

李翔

资深媒体人
《李翔商业内参》出品人

几年来我通过一桩又一桩的并购，以及股神巴菲特的介绍，知道了 3G 资本和它的创始人——2017 年的股东大会上，甚至有人问巴菲特，是否会选择 3G 资本的雷曼为接班人。现在，这本书介绍了这家巴西私募巨头的详尽历史，以及它的基本战略：精英治理、削减成本和不断改进。

刘明

领医创造 CEO

我在老东家华润学习到了全新的商业思维，直觉告诉我这些比其他商业思维在“商业实用”上高一维度。但当我转身，与合伙人一起创办领医时，这些却让我犹豫不决，不敢尝试。幸好彼时，我接触了此书的英文版以及 3G 资本的相关资料，反复研读后，不但佐证了我之前学习到的“开眼的商业思维”，并使我对公司的设计产生了深刻影响。感谢雷曼和他的两位伙伴，三位老爷子用实践告知后来者：自身结构与管理体系的创新也可以为商业社会带来巨大的价值，而这种价值与科技创新带来的价值相比，毫不逊色。

大梦谁先觉

王明夫 和君咨询集团董事长、和君商学院院长
丛龙峰 和君商学首席管理学家

有一次，在香港皇家游艇会，我们和高瓴资本的张磊餐叙，问他怎么选择投资项目。他说，关键是选企业家，选择“think big，think long”的那种企业家，然后投资他们的梦想。张磊大笔投资的腾讯、京东、Uber、Airbnb、格力等公司，就是这样选的。那场餐叙的时间很长，究竟谈了什么，于今了无记忆，但张磊“think big，think long”和投资梦想的说法，令我们久久不忘、经常回味。

这本书的英文名字叫作《Dream Big》。一看这书名，我们就迫不及待地想要阅读它。周星驰说：人生如果没有梦想，那跟一条咸鱼有什么区别？Dream Big，好酷啊！什么样的人生或事业，才配得上这样的书名呢？是“仰天大笑出门去，我辈岂是蓬蒿人”的高志之士，还是“大梦谁先觉，平生我自知”的了悟之人？

我们阅读的是本书的英文版本，从中首次了解到 3G 资本这家公司。这家低调得不为中国人所知的巴西投资机构，却是多家世界级公司背后的真正操盘手和实际控制人。由 3G 资本操盘整合和实际控制的百威英博、汉堡王、亨氏、卡夫、提姆霍顿、南非米勒等六家公司，年营收合计达到 1 000 亿美元，市值总和高达 3 500 亿美元。这让 3G 资本成了全球最大的食品集团，比收入 600 多亿美元的百事可乐公司要大得多，称得上是真正意义上的企业帝国。

任何伟大的事业，都有一个从小到大的生长演变过程。3G 资本从小到大是怎样一步步地成长起来，最终成为全球食品产业的头号王者的？这本书为我们揭开了 3G 资本的理念、逻辑、模式、步骤、做法和 Know-how，以及成就这番事业背后的梦想、意志、情怀、人生跌宕和爱恨情仇。

读了这本书，我们几乎一见钟情地喜欢上了 3G 资本，并引为我们和君资本的同道和知音，视其为我们努力追赶的标杆。湛庐慧眼识珠，翻译出版本书，可嘉可喜。和君商学策划出版了另一本书《3G Way》（3G 之路）的中文版，我们把书名翻译成《赋能式投资》。这两本书，是了解 3G 资本的姊妹篇，我建议读者先读《3G 资本帝国》，后读《赋能式投资》。和君商学院把这两本书列为师生的必读书，还专门开设解读 3G 投资模式的讲座。仿照大家熟悉的那个句式，我们说句话：修身要读王阳明，投资必读《3G 资本帝国》。

3G 资本，一家起源于巴西的投资机构，以全球化的格局和雄心，买买买、管管管，从投资收购切入，凭管理创造价值，整合了产业结构、提升了管理效率、改进了经营绩效、实现了资本增值。通过资本与产业良性互动、循环推动，最终促进它登顶了世界产业王者的位置。当今中国，雄心犹在的企业家和投资家，如何从本土走向世界资本和全球产业舞台，3G资本是值得我们学习的榜样。

任何一家伟大的投资机构，都必须找到自己的信仰和活法，有着简单明了的投资原则和标准，切实可行的分析方法和操作方式，严格的投资纪律和自我管理，修行人般的杰出领导人和团队，长期磨炼和煎熬所沉淀积累的能力与意志。这是一条艰难曲折的漫漫长途，也是一场走在“自己的朝圣路”上的信念跋涉。我们深信，在这样的道路上达到了顶峰的投资大师，如 3G 资本和巴菲特，一定是在产业与资本两个维度上都接通了天道和规律，了悟了人性与人心，化繁为简、玉汝于成。这是觉悟和修行的结果。

梦想是容易的，觉悟呢？修行呢？大梦谁先觉，英雄心自知；风云恒变幻，胜在致良知。

兹为序。

DREAM BIG 推荐序2

价值创造的核心是文化和人

汪群斌
复星集团首席执行官

自经纪业务起家并将加兰蒂亚投资银行打造为巴西“高盛”，到由零售业务切入消费品产业，通过并购整合和投后管理打造自己的百威英博啤酒王国，直至拥有汉堡王、卡夫亨氏等知名消费品牌，构建起全球最大的食品饮料集团，3G 资本核心创始团队几十年的创业经历读起来酣畅淋漓，而故事背后，雷曼、贝托、马塞尔三位创始人的经营思想和管理理念则更值得学习。

都说失败的企业各有各的问题，成功的企业却有相似之处。那么，成功企业的秘诀在哪里，3G 资本的“独家秘方”又是什么？结合创业 25 年的经验和自己的体会，与各位读者分享几点感受并共同探讨。

打造正确的文化价值观是基业长青和永续经营的基础。无论企业大小，无论处于哪种行业，如果要实现永续经营和聚焦长期价值的创造，都离不开正确的文化价值观的塑造。3G 资本创始人对永续经营、创造长期价值拥有共同的兴趣，并且视为毕生的追求。雷曼曾说：当其他人忙着管理资金时，我们却投入时间打造自己的企业，只要我们成功建立自己的企业，长期而言，就是创造财富的最佳做法。如果用一个词来概括 3G 资本的文化价值观的核心，我认为还是“企业家精神”。一千个创业者可能有一千条创业的理由，但无论开始的原因是什么，想在创业的道路上走下去，坚定的企业家精神一定是不可或缺的。从 3G 资本创始人和许许多多优秀的中国创业者身上，可以清晰地感受到企业家精神的特质：勤奋而热情，永远保持强烈的自我驱动力和饥饿感；坚持创新思维，并不断努力学习新事物；面对接踵而来的问题，始终保持坚韧的意志，通过解决问题创造价值；享受企业发展所带来的满足感等。事实证明，正是有了提倡“企业家精神”的文化和与之相配套的组织机制和激励制度，3G 资本才能在不同行业和区域复制其成功的“投资控股—管理再造—赋能增值”模式。

构建合理、高效的组织机制和激励制度。如果文化价值观没有相应的组织机制保证就无法落地，而正确的激励制度则会最大限度发挥文化价值观的影响力。3G 资本创始人自创业之初就达成了共识，即公司要成为市场赢家，就必须招募最优秀的人才，实施绩效奖励，让表现杰出的员工有机会入股，分享企业成长的红利。同时，公司的组织架构要形式简单，采用扁平化管理。经过不断实践，3G 资本最终建立起以绩效薪酬制度和合伙人制度为核心的组织机制和激励制度，让身份、地位、资历、年龄等都让位于“以绩效论英雄”的标准，从而在一家又一家被投资企业中重构文化并实现企业价值提升。复星自 2015 年任命首批全球合伙人后，两年中不断推动多维度合伙人模式的建设，我们希望向世界第一流的企业学习，建立一套符合自身特色、有进有出、灵活的组织机制，从而吸引最优秀的人才共同创造价值。

任用灵魂深处认同企业文化价值观的人才。文化价值观的传承、组织机制发挥作用，最后落脚点还是"人"，只有找到那些深刻认同企业文化和愿景的优秀人才，形成人才辈出的人才生态圈，才能实现企业的长久发展。

创业之初，雷曼就确定了 PSD（Poor，Smart，Desire）的人才标准，即吸纳出身平凡、聪明且渴望成功的年轻人。在他们入职之后，公司完全凭个人能力和贡献定绩效，让最能干的 20% 的人才获得 70% 的奖金，而且他们还有机会成为合伙人，分享公司成长。这套基于价值贡献的管理模式和人才机制，极大提升了公司效率和核心竞争力，吸引和培养了大批优秀的年轻才俊。可以说，作为全球一流的投资企业，3G 资本最重要的投资就是人才，这是值得所有创业者和企业家思考并借鉴的。复星的核心理念之一就是投资那些有着卓越"企业家精神"的团队，充分给予其信任，帮助其嫁接资源，从而让他们带领公司创造更大价值。作为复星全球化投资的两个重要项目，地中海俱乐部（Club Med）和葡萄牙保险（Fidelidade）的管理团队高度认同复星的文化价值观和管理理念，双方实现了良好的沟通与融合。这两家公司的业绩也持续走高，其企业价值更是获得了显著增长，这让我们更加坚信团队和文化的力量。

最后，还想和各位分享一个很有意思的细节。雷曼年轻时曾是优秀的网球选手，并且终生都热爱运动，创业后一直保持着健康的生活方式。贝托也是水下猎鱼运动的狂热爱好者。3G 资本的创始人整个职业生涯都保持了极高的“健商”，通过运动和健康生活方式管理自己的身体，为超高强度的工作压力做好了准备，我认为，这也是 3G 资本帝国得以建立的重要基础，是值得每一位渴望 Dream Big 的读者都不能错过的“成功秘诀”。

本次简体中文版由百威英博公司亚太区高管担纲翻译工作，语言流畅、行文紧凑，非常好地传递了原著的思想，相信读者可以和我一样从阅读本书中得到享受，于细节中体会一流企业通过塑造文化和发掘人才实现价值创造的精髓。

DREAM BIG 推荐序3

用资本创造价值

邱国鹭
高毅资产董事长

3G资本和“巴西三剑客”是投资界的传奇，虽然他们在中国鲜为人知，但提起他们投资控股的百威啤酒、亨氏食品、卡夫食品、汉堡王和提姆霍顿咖啡，却都是妇孺皆知的世界级企业。

在2015年伯克希尔哈撒韦50周年股东大会上，投资者对巴菲特提出的第一个问题就是关于3G资本的：“伯克希尔哈撒韦与3G资本已有多次合作，而3G资本收购公司后往往大幅裁员。这让股东对这种合作感到担心，并怀疑伯克希尔哈撒韦的道德水平。”巴菲特答道：“一家公司雇用的员工不能超过必需的程度，这根本不是道德的问题，是工业发展趋势。”的确，3G资本在所收购企业的成本削减和效率提升方面，一直是不遗余力的，这也是为什么他们能从一家巴西投资银行起家，发展到掌控一个3000多亿美元食品饮料帝国的秘诀之一。

巴菲特曾说过:“我们一定要找由优秀的管理层管理的公司，因为我们自己无法提供优秀的管理层。”3G 资本的做法似乎比巴菲特更进一步，他们不仅能够发现价值，还能通过控股企业，派出自己的管理层去经营企业来释放价值，同时在这个过程中提升效率、创造价值。一定意义上讲，这是把价值投资提高到了一个新高度。在今天的中国，有很多公司即便手握知名品牌和优秀产品，也难以充分发挥这些既有的优势。像这种拿着金饭碗讨饭的公司，在中国市场中并不鲜见。然而，由于多方面的制约，我们这些投资人还不具备类似 3G 资本的这种价值释放和价值创造的能力。因此，从这个意义上说，这本书更值得我们学习。

3G 资本投资的公司虽然丰富多样，但都具有共同的特点:拥有非常强的品牌、非常深的护城河，其原有的管理层经营不善、机构臃肿、效率低下、成本高企。3G 资本通常会介入公司管理，派出自己的人才，同时输出自己的文化，通过成本的削减、效率的提升来释放公司的内在价值。它寻找的公司多是遭遇短期经营问题，具有优质品牌的企业，而这正符合价值投资的真谛。

在参与控股公司的运营中，3G 资本很擅长的一件事是寻找标杆，找出差距，之后缩小差距。雷曼等人做投资银行时以高盛为标杆，做零售商店时向沃尔玛学习，做啤酒时向百威学习（以至于在若干年后并购百威）。他们的文化中有一句话:“如果你能够向全世界最优秀的企业学习，为什么要从头开始呢?”向优秀的行业标杆学习，这比自己从零开始摸索要容易得多，但真正能够做到这一点的企业并不多。他们在收购了巴西的博浪啤酒之后，看到销售终端、分销体系没有效率，于是就向百威啤酒学习成功的经验。他们的思路是在全世界范围内寻找最佳的经验和做法，然后加以效仿，持续不断地提高。随着时间的积累，他们每一年都比上一年做得更好。这是一个真正的学习型组织，具备足够的力度和深度。长期来看，它能不断地自我改善，日积月累，做时间的朋友，这是一种非常强大的能力。

这本书也提供了一个管理学的极佳案例。3G 资本采用“零基预算”（Zero-Based Budgeting）机制，以各种有效的方式削减成本。3G 资本所有高管出差均乘坐经济舱、住三星级酒店，无独立办公室。三位合伙人都在世界富豪榜排名前列，却过着极其简约的生活。这本书也阐述了如何给员工树立远大的目标，如何采用“低工资、高奖金”机制，每个人的奖金与其目标完成情况直接挂钩。达到目标与未达到目标的员工所得的奖金存在天壤之别，这极大地提高了员工的主观能动性。3G 资本特别善于用人，招聘的是最优秀、成功欲望最强烈的人，特别是出身贫寒、没有任何背景、希望通过努力工作改变自身命运的一群人。只看贡献，不看文凭，不看资历；扁平化管理，通过资金、提成和持股分红充分让员工分享企业成长的果实。我们在打造高毅资产这个平台型私募基金管理公司的过程中，在选人、用人和利益分享机制方面也大量参考了 3G 的经验，取得了很好的效果。

我上一次近距离接触 3G 资本，是 2015 年。当时，我陪同自己十分敬佩的一位投资人，在曼哈顿拜访了 3G 资本的 CEO。当时 3G 资本公司所在的办公大楼的一层大堂及周边设施正在修整，布满了脚手架，在曼哈顿众多高楼大厦中显得其貌不扬。从它的办公室向外远眺，风景很美，但室内装修却非常简朴。只有会议室里摆满的各式各样的罐头、饼干、啤酒、咖啡等消费品，才让人意识到这是一家掌控着几千亿美元食品饮料帝国的资本集团。

拜访完 3G 资本，令人不禁感叹：这群人真的是“Think big, think long, think deep”（想得大，想得远，想得深）的典范，所以他们能够以非常有限的资源，做出了一番伟大的事业。Think big，他们从卑微的起点，充满梦想，大手笔收购了如此多的世界级企业。Think long，他们始终秉持着“十年磨一剑”的心态去投资，在啤酒这个行业中精耕细作二三十年，终于在全世界独占鳌头。更核心的是 think deep，这是 think big 和 think long 的基础，他们能够透过现象看本质、思考透彻，才能不仅限于财务投资，而是通过获得控股权对企业进行经营管理。

这本书还有一个优点，即译者是百威英博公司的亚太区高管，熟悉 3G 资本的运作与思路，因此翻译质量远高于一般的译本。通常，翻译作品存在一个问题——译本不能够充分展示原著的思想和语言艺术，但本译本很好地保留了原著的原汁原味。这本书的确很精彩，已经很久没有遇到一本让我能够一口气读完的书了。本书很可能是近几年来最好的商业作品之一。

希望有一天，中国的资本市场也能涌现出一批像 3G 资本这样的投资机构，不仅发现价值，还能创造价值，以资本的力量促进实体经济良性整合、提升效率、健康发展。

确保3G资本成功的十大黄金法则

吉姆·柯林斯
全球知名管理大师

归根结底，我是一个老师；我就是这样看待自己的。

——豪尔赫·保罗·雷曼

我与这个伟大故事的缘分始于20世纪90年代早期。那时，在斯坦福商学院的一间教室里，我正在上EMBA案例课，谈论如何建立一家伟大的公司并让它保持持久的成功。当时，有一位企业高管坐在前排，穿着休闲、随性，毫不引人注意。当我针对沃尔玛侃侃而谈并引用其创始人山姆·沃尔顿（Sam Walton）作为例子时，这个人活跃了起来。我描绘了山姆·沃尔顿如何精妙地设计企业文化并建立起巨大的组织结构，以及为什么这比课本中提到的商业战略能更好地解释沃尔玛的成功。我说，山姆·沃尔顿更像是一个“钟表制造者”而非一个纯粹的“报时人”，因此他建立的沃尔玛帝国不需要仰仗个人的远见和魅力。听到这里，这位坐在前排的高管举手发言反驳了我的观点："我认识山姆本人，我并不同意你的看法。"他接着说道，"我认为山姆是沃尔玛成功的核心，正是他的远见和天才让沃尔玛走了很远。"

"是。"我承认，不过我接着反击道，"可是难道你不认为一家公司只有脱离某一位领袖并获得巨大成功，才算真正的伟大吗？"

随后，我们边走边聊，从教室一直到了走廊。我可以看出这位高管对"超越一代领导、保持持续成功"的观点非常着迷。他问我是否可以随他一同前往巴西，去跟他的合伙人和公司员工分享这个观点。当时，我并不知道这个偶然的瞬间会为我带来自己职业生涯中最激动人心的一段友谊。

这位高管就是豪尔赫·保罗·雷曼，他的两位合伙人分别是马塞尔·赫尔曼·泰勒斯和卡洛斯·阿尔贝托·斯库彼拉（昵称贝托），他们的公司就是加兰蒂亚投资银行。当时我并没有听说过他们，便问我的一位来自巴西的 MBA 学员："嘿，你听说过这群人吗？"他睁大眼睛惊奇地看着我，好像我在问"你听说过巴菲特、比尔·盖茨或者乔布斯吗？"他给我看了一篇关于这家投资银行的文章，并与我分享了 3G 资本"三剑客"的传奇故事——他们如何把一群狂热的年轻人凝聚成一个团队，如何把一个微不足道的经纪机构变成拉丁美洲最大的投资引擎之一。

这位 MBA 学员接着告诉我："对了，现在他们正在进军啤酒产业。"

"啤酒产业？"我心想，"一家投资银行做哪门子啤酒生意？"如果当时有人告诉我，这些银行家一直梦想建立世界上最大的啤酒公司，并且打算收购百威啤酒的制造商安海斯 - 布希（Anheuser-Busch），我可能会说：“这不是什么远见，这根本就是痴人说梦。”然而，他们确实做到了。

我与这家企业的三位合伙人已相识近 20 载，也有幸目睹了他们近些年所取得成功的前后历程。我相信我们的友谊始于对一个问题的深刻共鸣，这个问题就是我在课堂所提到的“如何建立一家可以持久伟大的公司”。当我和杰里·波拉斯（Jerry Porras）在 1994 年出版《基业长青》一书的时候，他们本能地喜欢上了这样的观点，尤其是建立一家伟大的公司并让它一直成功下去的远大理想。

作为这 20 年的亲历者，我从他们的经历中获益匪浅。因此在本书的序言中，我希望将自己在这段经历中总结出的 10 条经验教训分享给大家。

1. 永远投资于人，此为重中之重

创业者从来都不缺乏理财的天赋，但这并不是他们成功的主要原因。从一开始，他们最重要的投资就是人才，尤其是年轻和有天赋的领导者。他们认为：最好给有天赋的人一个机会，哪怕他的能力还没得以证明，容忍过程中的一些失望，而不是彻底不信任人。他们的成功秘籍中的第一条正是痴迷于找到正确的人，投资于这些人，给他们以挑战，以他们为根基，看着他们体验到共同完成一个伟大梦想所带来的纯粹喜悦。

同样重要的是，与那些已证明了自己能力的人长久共事。我注意到的很有趣的一点是，虽然 3G 资本的三位创始人在一起共事了 40 年，但他们

依然团结如初。有许多年轻人从一开始就被这三个人招入麾下，他们中的佼佼者也激情不变地工作了几十年，比如现任 CEO 薄睿拓（Carlos Brito）。这群“老司机”不仅把正确的人带上了车，还要在漫长的岁月中跟他们休戚与共。

2. 用远大梦想来保持原动力

优秀的人需要做大事，不然他们就会把自己的聪明劲儿用在别处。所以，几位创始人创造了一个双活塞飞轮：首先，找到这些人才；其次，让他们做大事。然后，找到更多有才干的人，再想出另一件大事让他们做。周而复始，不断循环。这就是他们让企业的动力历久弥坚的秘诀。他们总是在巨大的、让人不可思议的、颇需勇气的目标（BHAGs）①上产生共鸣，然后建立一种实现这些目标的企业文化。正是这群人，让我意识到那种追求远大梦想所面临的内在风险，终会被保持创业激情、留住贤能之才带来的巨大价值所消弭。这与优秀的登山队非常类似：一方面，攀登一座大山总会存在风险，而且接下来的一座座更高的山峰同样危机四伏；然而，另一方面，如果你没有新的山峰去攀登，队伍就会止步不前并失去那些最好的登山队员。因为，优秀的登山者总是寻找大山去攀登，永不止步。

3. 创立精英管理的企业文化和一致认同的激励机制

3G 资本的创始人建立了一种标准如一的企业文化，让员工有机会共同分享因实现伟大梦想而获得的回报。这种企业文化重视表现，而非头衔；

① BHAGs 即 Big Hairy Audacious Goals。——译者注

重视成果，而非年龄；重视贡献，而非职位；重视才能，而非文凭。通过将梦想、人才和文化这三种“食材”组合起来，他们写出了一本可以让企业成功永驻的精妙“菜谱”。①

这种企业文化最青睐非凡的业绩。如果你能创造重大的贡献并展现成果，你就可以平步青云。如果你手握世界上最好的文凭却业绩平平，在这里你将没有立锥之地。三位创始人相信，“人上人”永远渴望精英体制，而平庸者才会对其生畏。

4. 卓越的企业文化可以跨越产业、跨越国度

最奇妙的一件事其实是，“梦想，人才，文化”这种模式是如何从投行这样的金融企业成功运用到了啤酒企业的？它又是怎样走出巴西进入拉美各国，继而传播到了欧洲和美国，并在全球各地生根、发芽、结果的？对雷曼、马塞尔和贝托这三个人而言，企业文化并非企业战略的重要补充。企业文化本身就是战略。三位合伙人在不断进军新产业、跨越国界拓展业务、向更大目标稳步迈进的过程中，始终坚守他们核心的价值理念与独特的企业文化。这本身就是一个活生生的绝佳案例。“保持核心理念并激励进步”的原则也被当今每一家伟大企业所信奉。在公司的初创阶段，三位创始人将视野从巴西扩展至美国，想要寻求业已奏效的经营策略。然而他们并没有静候美国的成功模式在巴西生根发芽后再行事，而是在很早的时候就把美国最好的模式拿到巴西“为我所用”。

① 百威英博的企业文化：梦想，人才，文化（Dream，People，Cultrue）。——译者注

5. 专注于创造伟大的实业，而不是专注“理财”

三位创始人恰好赶上了巴西经济的动荡年代。我曾问他们：“在那样一个充满着不确定性的通胀年代，你们如何理财？”他们的回答是：“当别人都在花时间打理自己的资产时，我们把时间花在了公司的构建上。从长远来看，能把公司打理好才是创造财富的最佳方式。理财本身不会创造伟大和持久的东西，然而创造一个伟大的东西可以让你获得扎实的成果。当三位创始人决定买下博浪啤酒公司时，外界普遍仅将其看作一次短期的财务投资，而在这次收购的 20 年后，已无人再持这样的观点了。显然，收购博浪是三位创始人建设伟大公司的战略性步骤。他们总是站在某种观念的反面逆向思考，而这一切都是为了基业长青。

6. 简约有其内在的智慧与魔力

三位创始人几乎从每一个维度上看都是简约的典范。他们穿着随意，在人群之中毫不出众；其办公室也非常朴素，而且从不会坐在高高在上的高管办公室，将自己与员工隔绝开来。他们从不用赚来的钱让自己过得更奢侈，相反，他们总是努力让自己的生活更简单，以便把精力专注于公司的经营上。我从中学到，真正富有的标志是一张整洁的时间表，这能让他们保持为最重要的事情留下充足时间的习惯。**他们的企业经营策略也只有简单的一句话：找到优秀的人才，赋予他们远大的理想，维持精英治理的企业文化**。仅此而已，不需要增加一个字。真正的大智慧不是让一个想法变得更复杂；恰恰相反，它应该让复杂的世界变得简单，并把这种简单坚守下去。

7. 狂热不是问题

我曾问道："你们在招贤纳士时最看重的是哪类人？他们最重要的特质又是什么？"他们回答道："找那些像疯子一样狂热的人。"我们生活在一个人人都在寻求捷径并期望获得非凡成就的年代。可是世界上并没有这种捷径存在。唯一的途径则是专注、长期及持续地努力。显然，构建这样一家企业的唯一方式就是狂热。这种为事业痴迷的人通常都不是最受欢迎的，因为他们经常吓到别人。然而把一群疯子聚在一起之后，那种为事业痴迷的倍增效应则无人能挡。

8. 高度自律、冷静，而非速度，才是跨越潜在危机并获得成功的不二法则

公司在举债500亿美元历史性地收购了拥有百威品牌的安海斯-布希啤酒集团后，恰巧遇到了2008—2009年的金融危机。在本书出版前的这几年里，我位于科罗拉多州博尔德市（Boulder）的管理实验室成了固定会场，每一年，该公司的董事会都会漂洋过海到这里共商对策。许多最为关键的决策就是在这些山顶会议上做出的。在2008年12月刚开始参与博尔德会议时，我预料会在会议上嗅到明显的危机感。结果很出人意料，我眼前的是冷静、面带认真思索表情的一群人。他们像是身处巨大风暴中的巨轮的掌舵人。在会议上，我没有目睹过一次惊慌失措，我看到的只有对各种方案的深思熟虑以及随后做出的果断决策。在混乱与不确定中，人们习惯于快刀斩乱麻，好像这样就能摆脱危机。而百威英博（ABInBev）董事会则遵从完全不同的应对理念：了解自己有多长时间来做决策，用这些时

间做出尽可能最佳的决策并保持冷静。“诚然，想驱离不确定性是人的本能，”其中一位创始人说，“可这种本能会让你尽可能快地做出决定，有时会太快了。无论你做了什么决定，采取了什么行动，不久你就会发现，不确定性永远都不会消失。所以，如果有时间来分析自身的处境，让我们可以在行动前有更清晰的思路，那么我们就打算好好利用这段时间。当然，到需要做出决定的那一刻，我们会全力以赴地大胆决策。”

9. 一个强势、自律的董事会是公司强大的战略性资产

当巴西人和比利时人共同掌管世界上最大的啤酒公司时，这两种不同的文化将如何共存是所有人最担心的事。然而，事实上它们成功地融为了一体。此中的秘诀就在于所有人都有着同一个目标：尽己所能去创造一家伟大的、永葆活力的公司。他们都认同“梦想，人才，文化”的企业文化，并作为一个团结的整体将公司的巨轮驶出 2008—2009 年的那场金融危机。在美国，大部分公司的董事会都非常温和，公司的权力主要集中于 CEO 之手。只有当需要替换一个失败的 CEO 时，董事会才会发挥重大作用。然而，百威英博的董事会则是公司主要的权力中心。它证明，在设定“巨大的、让人不可思议的、颇需勇气的目标”及制定战略、维持企业文化、抓住机遇、带领企业走出困境方面，董事会充当着中心角色。没有这样一个强势、团结的董事会，百威英博就不会渡过 2008—2009 年的金融危机。百威英博的董事会一直关注自身的企业文化、纪律和活力，同时也花同样多的精力来构建、保持公司的企业文化。最为重要的是，他们会为股东的长远利益来决策和配置资产，通常以数十年为考量的周期，而不是寥寥数月的短期利益。

10. 寻找导师和老师，与他们保持紧密联系

在雷曼的事业刚起步时，他就努力寻找那些可以从其身上汲取养分的人。他甚至会像朝圣一般拜访他们。这些大师包括日本著名实业家松下幸之助、富有远见卓识的零售业大师山姆·沃尔顿、金融天才沃伦·巴菲特。不仅如此，他还通过这些伟大的企业家结识了更多优秀的人才。他不是通过传统的方式“结识”他们，而是创造机会让这些卓越不凡的人彼此互动，从而为每一个人创造出指数级的学习机会。有趣的是，即便是他到了 50 岁、60 岁、70 岁的时候，他也没有停止学习的步伐，经常会找一些比他年轻的导师切磋琢磨。三位创始人永远保持着学生的心态，从最优秀的人才那里孜孜不倦地求取新知，然后教育下一代。我想雷曼、贝托还有马塞尔三位已经把我看作他们的老师。而具有讽刺意味的是，一路走来，其实我才是他们的一位求知若渴的学生。

本书讲述了历史上最具传奇色彩的商业故事之一，研究了其背后的企业家和领导者的经营理念。从起初毫不起眼到后来在全球具有巨大的影响力，3G 资本的故事值得每一个巴西人为之骄傲，它与沃尔特·迪士尼、亨利·福特、山姆·沃尔顿、盛田昭夫以及乔布斯等伟大商业天才的故事相比毫不逊色。这是一个全世界的领导者都应当了解的故事，大可作为学习和灵感的来源。

最妙的是这个故事仍在继续。因为这群疯子无论获得怎样的成就都会不停地问自己一个问题:“下一个梦想是什么？”

野心无止境，谁会是3G资本的下一个目标

王仁荣
百威英博亚太区副总裁

2016年8月3日，在前往巴西里约热内卢观看奥运会开幕式之前，我陪同几位朋友，来到位于圣保罗的美洲饮料（Ambev）的办公室，拜会3G资本发起人雷曼、马塞尔以及股神沃伦·巴菲特。3G资本的另一位发起人贝托因故没有出席见面会。我们一行人西装革履，而对面的雷曼、马塞尔和巴菲特则一身休闲打扮。巴菲特仍穿着其标志性的格子衫。会谈没有主题，大家无拘无束，相谈甚欢，多半时间都在谈论希拉里和特朗普。会后，我给朋友们发了一张巴菲特伏在我的耳边窃窃私语的照片，朋友们都很好奇，纷纷打听究竟巴菲特泄露了什么“天机”。我信守了自己对巴菲特的诺言——“不告诉任何人。”

当时深居简出的巴菲特已经86岁高龄，这番巴西之行当然不只是为了看奥运会。令人难以置信的是，这居然是巴菲特第一次来巴西。他之所

以前来，是因为受到老朋友雷曼的邀请。可见，他们的交情非同一般。巴菲特此行也是为了出席一年前他和3G资本联手拿下的卡夫·亨氏集团(The Kraft Heniz Co. ）的董事会议。

卡夫·亨氏的合并交易于2015年3月25日对外宣布，7月2日完成合并交割，7月6日新公司卡夫·亨氏在纳斯达克正式挂牌。巴菲特和3G资本联手达成的这个交易，将产生全球第五、北美第三的食品和饮品公司。交易的神速推进再一次体现了3G资本的过人之处：专注、果断和迅速。

交易完成后，原卡夫股东持有新公司49%的股份，原亨氏股东（3G资本和巴菲特的伯克希尔哈撒韦）持有新公司49%的股份。原卡夫股东还将获得每股16.50美元、总额100亿美元的特殊现金股息。派息由伯克希尔哈撒韦和3G资本全额出资。卡夫在合并前总市值370亿美元，旗下拥有的知名品牌包括奥利奥、麦斯威尔、果珍等知名品牌。亨氏原为上市公司,2013年2月被3G资本和伯克希尔哈撒韦私有化。本次交易中，伯克希尔哈撒韦和3G资本的投入达到了100亿美元。两家公司合并之后，伯克希尔哈撒韦公司将成为新公司的最大股东。新公司预计收益将达到280亿美元，同时该公司将拥有8个单个价值超过10亿美元的品牌。新公司的领导团队由前亨氏公司的高管主导。新公司董事会有11名成员，其中有6名来自伯克希尔哈撒韦和3G资本，双方各3名。

在卡夫·亨氏交易完成的半年前，3G拥有的汉堡王（Burger King）对外宣布，其已获得加拿大提姆霍顿咖啡连锁店集团（Tim Hortons）股东的认可，将于2014年12月12日完成对提姆霍顿的收购。在该项价值125

亿加元（约合 110 亿美元）的并购完成后，新公司年销售额预计将超过 230 亿美元，拥有 1.8 万家门店，成为仅次于百胜集团和麦当劳的世界第三大快餐公司。交易的达成使提姆霍顿能借助汉堡王进入国际市场，也意味着汉堡王的目标正由经营单一品牌转向成为一家餐饮集团。

2013 年以来，3G 资本成功拿下的对象包括亨氏食品、汉堡王、提姆霍顿以及卡夫。3G 资本良好的并购记录、专注的风格和妙手回春的运营之道令巴菲特称赞不已。巴菲特被世人誉为“股神”，他凭借其价值投资策略获取了丰厚的回报。3G 资本也是独具慧眼，其所涉猎项目经常赚得盆满钵满。双方都有“点石成金”的能力。不同的是，巴菲特只投资，不经营；而 3G 资本则不仅要投资、要控股，还要经营。在这一点上，巴菲特和 3G 资本形成了极佳的互补关系，是绝配。

当 3G 资本在食品领域攻城略地时，在其已经大展拳脚 20 多年的啤酒市场，表面的风平浪静似乎已经持续很久了。2015 年 11 月 11 日，在中国“双十一购物节”的喧闹声中，重磅消息来袭。啤酒行业的全球老大百威英博对外宣布，他们已正式同意以 697.8 亿英镑（约合 1 055 亿美元）的对价收购全球排名老二的南非米勒（SABMiller）。百威英博将按每股 44 英镑的价格现金收购南非米勒的股份，这较米勒公司 9 月 14 日的收盘价有 50% 的溢价。由于英国脱欧的黑天鹅事件导致英镑贬值，百威英博后来同意每股加价 1 英镑，为此百威英博要多掏 20 亿美元。这一并购交易是 2015 年全球规模最大、有史以来世界第三的并购交易。

为了给这笔交易扫清道路，并购完成后，百威英博即促使南非米勒将其在美国米勒康胜（MillerCoors）58% 的股份、在中国雪花啤酒 49% 的股份以及其在西欧和中东欧的啤酒业务剥离，回售给合资伙伴或出售给第三方。根据协议，百威英博若因未能获得必要的批准而导致交易最终“告吹”，就必须向南非米勒支付 30 亿美元的“分手费”。两家公司的结合将缔造全球最大的啤酒帝国，它将生产世界上约三分之一的啤酒。

旷日持久的资产剥离谈判和涉及 30 多个国家的反垄断审查搞得包括我在内的很多公司高管身心疲惫。眼看着天价的“分手费”要因我而坐实，谢天谢地，2016 年 7 月 29 日，就在我动身前往巴西的三天前，该合并交易获得了中国商务部的批准。中国无意中成为这一跨世纪并购大案的最后一道关卡，我们承担的压力之大无以言说。在这一全球交易中，我负责和华润谈判如何出售南非米勒持有的 49% 雪花啤酒的股份，并应对这一交易在亚太地区的反垄断审查。我常常和朋友们说，这单交易的谈判和随后的反垄断审查是自己 20 多年职业生涯中最为艰苦的一次，刻骨铭心。2016 年 11 月 11 日，百威英博并购南非米勒的交易正式完成交割。

也正是这次巴西之行，让我在巴西圣保罗国际机场书店邂逅了本书。虽然我在百威英博公司工作超过 13 年，自 2004 年起就和 3G 资本“三剑客”相识并在他们麾下工作，但我仍然对他们早期的发家故事充满好奇，对他们的投资和经营理念顶礼膜拜。在回程的飞机上，我迫不及待地阅读起这本书。没想到下机时，我把它遗忘在飞机上了。好在我的巴西同事马上又帮我买了一本，并带到纽约给我。我身边很多做投资的朋友对 3G 资本既熟悉又陌生。熟悉，是因为 3G 资本的作风颇具狼性，雷厉风行，以摧枯拉朽之势，在并购大战中屡有斩获；陌生，是因为它来自巴西，行事低调，不喜曝光。3G 资本坚守自己的投资原则，对企业文化毫不妥协，它每每妙手回春，把陷于困顿中的企业打造成行业的明星和龙头。那么，它的独门秘诀是什么?

应投资界朋友们的请求，我答应把这本书翻译出来。由于本书成稿于 2013 年，我也利用本译者序对 2013 年之后 3G 资本的并购大动作做了补充介绍（前文部分）。

我相信这本书对国内的投资者和企业家而言，其启发与引领作用堪称“圣经”。无论是响应“一带一路”的号召，走出国门投资并购，还是在经济低迷的大环境下，经营面临严峻挑战的国内企业，我们都可以从这本书中找到灵感、启迪和“窍门”。

2016 年 11 月 20 日，我陪同公司 CEO 薄睿拓到清华经管学院做报告，参加的学员都是中国顶尖的企业家，包括腾讯的创始人马化腾。学员提出的第一个问题就是，他作为全球并购高手百威英博的 CEO，对于走出去进行海外并购的中国企业家，会给出什么样的建议。薄睿拓分享了三点看法：一是并购对象符合企业的战略目标，不能单纯为做大而并购；二是要确保有强大的人才梯队和专业人士空降到被并购的企业，否则，任买来的企业自生自灭，还不如不买；三是并购整合极为重要，文化整合是重中之重，被并购企业可以有不同的品牌、不同的地域、不同的国情，但企业文化只能有一个，在百威英博，那就是“梦想，人才，文化”。有一位学员坦言，目前中国没有一家企业具备百威英博这样的实力，可以进行如此大规模的跨境并购。

在并购哲学之外，公司经营法则里的“精英治理、成本控制和持续改善”来源于高盛和沃尔玛。这些都不是什么新理论，但真正做到的又有几个?

公司管理培训生项目已经持续快 20 年了。众多出身贫寒、聪明、有强烈的致富愿望的年轻人（PSD）在这里打拼磨砺，开始其职业生涯中“苦行僧式”的生活，最后成为公司的合作伙伴。我在加盟百威英博前供职过多家跨国公司，基本上每 3 年合同期满就另觅新主。在百威英博，我已经服务了近 14 年。看到公司从十几个人、两家工厂，到今天两三万人、40 多家工厂，我备感欣慰。虽然其间经历过无数次坎坷，但这样的经历必然胜过坐在高档写字楼办公室里的工作。尽管在后一种工作环境中，你可以拥有公司的汽车和秘书，喝着咖啡，煲着电话粥，但没有压力也没有成就感。当然，公司的可变薪酬制度早就把我们的命运和公司连接在一起，精心设计的股票和期权计划成了美丽的“金手铐”。我常对找上门来的猎头说:“我是非卖品。”

收购南非米勒前，公司的使命是“做最佳啤酒公司，携手你我，酿造更加美好的世界”（现在的使命取消了“做最佳啤酒公司”，给人们留下无穷的遐想空间）。这个“最佳”的衡量标准就是效率最高、盈利最多。因此，公司对成本的控制做到了极致。2006 年，英博以 58 亿多元收购了雪津啤酒。薄睿拓随后前来“检阅”他的新团队。雪津公司出于中国人的待客之道，安排了中方董事长的“宝马 7”前去机场接机。薄睿拓到达后跟我们说的第一句话就是:“卖掉这辆车吧！它能帮我们多卖一瓶啤酒吗？”薄睿拓再次来华的行程是去广州。由于正值广交会期间，酒店房间紧缺，我们给他订了行政楼层。办理入住时，他发现我们住的比他差，于是坚决要求更换到和我们一样的房间。酒店无奈之下，让薄睿拓、我和另外一位巴西同事一起住在一座平常不对外营业的小楼房里。小楼有三间客房，不知道底细的同事笑话了我们好久，说我们“三个大男人共处一间”。

如同 3G 资本的投资步伐永不止步一样，它的文化也倡导持续改进。公司强调“找到差距”（Open the gap）和“弥补差距”（Close the gap），强调“永不知足”（Neversatisfy），强调“百尺竿头更进一步”（Go extra mile）。公司的“卓越项目”（Excellence）遍布每个部门，每年进行全球竞赛。工厂最优化（VPO）项目成为所有工厂的行动指南。供应链和物流的各个环节均设立改进目标。好的工厂成为标杆，其他工厂则比照改进。百威英博在用水、用电等各项指标中大大领先于其他的啤酒企业。能够轻而易举实现的都不是目标。目标必须具有挑战性，必须花费九牛二虎之力才能达成。我几乎每年都有一些目标不能完成，例如让我收购 5 家酒厂，我可能费尽了气力才能完成三四家。正是这样“受虐”的目标，让我们把一个个不可能的使命（Mission impossible）变成了现实。

3G 资本的下一个目标是什么？和巴菲特的反应一样，“我不会告诉你”。但我相信远大梦想（Big Dream），我也相信“梦想远大”（Dream Big）！

DREAM
测试题 BIG

对神秘的 3G 资本帝国，你究竟了解多少

1 “3G”资本这个名词的来源是（ ）。

A.“G”即 General，“3G”的意思就是有三位主要合伙人
B.“G”即 Garantia，“3G”的意思就是三位前加兰蒂亚的合伙人

2 下列被 3G 资本控股的公司是（ ）。（多选）

A. 亿滋 B. 卡夫 C. 百威英博 D. 汉堡王

3 3G 资本创始人崇尚向最佳企业学习。雷曼等人通过向（ ）不断学习，从而形成了自己的经营理念。（多选）

A. 高盛 B. 沃尔玛 C. 通用电气 D. JP 摩根

4 3G 资本的主要创始人均来自（ ）。

A. 巴西 B. 美国

扫描关注“湛庐教育”，
回复“3G 资本帝国”，
获得测试题的答案！

5 为 3G 资本提供财务支持，并与其联手收购亨氏的投资巨擘是（ ）。

A. 沃伦 · 巴菲特 B. 彼得 · 林奇

6 雷曼的第一桶金来自（ ）。

A. 雷曼通过构建“平行市场”，突破了交易所的席位壁垒，从而发了财
B. 通过介入债券交易而获得了不菲回报

7 雷曼最开始热衷于招聘 PSDs。“PSDs”的实际含义是（ ）。

A. 出生贫寒、聪明、有强烈致富欲望的年轻人 B. 工程与科学博士

8 管理大师吉姆 · 柯林斯与 3G 资本关系极为密切，他通常采取（ ）向雷曼等人提出建议。

A. 苏格拉底式提问法 B. 量化分析方法

9 加兰蒂亚实行动态股权机制，新合伙人获取所配售股份的途径是（ ）。

A. 新合伙人可以免费获得相关股份 B. 公司为新合伙人提供贷款

10 2015 年，雷曼等人旗下的百威英博以（ ）的惊天价格收购了南非米勒，从而造就了有史以来排名全球第三的并购交易。

A.1 055 亿美元 B.1 055 亿英镑

2017 年绝不可错过的商业图书

首度揭秘鲸吞**百威**、**汉堡王**、**卡夫**、**亨氏**、**提姆霍顿**的产业帝国

一段精彩到令人窒息的逆袭故事

3 位依靠梦想缔造 3000 亿美元奇迹的传奇人物

10 条让所有人受益匪浅的黄金法则

DREAM BIG

3G资本帝国

3G 资本“千亿美元并购大战”亲历者、百威英博亚太区副总裁

王仁荣 担纲翻译

和君集团董事长 **王明夫** 复星集团 CEO **汪群斌**

高毅资产董事长 **邱国鹭** 倾情作序

强烈推荐

巴曙松
中国银行业协会
首席经济学家

王强
真格基金联合
创始人

王航
厚生投资创始合伙人
新希望集团副董事长

张化桥
中国支付通集团
董事长

毛大庆
优客工场创始人
董事长

周健工
第一财经 CEO
兼总编辑

秦朔
秦朔朋友圈 Chin @ Moments
新媒体平台及中国商业文明研
究中心发起人

田涛
浙江大学睿华创新管理
研究所所长，《下一个
倒下的会不会是华为》
作者之一

李翔
资深媒体人

刘明
领医创造
CEO

上架指导：金融投资 / 企业管理

ISBN 978-7-5596-0379-1

定价：69.90 元

DREAM BIG 目录

精英文化，3G 内核的形成

雷曼从金融业开始了自己的职业生涯。这一背景决定了其所打造的企业文化都带有浓重的金融底色。加兰蒂亚是雷曼等人一手创建起来的投资银行，也是“巴西三剑客”为之付出的心血最多的公司。正是在这家投资银行，“巴西三剑客”所推崇的精英体制逐渐成形，并最终脱离了母体，被 3G 资本移植到了其所收购的所有企业中。

第二部分

摆渡者，跨实业与资本的“增长”大师

为了防止合伙人被现金腐蚀，雷曼把资本市场方面产生的资金投入实业。通过对实业大刀阔斧地变革，3G 资本逐渐获得国际资本市场的青睐。雷曼等人之所以能在资本与实业之间游刃有余地跨越，归根结底，是他们能带来增长。

DREAM

How the Brazilian Trio behind 3G Capital Acquired Anheuser-Busch, Burger King and Heinz

第 一 部 分

BIG 精英文化，3G 内核的形成

“雷曼从金融业开始了自己的职业生涯。这一背景决定了其所打造的企业文化都带有浓重的金融底色。加兰蒂亚是雷曼等人一手创建起来的投资银行，也是‘巴西三剑客’为之付出的心血最多的公司。正是在这家投资银行，‘巴西三剑客’所推崇的精英体制逐渐成形，并最终脱离了母体，被 3G 资本移植到了其所收购的所有企业中。”

DREAM
BIG

How the Brazilian
Trio behind 3G Capital
Acquired Anheuser-Busch,
Burger King and Heinz

01

百威啤酒门口的“野蛮人”

“这家公司里的每一个人之所以甘愿冒更大的风险想把生意做大，正是因为他们知道即使大家共同做出的决定没有得到预想的结局，自己也不会被送上绞刑架。”

——薄睿拓

DREAM
BIG

3G 精髓

英博收购安海斯 - 布希

收购前，安海斯 - 布希的状态

安海斯-布希就像一个溺爱孩子的母亲，任由“小皇帝”们想买什么就买什么，包括那些非比寻常的“玩具”，比如布希花园、佛罗里达的海洋世界游乐园。

收购前，英博的状态

高消费本身就会被视为犯罪。公司的管理层只坐经济舱、住三星级酒店，有时候还会与同事合住一个房间。在餐馆吃饭只点最普通的饭菜，最多加一瓶啤酒。

资金保障

首席财务官费利佩与国际银行财团签订融资协议时，坚持剔除了“重大不利变动条款”，从而使得即使在全球经济危机、流动性接近枯竭的时候，也能够筹集到500多亿美元的巨款。

收购策略

增加吸引力：全现金支付。
减少阻力：在收购后，在自身公司名中加入百威，把公司总部设在美国原百威总部，并承诺不关闭工厂。

巴西银行家雷曼的黑莓手机一直响个不停，当时正值 2008 年的 5 月下旬，他正享受着中国北方的戈壁沙漠之旅。与他一起在亚洲度假的还有他的夫人苏珊娜（Susanna），以及巴西前总统费尔南多·恩里克·卡多佐（Fernando Henrique Cardoso）与夫人露丝（Ruth）。雷曼与后两位是非常要好的朋友。他们迫不及待地想要一睹中蒙边境蜿蜒崎岖的山峰、碎石遍布的平原和时刻变化的沙丘。那里的环境极端恶劣，夏季最高气温可达 40℃，而到了冬季则降至零下 40℃。尽管雷曼按原计划出来度假，可他每时每刻都要把手机带在身边，因为情况紧急，不容许自己有丝毫怠慢。几个月以前，他与合伙人马塞尔、贝托以及其他几位英博的董事会成员，一同草拟了收购安海斯 - 布希的计划：这家比利时与巴西合资的啤酒商想吞下全球最畅销的百威啤酒。

投行顾问、律师还有英博高管组成的项目小组一起谋划了一个绝密的收购计划，他们称其为“阿姆斯特丹计划”。[①] 这起收购将把英博和安海

① 为保密起见，公司收购项目一般都会设定秘密代码。代码通常由被收购公司名称的首字母打头的一个词语构成，可以是天体、动物或者地名等。——译者注

斯 - 布希合并为世界上第四大消费品公司，仅次于宝洁、可口可乐和雀巢。收购这样一家几乎是美国资本主义象征的公司，不仅是三个里约热内卢人此生做过的最大交易，也将让他们成为巴西最具全球影响力的商人。

刚开始，这一切都在按计划有序推进。可是在 5 月 23 日下午 2 点 29 分，这个秘密就被《金融时报》的博客泄露了。有一篇文章称英博准备出价 460 亿美元收购久负盛名的啤酒制造商安海斯 - 布希。该文章甚至给出了收购该公司的财务模式的细节、交易参与者的姓名以及第一次与奥古斯都·布希四世（August Busch IV）接触的时间。布希四世时任安海斯 - 布希的 CEO，他是布希（Busch）家族的成员，而该公司的名称正来源于这个家族。尽管雷曼“隐身”在亚洲最大的戈壁滩中，但他显然不希望泄露一事威胁整个计划的实施。

“整个中国之行他都显得非常冷静，而且通过手机把所有的事情都处理妥当了。”卡多佐回忆道。这位巴西前总统说自己离任后就与雷曼成了朋友，这也是他们第一次一同旅行。

这笔精心谋划的交易无疑是雷曼一生中最为野心勃勃的举措，但在驼铃声中，他没有回复过一封电子邮件。这些邮件来自布希四世，他在网上看到收购传闻后大为震惊，家族留下的产业恐怕要拱手让人，他写信给雷曼要求对方给出一个解释。雷曼必须想出一个最为妥当的方式向布希四世确认他所看到的传闻。然而，告诉对方英博确实想要买下他的公司，岂是那么容易开口的事？此时保持沉默或许更好。

享乐主义笼罩下的百威啤酒

三位巴西商人计划拿下安海斯 - 布希的举动或许会让全球的分析师、投资人和记者大吃一惊，然而早在 1989 年他们买下里约热内卢的博浪啤酒时，就曾梦想过这一天的到来。彼时，他们对啤酒行业还一无所知，他们的第一桶金源自加兰蒂亚银行。雷曼在 1971 年创建的这家投资银行因为强调精英管理（升职加薪的唯一标准是业绩，从不考虑工作年限）、合伙人制度（给最优秀的员工提供成为公司合伙人的机会）以及许多巴西人从未听说过的经营理念而名垂史册。马塞尔和贝托都来自里约热内卢的中产家庭，在加兰蒂亚银行初创时被雷曼招入麾下，他们正是通过这种晋升方式成为雷曼的主要合伙人。

贝托在 20 世纪 80 年代从投资银行的日常运营中退了出来，接管了加兰蒂亚当时刚刚收购的零售连锁企业美洲商店（Lojas Americanas）。然而，在此之前，从没有一家巴西的投资银行会插手所收购企业的具体经营管理。马塞尔后来也通过类似的方式接管了一家摇摇欲坠的啤酒厂，并把它打造成了具有国际水平的企业。这家啤酒厂就是博浪啤酒。当马塞尔收购博浪时，这家啤酒公司与拥有百威品牌的安海斯 - 布希相比，可谓九牛一毛。安海斯 - 布希当时是世界上最大的啤酒生产商。“我当时经常一边大笑一边在公司内部说，有一天我们会把安海斯 - 布希买下来……我之所以笑是怕别人觉得我疯了……尽管那时这还只是一个梦想，但我总觉得它有一天会成为现实。”马塞尔曾这样说道。

收购安海斯 - 布希的路途可谓道阻且长。为实现这一梦想，他们采取的主要步骤包括：1999 年收购圣保罗的南极洲啤酒（Antarctica），并创立美洲饮料；2004 年与比利时的英特布鲁合作成立英博；2008 年，在收购博浪近 20 年后，雷曼、马塞尔和贝托终于要把巨头安海斯 - 布希收入囊中了。很显然，就算计划泄露也无法阻止他们圆梦的脚步。

一个即将为自己行刑的刽子手一言不发，这让布希四世非常不安。他与他的团队成员都不知道巴西"三剑客"是否真的有胆量攻下这个美利坚的高地。事实上，安海斯 - 布希除了其悠久历史和庞大体量尚可引以为豪，这家公司早已失去了往日的光辉。该公司是由德国移民于 1852 年在美国圣路易斯市的密西西比河畔创立的，它最早的名称叫作巴伐利亚啤酒厂（Bavarian Brewery）。八年后，它被当地一位开肥皂厂的商人埃伯哈德·安海斯（Eberhard Anheuser）买下。不过，真正让这家啤酒厂迅速崛起的人是安海斯的女婿阿道夫·布希（Adolphus Busch），他在 1876 年创立了百威品牌[①]。后来，布希从他岳父手中买下了该公司一半的股份，并将公司改名为安海斯 - 布希。从此，这家啤酒公司就变成了家族事业，代代相传。家族中的每一位成员几乎在襁褓中时就会被带到这座酒厂。所有家族子嗣在出生几小时内就会被喂下五滴百威啤酒。

安海斯 - 布希的运营模式在随后的几十年里经受住了市场考验。到 20 世纪末，它占据了美国市场份额的 60%，获利总额在业内遥遥领先。然而，大公司的一个通病就是在事业到达顶峰后就开始走下坡路。在安海斯 -

---

① Budweiser（百威）一词来源于捷克的小镇 Budvar。Budvar 以酿造啤酒的悠久历史而著称。在 Budvar 也有一家生产 Budweiser 的啤酒厂。在全球范围内，两个 Budweiser 的商标大战已经持续上百年。安海斯 - 布希一直试图收购 Budvar 的 Budweiser，但至今仍未成功。——译者注

布希在专注于美国国内市场的时候，它白白错失了杀入国际市场的良机。彼时像英博这样的竞争对手已经开始加速海外扩张。随后，安海斯 - 布希的盈利逐渐止步不前。更糟糕的是，正如美国记者朱丽·麦金托希（Julie Macintosh）在其《褫夺皇冠》(*Dethroning the King: The Hostile Takeover of Anheuser Busch*）一书中所说，安海斯 - 布希的继任者和高管继续着往日挥金如土的生活。布希家族的成员和公司的高管拥有一个被他们称为“百威航空”（Air Bud）的私家机群，包含 6 架私人飞机和 2 架私人直升机，为此他们雇用了 20 名飞行员。他们永远只住五星级酒店，例如纽约的皮埃尔（Pierre）酒店，一顿正常的工作餐可以花掉 1 000 美元。

安海斯 - 布希就像一个溺爱孩子的母亲，任由“小皇帝”们想买什么就买什么，包括那些非比寻常的“玩具”，比如布希花园、佛罗里达的海洋世界游乐园。过山车和受过训练的海豚对一家啤酒公司的发展究竟有何益处？安海斯 - 布希的老板花钱买这些东西竟然非常理直气壮，丝毫不认为有任何问题。

在英博，这些毫无意义的收购和开支没有丝毫存在的可能性。在那里，高消费本身就会被视为犯罪。公司的管理层只坐经济舱，住三星级酒店，有时候还会与同事合住一个房间。在餐馆吃饭只点最普通的饭菜，最多加一瓶啤酒[①]。这两种完全不同的世界接下来注定会发生激烈碰撞。

英博的高管们深知这些不同之处。2006 年年底，他们和安海斯 - 布希

① 喝自己公司的啤酒是不成文的规定。不这么做后果严重，会被认为不认同公司的文化（No Cultrue Fit）。——译者注

达成协议，授权后者成为英博在美国的官方经销商。这次合作使美国人能喝到像时代（Stella Artois）和贝克（Beck's）这样的国际品牌的啤酒，也让安海斯 - 布希公司摆脱了之前死气沉沉的局面。这次交易不仅给英博提供了一位美国本土的商业伙伴，更是给了他们一个近距离观察这家公司如何运作的良机。而布希四世，这位才刚刚接手自己家族企业不久、连办公室都懒得去的花花公子，根本没有意识到危险的来临，他还为英博公司的 CEO 薄睿拓敞开了自家的大门。

薄睿拓出生于 20 世纪 60 年代，得益于雷曼的慷慨资助，他曾在斯坦福大学攻读过 MBA。当加兰蒂亚银行收购博浪啤酒之后，有四位员工由投资银行去了啤酒公司，薄睿拓正是这四人中的一个。在与雷曼及其合伙人共事的十年中，薄睿拓汲取了“三剑客”经营理念的精髓，并且成了他们所信奉的企业文化的化身。他也痴迷于削减费用，坚持精英管理；他不接受媒体采访，远离公众视野，跟妻子与四个孩子过着平静的生活。他与布希四世几乎是完全相反的两个人。或许正是这个原因，他在分销协议达成后，利用了布希四世留下的每一个漏洞。他看穿了布希四世所有的故弄玄虚和那些毫无意义的投资。他还分析了安海斯 - 布希的权力体系。尽管布希家族的姓氏还印在公司的门头，可这个家族只有安海斯 - 布希公司 4% 股份。这一比例甚至比巴菲特等一些大型投资人还要小，而这足以成为英博拿下百威的立足点。百威这个品牌对于美国人而言简直太具象征意味了，它曾被薄睿拓描绘成“酒瓶里的美国”。

拿下“酒瓶里的美国”，被奥巴马视为国耻的大收购

在雷曼一言不发的时候，布希四世已经下决心采取行动了。他在2008年5月29日那天，也就是泄密事件发生六天后，召集了董事会成员、高盛的银行家以及他的长期顾问共商对策。这次会议还邀请了来自美国知名世达律师事务所的律师。随后，安海斯 - 布希很快又向花旗银行求助。布希四世想要搞清楚英博是否能一下凑齐460亿美元，因为此时金融市场的危机已经初露端倪，比如，濒临崩溃的贝尔斯登（Bear Sterns）在JP摩根的挽救下才幸免于难。这些人还需知道收购方案的实施细节。

在那之前，其实雷曼已经回复了布希四世的邮件，不过他只是简单地说自己在戈壁沙漠中度假，可能有几天没法联系得上。直到最后，他才说了一句，觉得他们还是见一面为好。

这次会面被安排在6月2日，地点是佛罗里达西部的坦帕市（Tampa）。雷曼让布希不要带任何顾问或者咨询师前往。雷曼也将孤身前往，或许“几乎孤身”前往才是更准确的说法，因为马塞尔也会随他同去。尽管对自家公司的业务并不熟悉，但布希四世这个毛头小子竟然轻率地答应了只身前去赴这场“鸿门宴”，会一会这两位经验丰富的商人、“前银行家”。

布希四世很紧张，因为他急切地想知道对方是否会出价、出价多少。尽管雷曼和马塞尔将要进行的是此生经历的最大的收购交易，两人却看起来稳坐泰山，保持着他们数十年以来一如既往的镇静自若和一本正经。他们只说英博肯定是有兴趣收购安海斯 - 布希的，但是没有提供任何细节内容。一年前，雷曼在与布希四世非正式会面时，曾建议“两公司应当合并”，

现在的情况似乎发生了明显变化。那时他还说如果两家公司联合起来，世上将无人能敌。显然，布希四世当时并没有领会这句话的意思，也可能只是假装没有领会。

坦帕会面的 9 天之后，也就是 2008 年 6 月 11 日，英博正式出价。薄睿拓在布鲁塞尔给布希四世打了个电话，通知说他会立刻发出收购安海斯 - 布希的书面提议。英博将报出每股 65 美元的收购价（对市场最高价格有 18% 的溢价）。他还建议新公司的总部留在圣路易斯。在保留其美国名字的情况下，合并后的公司将改名为百威英博[①]。英博的主管明白价格是打动安海斯 - 布希股东的重要因素，但他们也应展示出对安海斯 - 布希传统的相应尊重，以避免安海斯 - 布希内部对收购的抵抗心态——毕竟收购案还要通过民意这一关。保留公司总部的地点和公司名称都是极为敏感的事情，因为任何关于地位、面子的争议都可能让收购努力付诸东流。

薄睿拓挂了电话。在收购协议正式签字之前，英博的主要财务顾问拉扎德银行（Lazard）[②]的两名代表，让薄睿拓给他们五分钟的时间。62 岁的资深银行家史蒂文·戈卢布（Steven Golub）提醒薄睿拓接下来可能会出现腥风血雨的局面。“寄出去这封信以后，还有很长的路要走，”他说，“可能会有几天我们占据上风，也有可能是别人占上风而我们吃尽苦头。对方可能会采取我们之前始料未及的行动，我们甚至可能需要修改我们的

① 公司英文名是“Anheuser-Busch InBev”。将安海斯 - 布希置于 InBev 之前，显然是为了表示对安海斯 - 布希的尊重。因为名称太长，公司将其中文名称确定为“百威英博”。——译者注

② 著名投资银行，总部位于纽约。雷曼的很多交易都是由他们提供投行服务的。——译者注

方案。做好准备吧。”

尽管薄睿拓对收购信心十足，可毕竟他从未经手过如此大规模的交易，因此在听这番话时他一言未发。另外一位拉扎德的代表、纽约人安东尼奥·韦斯（Antonio Weiss）告诉薄睿拓，他经手过无数的合并和收购案，当结局不遂人意的时候，CEO 往往首当其冲。薄睿拓说：“如果我和团队一起做出了正确的决定，而对方却不愿意卖的话，我觉得我不应该是受到指责的那一个。但是，如果我搞砸了，事情就是另一种结局……这家公司里的每一个人之所以甘愿冒更大的风险想把生意做大，正是因为他们深知即使大家共同做出的决定没有得到预想的结局，自己也不会被送上绞刑架。”听到这些，韦斯便不再作声了。

史蒂文给薄睿拓打的预防针显然是对的。就在薄睿拓挂掉布希四世的电话的那一刻，一场对这家美国啤酒公司控制权的激烈争夺战打响了。收购提案不仅将股东和公司管理层分成对立的两派，也点燃了互联网上反对交易的巨大声浪。至此，收购案俨然成了一个国家政治事件。甚至彼时的总统候选人奥巴马也公开声称，如果安海斯 - 布希被外国公司收购，将会让国家蒙羞。

此刻必须有一个人出面向美国公众解释巴西人的收购计划，而这个人必然不可能是雷曼、马塞尔或者贝托，他们都对扭转公众态度的宣传手法嗤之以鼻。这个重任最终落到了薄睿拓的肩上，尽管他并不习惯站在聚光灯下，也从不以交际手法闻名于世，但此刻的情形已经非常严峻，他不得不改变自己谨慎、刻板的演说方式，并迎接舆论的狂轰滥炸。他必须说服公众，甚至要让公众对收购案产生巨大的认同。6月16日，薄睿拓在华盛顿与美国密苏里州民主党参议员克莱尔·麦卡斯基尔（Claire McCaskill）以及其他几位参议员会面时，接受了媒体炮火的洗礼。

“当时我没想到克莱尔还请了记者过来，”薄睿拓回忆道，“我只做好了与参议员交谈的心理准备，没想到她突然把门打开，然后离开了房间。我们团队的一名成员从外面走了进来，告诉我媒体就在外面恭候。那个房间只有一扇门，我不得不从那里走出房间。当时发生的情景就像电影一样：你打开门，所有的人拿着话筒扑上来，问你的收购目的到底是什么，问你是不是真的要买下这家公司，问你是否会裁员。正是在那种情景下，我们把收购案的目的描述为创立一家使双方利益最大化的新公司。我们想要把百威国际化，把更好的工作机会带给最优秀的人。我们承诺不会关闭工厂，还会保留公司的名称，并且把总部依然留在圣路易斯。谁会反对这种事，谁又会对此有所非议呢？如果两家公司合并，结局皆大欢喜，总比让他们自己继续闭门造车好得多。”

当英博努力赢得美国民心的时候，安海斯-布希正在积极防守。安海斯-布希的高管们丝毫不想将公司拱手让给巴西人。他们知道在同样历史悠久的比利时家族企业英特布鲁身上所发生的一切。尽管英特布鲁事实上买下了美洲饮料，但经营方式和企业文化都已是巴西人的风格。①

布希四世需要说服投资者，纵然安海斯-布希的市场份额最近止步不

① 比利时英特布鲁和巴西美洲饮料合并为英博后，其高管几乎清一色是巴西人。——译者注

前，但卖掉公司也无益于公司重获增长。在公司高管、顾问和一些董事会成员的帮助下，他制定了一个削减成本的方案。与此同时，他尝试与墨西哥莫德罗（Modelo）①啤酒公司建立联盟，以显示安海斯 - 布希不需要将公司控制权交给竞争对手也可以继续扩张。他所采取的策略让自己与父亲布希三世之间本就疏远的关系雪上加霜。布希四世想要不惜代价地阻止收购，而他的父亲则认为，以一个合适的价格把公司卖给英博比瞎忙一通强得多。

“布希三世最大的担心是如果拒绝这一出价，公司股价会大幅下挫。”一个参与谈判的人说。在公司股东中，巴菲特最先表现出了这种担心，而他的一举一动非常引人关注。巴菲特拥有近 5% 的股份，是该公司第二大股东。当时，他开始以 60 美元一股的价格出售其所持有的股票，这比英博的出价低 5 美元。

“在我看来，董事会里有一些人，尝试以一些非商业性的理由来阻止收购。他们把收购者视为‘入侵者’。”巴菲特在谈到这一插曲时这样说。

“内鬼”巴菲特

巴菲特是世界上最富有的人之一，据《福布斯》杂志在 2013 年 3 月的报告，他拥有超过 530 亿美元的财富，全球排名第四。在内布拉斯加州奥马哈（Omaha）市，一座拥有 42.7 万名居民的小城，巴菲特的办公室就设在当地的一幢名不见经传的灰色建筑的 14 层。在 50 年里，他都重复着

① 莫德罗是全球知名的科罗娜（Corona）啤酒的酿造商。——译者注

从家到办公室的“两点一线”式生活。尽管他拥有数不尽的财富，但这两个地址从来没有因此改变过。连他本人在内，伯克希尔哈撒韦公司只有 24 名员工。来访者不会遇到任何保安甚至接待人员。公司大门上只有一块写着公司名称的小牌子，旁边则是门铃。这间办公室有着旧式的装修风格，暗色的家具、木制的百叶窗，书架上摆满了书。奥马哈的这位“老法师”的办公室只有 25 平方米左右。2012 年 5 月 19 日，一个阳光明媚的周六上午，巴菲特和我们聊起了他多年的老友雷曼。1998 年他们初次相见，并讨论了对吉列公司董事会的一些看法。[①]巴菲特穿着卡其色的裤子以及印有“BH”（伯克希尔哈撒韦的缩写）的长袖蓝色衬衫。他带着半微笑的欢迎表情，靠在皮沙发上，回忆起与雷曼的第一次相遇：

> “在那次会面之前，我对他真的是一无所知，根本没听说过他。不过，随后每两三个月我们就会见一次面。这种情况持续了一段时间后，我们才开始真正了解对方。董事会议为了解一个人提供了很好的平台。一开始我注意到这个人是因为他说了一些很有道理的话。他实事求是，不装腔作势；也从不搞‘一言堂’，而是集思广益。他对于商业的见解很独到，发言掷地有声，不是所有的董事都能有他这样的造诣。”

巴菲特和雷曼在生活方式和工作习惯上有很多共同点，这构成了其牢固友谊的基础。这两个人都讨厌排场，穿着简单，说话直截了当，而且都拥有维持了几十年的生意伙伴——巴菲特有查理·芒格，雷曼身边则有马塞尔和贝托。两个人的志向，都是致力于构建持久的伟大公司。巴菲特喜

① 彼时，巴菲特和雷曼都是吉列公司的董事会成员。——译者注

欢把伯克希尔哈撒韦看成是自己的一幅伟大“画作”。这是一个永远不会完美的作品，但每过一年都会变得更美。雷曼的梦想则是建立一套可以成为21世纪标杆的企业管理模式。财富的积累对于二人而言只是附加收益，从来不是两人的终极理想。

“不是那种‘只要赚了100万美元或者10亿美元我就收手’的心态。”巴菲特说，“因为如果那样想的话，钱赚到一定程度以后，你就不需要再努力工作了。”

尽管他们关系很好，巴菲特还是对巴西人收购安海斯-布希的做法感到惊讶。

> “我相信他们有一天会做这件事情，但没想到是在那个时间点。那是在一个充满敌意的时间点迈出的巨大一步。我一度认为这次交易不可能走下去。那个时候，这是唯一如此规模的收购。我的做法是，评估在那样的背景下股价是否会上升，以及在金融危机蔓延的时刻，这宗交易是否能够真的达成。我当时卖掉了一些股票，惹怒了一些人。我并不知道安海斯-布希的董事会是怎么运作的。我跟布希四世只在一场棒球赛上见过一次面，而我跟布希三世只在15年前，聊过一次天。除此之外，我没有跟他们通过电话或其他方式联系过。买卖我们所投资的股票是一件很寻常的事情。虽然我们在安海斯-布希投了很多钱，但我们投在其他公司的钱可能更多，比如可口可乐。我喜欢这家公司，而且也持股了很多年。钱投在那儿不太可能有什么损失，但想赚大钱也

不容易。因此，当时那也算是一个很正常的决定，实在也没有什么特别值得激动的。”

520 亿美元，史上最大的全现金并购案

压力之下，安海斯 - 布希的代表决定反击。如果这家美国啤酒公司无法拒绝被收购的命运，那也要卖出一个最好的价格。7 月 8 日，布希四世拨通了雷曼的电话，而安海斯 - 布希董事会的两名成员埃德·惠特克（Ed Whitacre）和桑迪·华纳（Sandy Warner）当时就站在他的旁边。这两位都是安海斯 - 布希公司的老熟人，也是布希家族的朋友。埃德发迹于电信领域，是美国电报电话公司（AT&T）的 CEO。桑迪则是一位退休的银行家，他在 2000 年将自己掌管的 JP 摩根卖给大通银行（Chase Manhattan）后名声大噪。三个人传递的信息非常明确：如果雷曼想收购安海斯 - 布希，他就要快速行事，而且要出比之前预想的更高的价格。刚挂掉电话，雷曼就把最新情况通知了负责收购事宜的手下干将们。在第一批接到通知的人中，有一位是罗伯托·汤普森（Roberto Thompson）。雷曼、马塞尔和贝托身边的人称他为“前银行家的银行家”（the ex-bankers' banker）。

汤普森在 1986 年与三人相识，当时他刚结束沃顿商学院的 MBA 课程，来加兰蒂亚银行工作。1993 年，贝托在离开美洲商店后，创建了巴西第一家私募公司 GP 投资（GP Investimentos），汤普森随即被其招致麾下。正是在 GP 投资工作的那段时间，汤普森学习到了公司的日常运营方式。他逐渐获得了三位创始人的信任，最终成为这三个人的参谋。他主要负责旗下公司的大型收购方案的设计，比如收购圣保罗南极洲啤酒公司和把美洲

饮料卖给英特布鲁。曾经跟汤普森一起开过会的人称他是一个有礼貌、冷峻且务实的人。他很少微笑或者抬高声调，而这也可能是在大型谈判演变成神经战时的一种制胜特质。

> “安海斯 - 布希的代表说我们必须在 24 小时内给出最高收购价。”汤普森谈到那通电话里的内容，他接着说，“当时董事会成员遍布世界的不同地方，因此我们迅速通过电话召开了一次董事会议。我们不得不重新计算所有数字，而且一切都要考虑周到。当时涉及的款项巨大，而且必须要用全额现金支付，不能采用股权交换。会议结束的时候，我们决定每股增加 5 美元。”

7 月 13 日，经过数周的角力，若干次涉及 500 多位股东、律师、银行家的会议之后，安海斯 - 布希最终低下了高傲的头颅，接受了英博 520 亿美元的出价。[①]不过，交易还需要两家公司股东的认可和监管机构的批准。

2008 年 9 月 14 日的那个周日，在多次援救行动失败后，美国第四大投资银行雷曼兄弟（Lehman Brothers）申请破产保护，这一结果甚至比悲观者预计的更具戏剧性。全球经济的降温此时已经持续了数月，类似 1929 年大萧条的金融危机正愈演愈烈。随着具有 150 年历史的雷曼兄弟轰然倒下，恐惧开始在公司和银行之间蔓延，并最终引发全球恐慌。美林证券以 500 亿美元的价格卖给了美国银行（Bank of America），只是其市值的 1/3。纽约证券交易所的总市值一天就能蒸发掉超过 1 万亿美元。事态的发展让巴西人忧心忡忡，因为协议一旦获批，他们就需要尽快把 520 亿美元支付

① 并购交易根据交易对价支付的方式可分为股权交易、现金交易和部分股权部分现金交易。英博收购安海斯 - 布希是史上最大的全现金并购案。——译者注

给安海斯 - 布希公司的股东。如今全世界的财源和流动性都快枯竭了，公司上哪儿弄到这笔钱呢？

> “从雷曼兄弟倒闭到谈判结束之间的两个月，我们心急如焚。”薄睿拓回忆道，“事情的发展超出了我们的掌控，没人知道世界会往何处去……我们宣布交易时还是风平浪静，等我们签署协议要进行收购时，狂风暴雨却已经袭来……我们财团中的一些银行几乎消失了……就好像我们进入了一截管道，不得不从另外一头出来。可我们好不容易爬到了另一头，就开始下大雨。你能做什么？开始想 B 计划、C 计划、其他的融资渠道……好在没人把时间浪费在互相指责上，比如‘我早就说会有这种事’……我们必须应对一个未曾料到的局面。”

雷曼、马塞尔和贝托的每一步都走得小心翼翼。尽管经济崩溃始料未及，但他们早已练就了处变不惊的能力，不仅作为银行家、企业家时如此，在体育比赛中也是这样。雷曼本身就是一名优秀的网球手。在做企业以前，他曾经是专业的运动员。更令人印象深刻的是，三个人还练习水下捕鱼。这是一项考验身体抗压能力和准确性的剧烈体育运动，投出鱼叉的那一刻要求有万全的准备、耐心和果断的执行力，而三人已经一起在海底练习了无数次。

对安海斯 - 布希的收购行动能得以继续，很大程度上要归功于英博首席财务官费利佩·杜特拉（Felipe Dutra）与国际银行财团签订的融资协议。跟薄睿拓一样，费利佩也来自里约热内卢，跟英博的控股合伙人共事了很多年。他是一名经济学家，在 1990 年加入博浪啤酒，从 2005 年起担任首席财务官一职。费利佩极其注重细节，他在跟参与交易的 10 家银行签订的合同里，加入了一系列咄咄逼人的条款。这 10 家银行包括桑坦德银行（Santander）、东京 - 三菱银行（Bank of Tokyo-Mitsubishi）、巴克莱资本（Barclays Capital）、法国巴黎银行（BNP Paribas）、德意志银行（Deutsche Bank）、富通银行（Fortis）、荷兰国际集团（ING Bank）、JP 摩根（JP Morgan）、日本瑞穗实业银行（Mizuho Corporate Bank）和苏格兰皇家银行（Royal Bank of Scotland）。他最大的成功在于把“重大不利变动条款”（MAC，即 Material adverse change）顺利去除掉了。这项条款能保证金融机构在任何形势突然恶化时，都有权重新商讨融资条件。由于这些银行在金融危机爆发前签订的合同里没有这一条款，因此它们此刻必须执行协议，法律也不容许它们半途“弃船”。除了这样一纸滴水不漏的合同，这些巴西人还收获了无数好运气。这个国际银行财团中没有一家银行像雷曼兄弟一样在金融危机中破产。尽管其中有些银行颇受全球金融动荡的影响，比如比利时富通银行，不过，比利时政府及时出手使得它挺住了。

“要是我们一开始用雷曼兄弟代替富通，后来可能就没那么幸运了。”汤普森说。

与此同时，英博的主要股东也提供了一些资金。雷曼、马塞尔和贝托自掏腰包，一起出资 15 亿欧元来保证交易完成。由于他们大部分的个人资产都是公司的股份，因此他们不得不贷款而且砍掉个人支出。这甚至还牵连到了他们位于圣保罗南部地区的办公室。这间位于 15 层的办公室被缩小了一半以节省租金，直到今天这间办公室还保持着这个样子。

2008 年 11 月 18 日，在《金融时报》泄露了收购秘密差不多半年后，整个收购流程终于结束了。三位巴西商人雷曼、马塞尔和贝托，成为这家巨型企业百威英博的主要股东。这家新企业年营业额达到 370 亿美元，旗下拥有 200 个品牌，业务遍布全球各地。在不到 20 年的时间里，他们把一家只在当地小有名气的啤酒制造商博浪打造成了全世界啤酒行业的最大企业。而这之所以能够实现，得益于它的企业文化：精英管理、严控开销、努力工作，以及并不是每个人都能承受的巨大压力。由于不停重复，它几乎使人们的耳朵磨出了老茧，而雷曼则始终坚持将它贯彻到公司的经营中。没人享受特殊待遇，没人拥有特权。而像薄睿拓、汤普森和费利佩这样最优秀的成员，都有机会成为生意合伙人。据估计，从 1971 年加兰蒂亚银行创立至今，有 200 多人在三位创始人麾下共事，平均每个人赚了超过 1 000 万美元。《福布斯》杂志在 2013 年 3 月报道称，雷曼在世界财富榜上排位第 33，拥有超过 180 亿美元的个人财富（马塞尔和贝托以 91 亿美元和 79 亿美元分别排在第 119 位和第 150 位）。这三个人都跻身于“巴西最富有的 10 人”之列。了解雷曼的人深知，他之所以能够成为顶级的亿万富翁，正是因为他能带领自己的手下干将发家致富。对于百威啤酒的收购，也将让雷曼、马塞尔和贝托掌管的啤酒公司的另外一群高管变成百万富翁，而这只是这群巴西人大举兼并美国大公司的第一步。

DREAM

BIG

How the Brazilian Trio behind 3G Capital Acquired Anheuser-Busch, Burger King and Heinz

02

哈佛的冲浪者

“我参加的比赛越多，越觉得自己不可能成为世界前十的顶级球员。所以我放弃了，因为我成为不了明星。”

“做一个大梦和做一个小梦需要同样的能量，那我们为什么不做一个大梦呢?”

——豪尔赫·保罗·雷曼

DREAM BIG

3G精髓

雷曼对经营理念的探索

英瓦斯科投资公司

快速发展的原因：雷曼通过建立“平行市场”突破了交易所的席位壁垒。

失败的原因：过于追求规模，导致信贷失控，借出的钱超过了回收的资金。

教训：1. 像注重盈利一样注重成本开支；2. 给予员工良好的待遇，哪怕是那些边缘部门的员工。

天秤经纪公司

快速发展的原因：通过介入债券交易这个几乎空白的市场而业务量爆棚。

出局的原因：雷曼等人希望买断该公司，结果被库蒂尼奥家族清理出局。

教训：把赚来的钱分享给最优秀的员工，这才是最好的公司模式。做大企业的核心是共享。

1939 年 8 月 26 日，雷曼出生于里约热内卢。他的家境不错，童年衣食无忧。20 世纪初，他的父亲保罗（Paulo）从瑞士小镇朗诺（Langnau）移居巴西。他的两个叔叔与他父亲一同离开了家乡，一位到了阿根廷，另一位前往美国。三兄弟丢下了几十年里家族一直赖以为生的奶酪和乳品公司，不过这家公司直到今天仍在运转。保罗是在瑞士制鞋公司巴利（Bally）那里谋得一职后才到巴西的。巴利当时是里约热内卢北部地区卡里奥克服装公司（Cortume Carioca）的拥有者。在卡里奥克公司，保罗跟皮革和鞋子打了几年交道后，决定重操家族旧业。他在雷森迪（Resende）开了一家乳制品公司，并把公司命名为莱克公司（Leco 是雷曼和公司两词的缩写）。几年后，这家公司被赫里奥·莫雷拉·塞莱斯（Hélio Moreira Salles）买下，此人是巴西联合银行（Unibanco）创始人沃特·莫雷拉·塞莱斯（Walter Moreira Salles）的兄弟。

在巴西待了几年后，保罗认识了双亲均是瑞士人的巴西姑娘安娜·伊薇特（Anna Yvette），二人后来喜结良缘。安娜的父亲为一家可可贸易公司工作，这家公司会把经理派驻到巴西的伊利乌斯地区（Ilhéus）和伊塔布纳地区（Itabuna）。

“那些来巴西工作的瑞士人很容易迷上这个地方，并最终选择留下来。”雷曼的一位表哥亚历克斯·黑格尔（Alex Haegler）说。亚历克斯的妈妈跟安娜是姐妹。他们在列布隆区（Leblon）一幢舒适但并不奢华的房子里安了家。雷曼的父母都是在新教的环境中成长起来的，所以非常信奉节俭和自律，而这也成为雷曼的思想基础。

网球与冲浪，运动造就纪律

父母颇有远见地决定让孩子接受良好的教育。他们把雷曼送到里约热内卢的美国学校，从幼儿园开始一直读到 17 岁中学毕业。这是当地最好的学校之一。正因为这一点，雷曼在很小的时候就能说一口流利的英语，而在当时这可是一项很少有人掌握的技能。在他后来进入金融领域时，这项技能让他如鱼得水。7 岁时，雷曼开始在伊帕内马（Ipanema）的里约热内卢乡村俱乐部（Rio Country Club，里约热内卢上流社会出入的地方）学打网球，这成了他一生都未放弃的体育运动。雷曼在赛场上的表现异常出众，他赢了数个儿童级别的比赛冠军，并在 17 岁时拿到了巴西青少年全国冠军。他把自己早年运动生涯的成就归功于对运动员生活方式的严格坚持：不跳舞，不饮酒，不吃高油脂食物。他已经很多年不吃红肉了，今天依然如此。他不仅很少饮酒，还经常在他的口袋里放一些葡萄干或其他水果干作为三餐之间的零食。

那时，他每天凌晨 5 点钟就起床，天还没亮就在列布隆附近的海滩跑上几公里，然后再翻墙进入俱乐部，在开门之前练几手网球。在网球场上学到的东西让他一生都受用。他的一位教练曾说，没有人是靠打球给别人看最终获得冠军的。换句话说，与其炫技给观众看，不如专心钻研如何提高自己。这对于如此热衷思考、严格自律的男孩来讲，一言值万金。

不过，自古“英雄难过美人关”，姑娘成了雷曼的软肋。“然而，他只会与那些不干涉他早睡早起生活习惯的姑娘约会。”亚历克斯说。

不打网球的时候，雷曼经常在里约热内卢南区的海滩冲浪。他有时吹牛说自己是“全里约热内卢最牛的冲浪手之一”。正是冲浪，让他体验到了人生中最大的恐惧之一。有一天，在一个巨大的风暴过后，他和一群伙伴决定到科帕卡瓦纳（Copacabana）海滩征服一下汹涌的波浪。当时他对自己的冲浪技术异常自信，根本没把比平时大三倍的浪放在眼里。2011 年，在由艾斯特达教育基金会（Fundação Estudar）[①] 资助的巴西学生组织的活动上，雷曼曾提到过这段经历。

“那些浪特别大……几乎不可能从它们下面游过去……我当时感受到血液冲向自己的脚跟……我钻进一个扬起的浪头，在我要被困住之前设法划了出来……我朋友说应该再试一次，但我觉得一次就够了。我的肾上腺素达到了最高点……我喜欢那种感觉，但是我再也不想尝试了……在生活中你会遇到很多风险，而你必须面对……我在海浪里、在网球场上，后来又在生意场上冒过无

① 艾斯特达教育基金会由雷曼于 20 年前创立，主要用来资助在国内外读书的巴西学子。

数次险……我经常会想起科帕卡瓦纳海滩上的那个浪头，它比我在大学里学到的东西更让我刻骨铭心。”

14 岁那年，雷曼的父亲突然离世了。那是在博塔福古（Botafogo），一辆有轨电车从他父亲身上碾了过去。而就在那一刹那，这个尚未成人的少年成了家中的顶梁柱。比他大十岁的姐姐莉亚（Lya，现已离世）当时已经迁居美国，嫁给了一位医药行业的公司高管。随后，雷曼开始跟比自己大六岁的表哥亚历克斯越走越近。亚历克斯最后去了哈佛大学学习，并成为哈佛校网球队的队长。雷曼在美国学校曾被同学选为“最有可能成功的学员”，这使得他决定追随表哥的步伐，去哈佛大学攻读经济学。这个决定后来永远地改变了他看待世界的方式。

“淬火”哈佛大学，改变看待世界的方式

哈佛大学有着 350 年历史，是常青藤联盟中的一员，它与耶鲁、普林斯顿等名校一起成为造就社会精英的大学系统。约翰·亚当斯（John Adams）、约翰·昆西·亚当斯（John Quincy Adams）、拉瑟福德·海斯（Rutherford B. Hayes）、西奥多·罗斯福（Theodore Roosevelt）、富兰克林·罗斯福（Franklin D. Roosevelt）、约翰·肯尼迪（John F. Kennedy）、乔治·布什（George W. Bush）和巴拉克·奥巴马（Barack Obama），这 8 位美国总统都曾就读于此。哈佛还培养出 40 多位诺贝尔奖得主。这座著名学府坐落于马萨诸塞州生活着超过 10 万名居民的剑桥市，校园面积超过 5 平方公里。有来自全世界的 2.1 万名学生在此就读。蜚声国际的麻省理工学院（MIT）距此不远。在查尔斯河对岸的波士顿，就是美国独立战争打响第一

枪的地方。

想进入哈佛大学，学生必须跨越两个门槛。首先，他们要被哈佛录取，只有 7% 的申请者能获此殊荣。其次，他们得能付得起本科生每年的费用，包括学费、生活费和住宿费。2012 年，这笔费用大概为 8 万美元。

1957 年 9 月，当雷曼前往哈佛大学攻读学士学位时，他根本没有仔细考虑过这些。如今，每年大概有 100 位来自巴西的学生在哈佛大学学习，而在雷曼那个时代，巴西学生平均一年只有一位。他在哈佛大学的首秀简直可以用近乎灾难来形容：这个沙滩男孩刚到美国就差点被冻死，而且无比想念里约热内卢的沙滩和海浪。他的反叛个性加深了自己的思乡之情，这让他不仅成绩平平，甚至差点儿毁掉了自己的学业。

在大一学年快要结束的时候，他在哈佛大学的主广场中央点燃了一些烟花。这个玩笑让学生们异常兴奋，但是惹得学校领导勃然大怒。等他回到里约热内卢后不久，就收到了学校的来信，“建议”他休学一年，以便让自己更“成熟一些”。

雷曼本来就对哈佛大学心生厌恶，因此一开始打算借此放弃。不过，最终他还是在开学时如期而归，因为那封信只是“建议”他休学，而不是“强制”他休学。

雷曼既想顺利毕业，又想摆脱无聊的校园，于是他决定用三年的时间念完四年的大学课程。这可不是一件轻而易举的事情，但是雷曼设计了一套有效的学习系统保证完成这个目标。他向前辈和老师请教自己所选课程的作业和时间安排。通过其中一次谈话，他了解到以前的所有考试题在图书馆都有存档，于是他又找到了捷径。

没多久雷曼就注意到，每年的考试题只有少许改动，所以他要做的就是把以前考到的知识点学好即可。很快雷曼的成绩就突飞猛进，他也从一个问题学生变成了院长眼中的爱徒。最终他在20岁就完成了学业，这也是他给自己设定的目标。

在最近的一个活动上，雷曼谈到了哈佛大学如何改变了他对世界的看法：

> “我以前是一个从未离开过里约热内卢的冲浪手和网球手，突然有一天，我来到了一个充满了伟大思想的地方。大一的时候我们有一门必修的哲学课，我开始读柏拉图、苏格拉底等从没想过要去读的东西。我曾经的梦想只是拿网球冠军或征服更大的海浪，而哈佛让我有了更大的梦想。与我相熟的朋友应该都知道，我常说‘实现一个大梦想和实现一个小梦想要付出的努力是一样多的……’我在哈佛学到的另外一个东西现在已经成为我的一部分，那就是选择人才的重要性。在哈佛大学，围绕在我身边的是全世界最优秀的一群人。这深刻影响了我选人的方式，而且这也是我职业生涯中的一个重要特点。”
>
> “哈佛也教会了我专注于能让我获得成果的那些事。为了能在截止日期前完成任务，我必须设计一个让我可以集中所有精力的学习方法……我总是尝试着简化自己的生活，只做那些最重要的事情，这对我后来创建企业助益颇多。我们的大部分公司和员

工都有五个目标[①]……因此，用最简单的方法去做事总比用复杂的方法做事强得多。”

影子市场，靠天赋破除垄断

尽管成绩非常优秀且富于创造力，雷曼和其他毕业生一样也加入了求职大军。他希望在巴西金融界找到一席之地，这样的工作能保证他衣食无忧。在一家1946年于里约热内卢创办的名叫德尔特克（Deltec）的公司，雷曼找到了一份在南美市场销售股票的工作。这家公司的老板是一个美国人，名叫小克拉伦斯·道菲诺特（Clarence Dauphinot Jr.）。道菲诺特也是乡村俱乐部网球会员，因此他雇了英语流利的雷曼做他的实习生。雷曼的第一位上司是在金融界已颇负盛名的罗伯托·特谢拉·科斯塔（Roberto Teixeira da Costa）。1976年，巴西证券交易委员会（CVM, Brazilian securities and exchange commission）成立时，科斯塔成了首任主席。

那个年代的所谓“资本市场”可谓徒有虚名。整个市场基本没有什么客户，而准备披露盈亏状况的公司也极为稀少。甚至到了1966年，巴西都没有一家投资银行。阿根廷布宜诺斯艾利斯的股票交易市场比里约热内卢的那家更大，而圣保罗当时在金融方面甚至更没有存在感。因此，巴西可谓资本市场的处女地。德尔特克当时有大约300名销售员，销售着寥寥几家企业的股票，其中的两家分别是里斯塔斯电信（Listas Telefônicas）和美国汽车制造商威利斯奥佛兰（Willys Overland）的巴西分公司。这些销售员在全国各地一家接一家地敲门，寻找新客户。

① 员工的奖金取决于公司四个目标以及员工四五个个人目标的完成结果。——译者注

“在20世纪50年代末期和60年代初的那几年，国内根本没有专家可以应付投资人并提供信息。”科斯塔在他的书《资本市场的50年历史》（*Mercado de capitais–umatrajetória de 50 anos*）中写道，“年报里对股东至关重要的信息写得无比简单，资产负债表和财务报表信息也都仅限于法定的最低限度。另外，这些年报都未经审计，究竟采用什么标准我们也不清楚。”

看到还处在胚胎阶段的巴西资本市场，雷曼觉得在这么艰苦的条件下想要飞黄腾达有点不切实际，于是他决定去国外积攒一些经验。他的计划是四处巡游，从最优秀的人才那里汲取养分后，再回巴西。因为他父亲的缘故，雷曼有着巴西和瑞士的双重国籍，因此他决定去瑞士碰碰运气，并在日内瓦的瑞士信贷集团（Credit Suisse）获得了一份实习工作。

看似绝佳的机会最终却成了雷曼的小小噩梦。这是他第一次给这么大的机构工作。这里等级森严、办事流程严谨，他一点都不喜欢。他觉得一切都特别缓慢、死板、中规中矩，七个月后便辞职离开了。

这次来瑞士也并非一无所获。这位时间管理大师并没有放弃自己在职业网球领域取得成功的梦想。他依旧保持着运动员式的生活习惯。在瑞士打了几场锦标赛后，他加入了国家队去征战戴维斯杯。

不过，在1962年5月的首秀中，雷曼表现得并不理想，连败三局输掉了比赛。在接受一家体育杂志采访的时候，他找借口说道：“我从来都不喜欢草地球场。”不过他还是当了一年半的职业网球选手，在四大满贯赛中，他打进了温布尔顿和法国网球公开赛的正赛。

最终，他客观地评估了一下自己，认为自己并非一位顶尖的网球运动员，更何况，此时他心目中奋斗的目标已不在此了。

> “我参加的比赛越多，越觉得自己不可能成为世界前十的顶级球员，”他说，“所以我放弃了，因为成不了明星。”

1963年，雷曼回到了里约热内卢，并在英瓦斯科投资公司（Invesco）找了一份工作。这是一家跟商业银行竞争、主营信贷业务的小公司。雷曼开辟了一个资本交易的新市场，并很快就让传统股票市场的交易者不安起来。当时，股票交易所的席位不是只要花钱就能买得到的，它是终生享有的，操作方式类似于公证人特权。不管是雷曼还是英瓦斯科投资公司都没有继承任何东西，但是显然他们不想成为股票市场的局外人。最终，雷曼发现了入局方法，那就是创造出一个“影子市场”，在官方的交易时段外通过电话卖出股票。这个新方法很快就成了他的一门好生意，由此而形成的影子市场的交易量占到了里约热内卢证券交易所交易总量的5%。然而，那些大型券商并没有对这种胆大妄为的行为视而不见。

“这些券商讨厌我，把我视为威胁。”他说。当时的气氛已经非常紧张了。有一次，雷曼造访里约热内卢证券交易所，引起了一群掮客的强烈不满，最终被两名保安驱逐出去了。

得益于良好的教育和在市场上赢得的声誉，雷曼开始为《巴西日报》（*Jornal do Brasil*）的周末版撰写投资方面的专栏文章。不过他的新闻事业并不长久，没几个月，报社主管阿尔贝托·迪内斯（Alberto Dines）就发现他与一家经纪公司关系密切，发表雷曼的文章明显会产生利益冲突。

在英瓦斯科投资公司工作期间，若泽·卡洛斯·拉莫斯·达·席尔瓦（Jose Carlos Ramos da Silva）与雷曼最为默契。他是一个能说会道的年轻人，拥有巴西大学经济学位，在金融市场上有着“山猫”（jaguatirica，ocelet）的称号。席尔瓦的出身与雷曼完全不同。他的父亲是一个开了一辈子服装店的葡萄牙移民。他的母亲尽管学过会计，但是从未学以致用，把一生都献给了家庭。席尔瓦到了假期基本都泡在位于米纳斯吉拉斯州（Minas Gerais）的坎布基拉（Cambuquira），那儿有一处静谧的温泉。在金融业的抱负心上，雷曼和席尔瓦非常相似，这一共同点让两人忽略了阶级的不同。

表面上看，一切风平浪静。英瓦斯科投资公司的业务蒸蒸日上，贷款不断增加，而且他们创立的影子市场也在扩大规模。然而，他们贷出去的钱比收回来的多得多，这点让雷曼非常纠结。到 1966 年时，英瓦斯科投资公司终因缺乏足够严格的信贷控制措施和管理上过于随意而倒闭了。在 27 岁那一年，雷曼跟公司一同破产了。他所拥有的约 2% 的公司股权至此一文不值。英瓦斯科投资公司最终被伊皮兰加银行（Ipiranga）接收。这家属于鲁特巴赫家族（Lutterbach）的银行还买下了其他四家贷款公司，创建了一家投资银行。

英瓦斯科投资公司的突然倒下让雷曼总结出了两条重要教训。首先，关注盈利与关注支出同等重要，这成了他和合伙人几十年来都谨记于心的格言。其次，一家公司要给员工良好的待遇，即便对那些默默无闻甚至不能创收的部门也是如此。

“即便是守门员也要让钱包鼓起来。”他说。

雷曼并没有为失败忧伤，带着这些教训，他开始思考下一步该怎么办。

开拓债券业务，把赚来的钱分给最优秀的员工

“社会”是雷曼经常挂在嘴边的一个词。在整个职业生涯里，雷曼独自发起的创业项目只有一个。英瓦斯科投资公司的失败并没有改变什么。他希望继续在金融行业工作，但没有资本，而且他也不希望一切都是自己掏腰包。他的脑海里只有一个方案：找到优秀的、愿意为一个新企业努力拼搏的人才，以及愿意为其投资的资本合伙人。

找到愿意一起拼搏的优秀人才并不难，“山猫”席尔瓦就有着雷曼所喜欢的创业精神。而来自巴西东北部的里贝罗·库蒂尼奥（Ribeiro Coutinho）家族最终愿意为这个项目提供资金。

这个家族的第一桶金来自伯南布哥州（Pernambuco）和帕拉伊巴州（Parariba）的制糖厂。在随后的岁月里，他们不断扩大着自己的盈利规模。那时，他们非常重要的一笔投资就是安联卡（Aliança）银行。该银行在坐落于里约热内卢市中心、由建筑师卢西奥·科斯塔（Lucio Costa）设计的雄伟建筑里，旁边就是坎德拉里亚（Candelária）大教堂。

这个家族的掌门人约翰·乌苏罗（João Úrsulo）希望扩大安联卡银行旗下天秤经纪公司（Libra）的业务。该公司当时只专注于推销商业汇票。雷曼需要钱，而约翰需要找到一个懂得新业务的人。两人几乎一拍即合。

雷曼和席尔瓦从 1967 年开始为天秤经纪公司（Libra）工作。为了让

这两个年轻人更卖力，约翰拿出经纪公司 26% 的股份给两人平分。这家公司的新业务就是买卖公共、私有债券。这种交易在当时可算是非常超前的事物，巴西中央银行直到 1968 年才为这项交易设立专门的柜台。

两人很快就让经纪公司全速运行，他们让安联卡银行大厦的第 11 层楼门庭若市。雷曼和席尔瓦雇到了一位年轻才俊路易斯·塞萨尔·费尔南德斯（Luiz Cezar Fernandes）。后者曾成功地让伊斯克里特里奥莱维（Escritório Levy）公司变成中央银行债券的最大交易商。费尔南德斯来自圣保罗市圣里塔帕萨夸特罗（Santa Rita do Passa Quatro）的一个下层中产阶级家庭，14 岁他就追随父亲离家去布拉德斯科（Bradesco）银行打杂。这是一个身世相当可怜的孩子，甚至没有读完小学，六年级就辍学了。不过，在工作上，他很倔强且富有创造力。

“雷曼在那里完全忙疯了，一会儿盯着股票交易所，一会儿忙着债券的事……他有点工作过度了，”费尔南德斯说，“他给我打电话，我就过去了。”

经纪公司生意越大，雷曼却越不满意，这看起来有些自相矛盾。天秤经纪公司业绩出色，但是雷曼的持股丝毫未变。更让人添堵的是，公司的控股股东定了规矩，雷曼不能把公司的股份出让给别人。然而，雷曼一直认为这是吸引年轻人才的“胡萝卜”。

他进入了一种进退维谷的局面。从在哈佛大学读书时起，雷曼就一直想创立一种以精英管理和合伙人体制为基础的企业文化。他的理念旨在让像席尔瓦和费尔南德斯这样的优秀人才得以成长，不过里贝罗·库蒂尼奥家族对此毫无兴趣。三年后，在毫无希望扩大自己所拥有的公司股权的情况下，雷曼做出了一个孤注一掷的选择。他跟老板说自己对于现状很不满意，说他想把公司买下来，而且相信里贝罗家族以及其他的股东会同意。出乎意料的是，这个家族反其道而行之，强行买走了雷曼和席尔瓦的股权，将他们彻底扫地出门。

31 岁这一年，雷曼又失业了。不过这次他的口袋里有了 20 万美元，这在那时可算是一笔巨款了。另外，他一直梦寐以求的公司模式逐渐在脑海中清晰起来，把赚来的钱分给最优秀的员工。他的这一想法并不是单纯地去做一个老好人，而是基于“增加利润然后分享”的务实理念。未来，他会不断地大声重复这样一个原则：“优秀的人才，共同努力，让公司变得伟大。”

DREAM
BIG

How the Brazilian Trio behind 3G Capital Acquired Anheuser-Busch, Burger King and Heinz

03

寻找“PSDs”

对于雷曼而言，他一直专注于招到这样一些专业人才，他们有着一个标签叫“PSDs”，即出身贫寒（Poor）、聪明（Smart）、有强烈的致富愿望（Deep Desire to Get Rich）。

DREAM
BIG

3G精髓

加兰蒂亚的精英制度

人才策略

1. 大力招聘出身贫穷、非常聪明、有强烈的致富欲望的人。
2. 保持公司总人数稳定在200人，每年通过“烟雾弹”会议淘汰10%。

工作环境

尽一切手段解除对人才的束缚因素，打破等级制度，施行自由开放的办公环境。

薪酬体系

去掉阶梯式等级，员工被分为三类：
1. 奖金级员工，可以拿到额外几个月的工资；
2. 提成级员工，根据业绩获取一定比例的提成；
3. 分红级员工，根据公司盈利水平获得相应的收入。

早在社交网络兴盛之前，雷曼就明白维持好的人际关系网络至关重要。作为一个不喜言谈、一日三省其身的人，他很早就意识到与正确的人共事能给自己带来的巨大优势。人们经常会听说他在开会时不仅一言不发，甚至还会因为太无聊而打瞌睡。被天秤经纪公司踢出局后，他相信或许这是一次凭借自己的直觉和判断来招兵买马的好机会。

当时雷曼已经有一个很好的想法：开一家自己的经纪公司。他的身边已经有了一个精简能干的团队：席尔瓦和费尔南德斯。不过，他需要资金。他跟席尔瓦卖出股份的钱是分期获得的，然而购买经纪公司执照需要一次性缴纳一笔现金。1971 年，股票市场正处于大牛市中，经营许可费用极其昂贵。

因为缺钱，雷曼和席尔瓦不得不做一些稍微小一点的生意，例如证券分销。他们当时正在谈判，准备买下一家小公司维斯帕（Vésper），它属于里约热内卢当地的大都会建筑公司（Metropolitana）。不过，他们的谈判却戛然而止。

“雷曼的一个客户，差不多算是一个朋友吧，有一天来问我们在做什么。”费尔南德斯说，“他说他知道我们打算买一家经营状况极差的证券分销商，还说我们从一家经纪公司跑出来做那种事很荒诞，然后反复念叨了很久。”

这个不停念叨的人就是阿道夫·让蒂尔（Adolfo Gentil）。他曾是巴西国会议员，当时是里约热内卢实业银行（Operador）的老板。这位来自塞阿拉州（Ceará）的富商也是一名网球爱好者，比雷曼大 20 岁。他愿意出钱让雷曼他们收购一家经纪公司。

为助他们一臂之力，阿道夫给他的朋友古伊尔赫梅·阿里努斯·巴洛索·佛朗哥（Guilherme ArinosBarroso Franco）打了一个电话。古伊尔赫梅是亚马孙塔帕若斯（Tapajó）和伊塔夸蒂亚拉（Itacoatiara）的印第安人的后裔。他的第一份工作是在巴西银行当柜员。曾是法学院毕业生的他，在 26 岁时成为前总统热图利奥·瓦加斯（Getúlio Vargas）的私人顾问。他还是一个狂热的球迷，一直支持博塔福古足球队，并在马拉卡纳体育场拥有 40 个预定坐席。古伊尔赫梅的儿子古斯塔夫·佛朗哥（Gustavo Franco）后来成为巴西中央银行的主席。这些金主的出现，意味着收购经纪公司的资金问题彻底解决了。

寻找收购目标的过程乏善可陈。阿道夫在报纸上发布了一条广告：“求购经纪公司。”收购在 1971 年 8 月完成，他们用 80 万美元从炒家手里买下了加兰蒂亚经纪公司。

“那可能是世界上最滑稽的名字了，听上去很不正经。”罗杰里奥·卡斯特罗·玛亚（Rogério Castro Maia）开玩笑说。玛亚也来自里约热内卢，之前一直在运营一家非政府组织（NGO）巴西爱科信息（Ação Comunitária do Brasil）。1981年，他开始涉足商业领域，为雷曼创立的金融机构工作。

从天秤经纪公司得到的教训让雷曼和席尔瓦一开始就跟阿道夫把话讲明白了，两人最终平分了公司51%的股权。阿道夫持股39%，古伊尔赫梅拿剩下的10%。不过，这种股权结构很快就被打破了，阿道夫把他的一小部分股份出让给了费尔南德斯和赫修斯·鲁特巴赫（Hercias Lutterbach）。这两人一直追随公司创始人，且希望继续留在公司里。

这家经纪公司一开始几乎没有任何资产。其并不起眼的办公室位于里约热内卢布朗库（Branco）大街156号，就在埃迪菲希奥·阿维尼达中心（Edifício Avenida Central）第34层，紧挨着市中心的大广场（Largo da Carioca）。加兰蒂亚经纪公司只有三间办公室，位于夹层楼里，没有空调，一间留给交易员，另外一间供管理层使用，第三间则用来存放托管证券和股票的保险箱。

“架构的限制让我们只能有三部电话，而且也雇不起秘书。”费尔南德斯说。对年轻的创业者们来说，破旧的办公室并不是个问题。他们更感兴趣的是里约热内卢股票市场的潜力，因为它正吸引着越来越多的投资者。这主要得益于当时刚刚出台的《157号基金法》（*Fund 157*）。该法允许纳税人将最高12%的应纳税投到股市中。1971年1月到3月，股票指数大涨了约48%，交易量涨了超过一倍。情况好得让人难以置信，可它真的发生了。不过，如此大幅的增长主要源于乐观的预期，而非实质性增长。正如任何泡沫一样，它最终还是破裂了。加兰蒂亚经纪公司买下经营许可后的两个月，股票市场开始急剧下滑，深不见底。18个月间，股指下跌了61%。雷曼和其他合伙人眼睁睁地看着他们主营的经纪业务一天不如一天，而他们也戴上了“用大部分资金投资经营许可权的投资人”的帽子。这一称号让他们脸红了20年。对他们的新公司而言，这确实不是个彩头。

股市的危机和对于寻找新出路的迫切需求，让他们决定把精力集中在公开市场上面。雷曼比以往任何时候都更需要一个团结一致的团队。作为公司的主要股东，他此时终于可以把自己一直以来都信奉的精英管理原则付诸实施了。在这样的原则下，天分和汗水都至关重要，友谊和亲情变得不再有价值，且有时还会导致问题的产生。因此，雷曼不允许员工的子女或配偶同时在公司工作。在工作场合，恋爱也是被严格禁止的。这可能是最受争议的一条规定，因为首先公司里已经有几对已婚夫妇，甚至费尔南德斯和埃里克·伊梅（Eric Hime）这样的合伙人都跟员工结婚了。在这种情况下，夫妇中必须有一个人要离开加兰蒂亚。

对于雷曼而言，他一直专注于招到这样一些专业人才，他们有着一个标签叫“PSDs”，即出身贫寒（Poor）、聪明（Smart）、有强烈的致富愿望（Deep Desire to Get Rich）。一开始，雷曼看简历时最在意的并不是顶级名校或者国际经验。这点其实很容易理解。在那时，巴西经济的增长主要源自政府的推动，从建立国有企业、制定鼓励措施到借外债资助出口和项目建设。在那种基本环境中，许多像加兰蒂亚经纪公司这样的金融机构都靠交易国债发展起来了。这使得雷曼跟合伙人更愿意招收一些头脑灵活、有商业嗅觉甚至有些狡猾的人，而不是招收没有任何工作经验的年轻人。

“大多数人的‘生活大学’都是海滩。”克洛维斯·爱德华多·马塞多（Clóvis Eduardo Macedo）说道。他于1976年加入了加兰蒂亚，并成为合伙人。他也是当年加兰蒂亚招收的PSDs里，最终成为百万富翁者中一位。“那个年代跟现在完全不同，现在的孩子都是在电脑前面长大的。”

马塞多曾在加兰蒂亚工作了20年，靠着在前东家赚到的钱，他在里约热内卢南部的列布隆区开了自己的诺贝尔资产管理公司。

在一个没有互联网的世界，甚至没有计算机这样的金融计算工具的时代，电传机都算是一个巨大的技术进步。传真机直到20世纪70年代才在世界范围内大批量运用。所有的金融交易都是“实物的”，也就是说，每一股股票的售出都是卖家把一张真正的纸交到买家手里。证券和股票上面标注的抬头都是“致持票人”（没有具体姓名），这就意味着没有人知道谁在交易，也给各种操作留下了空间。如果一张证券丢失或者遭窃，就需要向法院提出申请撤销并发行一张新的来替代。1964年成立的巴西证券交易委员会（CVM）和巴西中央银行在很多领域都还是新手，宽松的监管环境使得市场存在巨大的灰色空间。20世纪70年代，在巴西金融市场上能够赚钱的秘诀就是最大限度地利用监管漏洞，而在这样的环境下，雷曼招到的PSDs比其他任何人都更有优势。

尽管那时通信并不发达，但在公司内部不应该有任何阻隔。让专业人员在各自的小隔间里工作而互不通气，对雷曼而言显然毫无意义。正因为此，他很快采纳了一种在当时的巴西还很前卫的工作模式，它与传统的封闭办公室完全不同。加兰蒂亚经纪公司的办公室采取了一种大开间的设计，员工和老板之间也不分开。虽说没有墙壁的设计让隐私无法保证，但这让团队的工作更加灵活，且避免了明显的等级区分。雷曼绝大多数时间就在这个大开间的一张桌子上办公。他跟席尔瓦、古伊尔赫梅和阿道夫等公司的主要合伙人只有在讨论机密事宜时才会到私人办公间去。这种设计还有一个好处，任何人都可以与老板近距离接触，找老板谈话也不需要大费周章。

为了创造一种宽松的办公氛围，加兰蒂亚的员工们大多数时间都穿着随意，而彼时许多金融机构都要求员工西装革履。休闲裤（随着时间的推移，卡其色成了加兰蒂亚的标志）和卷起袖管的衬衫逐渐成为日常的标准装扮。员工们看上去更像是大学校园里的学生，而不是股票经纪人。

精英化薪资机制，加兰蒂亚没有舒适圈

没有哪家公司能够像高盛一样对加兰蒂亚的企业文化产生了深远影响。1869 年，德国犹太人马库斯·戈德曼（Marcus Goldman）在纽约创建了这家投资银行。三年后，他的女婿塞缪尔·萨克斯（Samuel Sachs）加入了投资银行。这家投资银行后来成了世界上最具影响力的投资银行。《高盛帝国》（*The Partnership: The Making of Goldman Sachs*）一书的作者查尔斯·埃利斯（Charles D. Ellis）在书中谈到了这家公司的一些主要特点：

> “高盛是一家完全遵循精英管理体制的公司。西德尼·温伯格先生（Sidney Weinberg，高盛银行数十年的最主要合伙人）从

不容忍任何内部斗争和公司政治，其他很多公司在这一点上都提供了前车之鉴。他把给合伙人的现金红利限定在了很低的标准上，强迫他们增持公司股权。‘温伯格建立了非常严格的资本公积政策，’一位合伙人皮特·萨塞尔多特（Peter Sacerdote）说，‘这对公司来说是一件好事，因为他让所有员工成为一个整体，注意力都集中在做对公司最有利的事情上。对合伙人个人来说，这也是一件好事，因为它没有给你很多现钱放在口袋里，不会让你养成花钱大手大脚的习惯。’”

“这种做法同样也有利于建立对公司和合伙人关系的绝对忠诚。虽然合伙人之间存在私人恩怨的情况是不可避免的，但沉默构成了一堵密不透风的墙，使内部的任何紧张关系都不为外人所知。个人的低调行事也是这家公司的核心价值观。其他公司可能会大张旗鼓做的事情，在这里都会被刻意低调处理。比如摩根士丹利（Morgan Stanley），几个街区之外就能看到它设计精巧、闪烁着股票报价的大型 LED 指示牌。在纽约、伦敦或东京，你几乎看不到高盛存在的迹象。你能看到的只有穿着考究的青年男女步履轻盈地在早晚出入大楼。”

在叔叔路易斯·特布纳（Louis Truebner）的引荐下，雷曼跟高盛取得了联系。特布纳是住在美国的可可交易商，他知道高盛会为他的侄子敞开大门。尽管两家企业的年龄相差了一个世纪，但是两家企业之间的相似点非常值得关注。

高盛把精英管理看作公司的核心价值。他们鼓励节俭，把公司的成功置于个人享乐之上，同时鼓励内部竞争。这些原则作为高盛企业文化的一部分已经有 100 多年的历史了。不过，对于巴西、对于加兰蒂亚而言，这一理念可谓标新立异。如果这一模式真能奏效，近乎救世主般的热情将浸入整个团队。

20 世纪 70 年代，巴西人最梦寐以求的事情就是为跨国公司工作。当时，毕业生和企业管理人员都梦想着能加入壳牌公司、IBM 或者大众汽车这样的企业。这些公司不仅待遇优厚，而且福利完善，比如上下班车接车送，企业有给孩子读书的学校，甚至还有俱乐部的会员资格。大型的巴西本土企业集团那时还十分稀有，且多为家族掌控，下层员工基本没有当上高管的上升通道。在这些公司中，“所有者”和“其他人”之间有着明显的区分。当然，无论跨国公司还是本土企业，那时都还没有可变薪酬制度。

雷曼从高盛复制的这套模式成为他事业的转折点。加兰蒂亚的工资低于行业的平均水准，但是奖金可以达到工资的四五倍。这在当时可是很大的一笔钱。当然，这也是有条件的，员工必须完成业绩目标才能拿到这笔优厚的奖金。这条规矩清楚简单，对于在公司的勤杂工也同样适用：干得好就有钱拿。雷曼相信有一点非常重要，那就是，让所有人、哪怕是公司那些处在最底层的员工感受到自己是企业的“主人”。雷曼认为这是他们愿意付出全部精力和智慧让企业成长的唯一途径。为了进一步鼓励员工的积极性，加兰蒂亚会每半年就发一次奖金。

加兰蒂亚的金字塔与其他大多数公司截然相反，它没有乘数级的等级体系，员工基本被分为三类。每一位新加入的员工都有拿到奖金的资格。高一层级的员工拿提成，他们不会拿几倍于工资的奖金，而是直接按一个小比例与其他人分享公司的总盈利。一般而言，这个比例在 0.1% 到 0.3% 之间。业绩最差的员工不能升职。公司也没有规定拿奖金的员工上升为拿提成的员工最短需要几年。一切都靠业绩说话。

从拿奖金上升到拿提成，在雷曼的精英管理体制中是跃进了一大步。不过，即便对已跨上这一新台阶的员工而言，他们也不能放松。每半年他们都要接受一次考核，其结论会基于上级、同事甚至下级的意见。如果那段时间该员工的业绩低于预期，这个人的提成比例就会减少。此外，如果一个人的提成比例提高（或者一位新员工成为提成员工），另外就会有一个人失去提成。

“一旦一位合伙人离开会议室，宣布谁赢谁输，接下来就不会有任何讨论空间了，”迪尼斯·费雷拉·巴蒂斯塔（Diniz Ferreira Baptista）说，“有时，有的人会向雷曼抱怨，但是他从来都没有认真理会过。”迪尼斯是在加兰蒂亚供职时间最长的合伙人之一。他于 1977 年加入公司，在 1995 年退出时拥有约 5% 的股份。后来，他跟两名前加兰蒂亚的合伙人马塞多和若泽·安东尼奥·莫朗（José Antonio Mourão）创立了墨道（Modal）银行，另一名前加兰蒂亚合伙人拉米罗·奥利韦拉（Ramiro Oliveira）后来取代了马塞多在墨道银行的位置。

真正优秀的人会杀出重围，而那些并不优秀的人则会成为公司合伙人年会上的讨论对象。这个年会被称为“烟雾弹”①，它会决定谁被炒鱿鱼。这个体制让每年大概会有 10% 的人出局。在十余年的时间里，加兰蒂亚的团队始终保持在 200 人的水平。雷曼定下的这个规矩让公司避免了过度扩张。这意味着让那些业绩最差的人出局是唯一办法，只有这样才能为新的、有才能的年轻人腾出空间。公司的气氛在开“烟雾弹”会议的那几天紧张到极点。散会以后被叫到名字的那些人都知道他们下一站要去的地方就是大街。在加兰蒂亚的词典里，“舒适区”这个词根本就不存在。

成为合伙人是上升通道的顶点，也是更难保持的阶段。合伙人除了拿到提成，还能获得分红。在加兰蒂亚 30 年的历史上，大约有 40 位员工曾经抵达了这个最高点。不过，从来没有一个女性能跻身于这个精英阶层，这一点很令人惊怪。员工唯一能够到达这一高度的方式，是为公司带来卓越的成果，并且得到了所有合伙人的一致同意，当然后者也会决定该员工所获得的股权比例。潜在的候选人永远不知道自己是否以及何时会成为合伙人，也不知道可能获得的股权比例是多少。加兰蒂亚的一些前员工在接受采访时称，这一过程缺乏透明度。

“加兰蒂亚银行每年盈利的 25% 将用于利润分配，15% 用作股息，60% 充当资本公积，”迪尼斯说，“这是一条不能改变的死规矩。”

不管怎么说，加兰蒂亚的可变薪资制度在当时还是很激进的。不仅跟巴西本土公司以及跨国公司的分支机构相比，就是跟其他金融机构相比，

---

① 这一会议后来发展为每年一度的组织业绩回顾（OPR，Organization Performance Review）。所有管理人员均会在 OPR 上过堂。评分为 1B 的经理会被立即解职，评分为 1A 的经理则被给予六个月的改进期，以确定是否可以继续留用。——译者注

也是如此。多元银行（Multiplic）就是一个很好的例子。[①]

多元银行的前身是由安东尼奥·若泽·卡内罗（Antonio José Carneiro）和罗纳尔多·塞萨尔·科赫（Ronaldo Cezar Coelho）在里约热内卢创立的经纪公司。数年后，该公司转变为投资银行。这一路径与加兰蒂亚完全一致。这家银行在20世纪70年代开始指数级地扩张，逐渐成为加兰蒂亚的主要竞争对手。路易斯·考夫曼（Luiz Kaufmann）在1985—1990年任银行的CEO，在其所写的《新千年护照》（*Passaporte para o ano 2000*）一书中，他说道："1989年年底，公司的股东权益价值1.6亿美元，管理资产额总计20亿美元。然而，除了出身类似，多元银行和加兰蒂亚两家银行的经营风格完全不同。"

造成这种差异的主要原因可能是，多元银行的所有者从1978年起开始与伦敦银行合作，双方各拥有一半的股份。在这种情况下，如果在员工中分配股权，可能会造成一些不平衡，这是双方都不想看到的情况。

"我们拥有市场。"70岁的安东尼奥回忆道。在列布隆区的一处僻静街道，坐落着一幢三层小楼。它的顶层就是安东尼奥的办公室。在房间的墙上挂着两幅美丽的油画，作者是巴西南部的画家伊布·卡马戈（Iberê Camargo）。安东尼奥就是在这里接受了我们的采访。"我们会出更高的薪水，年底也有奖金，但是我们不会提供任何成为合伙人的机会。"从在米纳斯·吉拉斯招商银行（Banco Mercantil de Minas Gerais）做柜员起步的安东尼奥，1997年以6亿美元的价格把自己在多元银行的股份卖给了劳埃德

① 名称意指多样化，即希望银行的业务广泛、多元。——译者注

银行（Lloyd's，它买下了伦敦银行），之后投资了几家不同的公司，从广告行业到建筑行业都有。2012 年，他的主要收益来自电力行业的股票。

虽然加兰蒂亚的员工有机会成为公司的合伙人，但到达最高点所需付出的代价也是很大的。银行不会直接把股权分给新合伙人，而是卖给他。费尔南多·穆拉莫托（Fernando Muramoto）、弗雷德里克·帕斯科维奇（Frederico Pascowitch）和罗伯托·帕斯科罗尼（Roberto Pasqualoni）等英士博（Insper）商学院的前学员针对加兰蒂亚做过案例研究，他们详细描述了新合伙人是怎样花钱购买股权的。

“平均而言，在两三年内，新合伙人 70% 的收入都会被用来支付购买公司股份的费用，”该研究还显示，“从数量上看，1% 的股份对新合伙人而言，意味着从一开始就背上 60 万美元的债务，不过他们可以通过自己的分红、提成和股息，以 6% 的年利息偿还这笔债务。”在这段时间内，其实只有 30% 的可变薪资真的付给了这些合伙人。

这个机制可谓一石二鸟。首先，公司可以留住这些人才，因为在完整地拿到应得股份之前就离开公司，是非常不划算的。其次，避免了让合伙人口袋里有太多的钱，以防止他们不能把注意力都集中在工作上。

“一开始的时候非常艰难，因为你挣的钱基本不够买这些股份的。”迪尼斯说，“不过因为每个人都对公司事业充满信心，所以得到这一机会的人都会选择购买。”

这一规定帮助公司维持了艰苦朴素的工作氛围，这正是雷曼在公司内外所提倡的。他永远都是一个习惯简单的人。他没有配备私人秘书（专门有一个小组为所有合伙人提供协助），不戴名表或者开进口车。当加兰蒂亚招待来宾午餐时，他也不叫服务员，而是亲自为客人服务。跟访客告别时，他总是陪他们到电梯口（这个习惯他至今还保持着）。正是这种简朴让他在 1991 年避免了一次危险状况。当时他开车行驶在里约热内卢到桑托斯的公路上，中途停靠在一处加油站。很不巧的是，有人正好抢劫加油站，然而他那辆开了 10 年的老帕萨特根本引不起劫犯的兴趣，最终他得以毫发无伤地继续自己的旅途。

我们现在是合伙人了，别再叫老板了

作为加兰蒂亚能够跨越龙门的少数精英之一，若泽·安东尼奥·莫朗是一个活生生的例子。他出生在里约热内卢郊区的维斯塔阿勒吉（Vista Alegre），于 1972 年进入经纪公司做勤杂工。那一年他刚好 16 岁。在这之前，他一直跟父亲在一家肉店工作。安东尼奥是一位真正的 PSDs，虽然出身贫寒，但他相信只要自己努力工作就一定会赚到钱。

他当时白天工作，晚上在中学上课；每天早上 7 点钟就到办公室，一直待到晚上要上课时才离开。他的职责包括给公司员工买午饭，以及在突然有比赛的时候，到雷曼家里取网球拍。

来加兰蒂亚的时候，他根本不懂“精英管理”这个词的意思，但是他很快就感受到了这个体制带来的影响。

“几个月以后，我就发现我挣的钱比预想的要多。”莫朗说，“那时，我就感觉在那儿工作真的不一样。”

莫朗还看到了成长的机会，于是他决定到伽马菲略（Gama Filho）大学学习经济学。他想尽可能多地学习银行日常运营的知识，于是经常通宵达旦地工作。当在加兰蒂亚的多项业务领域都取得了不凡业绩之后，1985 年他终于成了公司的一名合伙人，此时未到而立之年的他进入加兰蒂亚已经 12 年了。

成为合伙人以后，莫朗的第一项任务是去接管圣保罗的业务。尽管那里比总公司的业务要小一些，但是潜力巨大。公司还强制他改掉了称雷曼“先生”的老习惯。

“有一天他告诉我，我们现在是合伙人了，不需要再那样叫他了。”对一个从负责给老板拿网球拍起步的小伙子来说，这种感觉挺好的。

DREAM BIG

How the Brazilian Trio behind 3G Capital Acquired Anheuser-Busch, Burger King and Heinz

04

说到做到

“在那些天天为几分钱的得失而烦恼不已的人里，没有谁真能获得巨大的成功。”

——贝托·斯库彼拉

DREAM
BIG

3G 精髓

加兰蒂亚的内驱力

通过侵略式招聘，找到最有能量的员工

持续多轮的面试才能检验出应聘者对加入加兰蒂亚的诚意，还能发现应聘者自身蕴含的能量。面试中极具侵略性的问题则会故意把应聘者逼入绝境，从而能看出他面对棘手问题时的应变能力和心理素质。

狂热的工作热情，不加班才不正常

在加兰蒂亚，个人野心和高额回报的结合，点燃了员工身上的全部能量。员工嗜工作如命，经常不眠不休。

随时待命，愿意去公司最需要的任何地方

去最艰苦的地方，往往是通往合伙人的捷径。在加兰蒂亚没有人对被安排的工作挑三拣四，因为他们对公司充满信任，知道自己所付出的一定能得到回报。

无论是巴西还是其他国家，金融领域的工作从来都不容易。在短时间内需要对大笔金钱的去向做出决断，这种工作让人时刻处于紧张状态。没有钢铁一般意志的人往往会半途而废。

在美国华尔街这样的地方，生活一直特别辛苦。如查尔斯·埃利斯在《高盛帝国》里所写的那样：工作狂在这里才是正常人，在这家世界上最庞大的投资银行工作，往往意味着员工需要付出自己的一生。新员工每天从早上 8 点工作到傍晚 6 点，然后草草吃一顿便饭后，再一头扎进工作中去，一干就到晚上 9 点、10 点钟。很多员工甚至会工作到更晚。

迈克尔·刘易斯（Michael Lewis）曾于 20 世纪 80 年代在所罗门兄弟（Salomon Brothers）工作过，他过的就是节奏近似疯狂的生活。所罗门兄弟成立于 1910 年，并在 1998 年被旅行者集团（Travelers Group）收购。刘易斯在《说谎者的扑克》（*Liar's Poker*）一书中，这样描述分析师的生活状态：

“老板们可能在一天24小时中随时打电话给他们喜欢的分析师。最优秀的分析师在工作了几个月以后，基本就告别了过正常日子的想法。他们把自己完全交给了老板，一刻不得停歇。他们很少睡觉，经常看起来病怏怏的。事业越成功，离死亡也就越近。”

在加兰蒂亚，工作的压力和对业绩的冷酷追求达到了疯狂的水平。早来、晚归和彻夜不归都是家常便饭。每天的工作时长达到12～14个小时，周末也经常加班。在这样的环境中，员工的个人和家庭生活很自然会成为牺牲品。

“我把时间都花在了工作上，孩子的成长过程我都缺席了。”前合伙人迪尼斯承认。在敞开式大开间办公室里，每个人都在众人的眼皮底下工作。如果有人比平时起身回家的时间早一些，办公室里就会掌声雷动。这显然是一种调侃的行为。通常，人们还会同时问一个让人尴尬的问题：“你是在外面还兼职吗？”

听上去只是玩笑，但丝毫没有嘲讽的恶意。当然，并不是所有的人都受得了这一套。比如公司里就有这么一个传说：加兰蒂亚曾经雇了一名律师，第一天上班就走人了。这位律师中午出去吃午饭后，就再也没回来。

奉献精神是丝毫不能妥协的，加兰蒂亚的员工必须时刻做好调换部门和工作城市的准备。譬如，前合伙人克洛维斯·马塞多曾在20世纪80年代的早期，被“邀请”从里约热内卢转到圣保罗去发展客户。尽管他从来没考虑过要换城市，但他还是立刻答应了下来。拒绝好像从不是一个选项，至少对那些想要在公司有更大发展的人而言，确实是这样。

马塞洛·巴巴拉（Marcelo Barbará）在 1993 年也遇到了类似的经历。他是地道的里约热内卢人，刚进公司时是一名电传机操作员。后来，他被调到了交易柜台工作。然而，有一天，雷曼让他去接管银行的行政部门。该部门的主要职责类似于财物保管、制度维护、条例执行之类的行政工作。自从英瓦斯科投资公司倒闭以后，雷曼对这一块的工作始终不敢掉以轻心。在投资银行中，马塞洛工作的交易柜台才是充满魔力，让人肾上腺素飙升并赚钱的地方，而不是极端乏味的、官僚化的行政办公室。这就好像从前台走向了幕后，但是马塞洛毫无怨言地接受了这一职务的变动。

“我对雷曼非常忠诚，我的脑子里从来都没有想过拒绝一项任务，因为那样观感也不好。雷曼还告诉我，这是我在加兰蒂亚成为合伙人的最快途径。”马塞洛确实也尽了自己的本分，他听从调遣，接管了公司的行政事务。雷曼同样也兑现了他的诺言，调职 18 个月后，马塞洛就成了公司的合伙人。

如何能在马群中找出千里马非常关键，而压力测试从求职者面试时就已然开始，这也是加兰蒂亚很像美国大公司的另外一个地方。所罗门兄弟在面试时，曾使用过多种方法。其中一个是让面试者打开华尔街总部 43 楼办公室的窗户，面试就在那里进行。他们其实提前就把窗户封起来了，为的就是观察面试者的反应。曾有一名年轻的面试者太想得到这份工作了，开窗失败后直接拿椅子砸了窗户玻璃。

所罗门兄弟使用的另外一个面试策略是保持沉默。面试者进入房间，而面试官一言不发。面试者可能会聊一聊自己的相关经历，或者讲一个笑话，但是面试官都毫不回应，不苟言笑。面试官只是两眼直勾勾地看着这个可怜的家伙，目不转睛。谁能应付得了这种情况？面试者的反应又将如何？这是面试官想要知道的事。高盛20世纪70年代末期的招聘人员曾问一个斯坦福商学院的毕业生，如果在公司正做一笔非常重要的交易时，她突然怀孕了，她是否会选择堕胎？投资银行内部没人会觉得这个问题有什么大不了的，它只是略微地夸张了一点点。

来加兰蒂亚的每一位求职者在最终录取之前，都会经过十几轮的“组合拳式”考验。面试官通常包含几位资深合伙人，包括雷曼。除了问求职者简历上看得到的教育和工作经历，面试官还想知道这个人是否真的具备为加兰蒂亚工作的素质。求职者必须具有团队意识，双眼中能看到工作的热情，所有来加兰蒂亚的人无人能逃过这些严酷的考验。

迪克·汤普森（Dick Thompson）和雷曼在美国学校读书时就认识。迪克比雷曼大3岁，同时也是亚历克斯的朋友。20世纪60年代他们再次相遇，二人彼时都在英瓦斯科公司工作。1972年，迪克在卖掉自己的小经纪公司后，申请了加兰蒂亚销售部门的一个职位。尽管他跟雷曼是几十年的老相识，但他在面试过程中也经历了同样的待遇。“大概八九个人面试了我，包括雷曼。他们坐在同一张桌子后面，向我抛出了各种各样的问题。”迪克回忆道，“你需要确保自己走出那扇门的时候没有被完全问倒。”他最终进入了加兰蒂亚，而且后来还成了合伙人。直到20年后，他开始投身另外一个完全不同的领域。在里约热内卢州丘陵地区的伊泰帕瓦（Itaipava），有一处名叫斯提多玛印赫（Sítiodo Moinho）的地方。他在那里买下了一座50公顷的美丽庄园，并致力于生产有机食品。

费尔南德斯绝对是最难对付的面试官了。在政治正确被普遍适用的今天，如果当今的人力资源部门的人再说他说的很多话，或许会引起丑闻。譬如，他会问求职者是否是同性恋，每周的性生活次数是多少。

“答案本身其实并不重要，”费尔南德斯说，“我只想知道这个人会怎样反应，是否符合要求。这就是我们设计的严格的面试流程。”

亚历山大·阿贝德（Alexandre Abeid）仍记得费尔南德斯在面试时问他的问题。阿贝德的身高接近 195 厘米，而且与加兰蒂亚的其他员工相比，他的生活经历也非常不同。除了在金融市场工作，他还是巴西排球队的一名队员，参加过 1972 年的慕尼黑奥运会和 1976 年的蒙特利尔奥运会。1975 年，在完成了科佩德（Coppead）商学院的 MBA 课程后，他被邀请到加兰蒂亚面试。他跟费尔南德斯的第一段对话是这样开始的：

> 费尔南德斯：“你好，你喜欢大麻吗？”
>
> 阿贝德：“不，费尔南德斯。我并不喜欢。我是一名运动员。”

撇开这些个人癖好，也或许正是因为这些癖好，费尔南德斯有一套自己招到人才的窍门。在他所招到的人之中，马塞尔无疑是独一无二的。他给加兰蒂亚带来的影响是无人可以替代的。

天生交易员，马塞尔初露锋芒

马塞尔于 1950 年 2 月 23 日出生于里约热内卢，他来到金融市场只带着一个理由：赚钱，赚很多很多钱。他的父亲是一名飞行员，母亲曾是美国大使馆的一名秘书，婚后成为全职太太。马塞尔在里约热内卢的一所具有悠久传统的学校圣伊纳希奥学院（Colégio Santo Inácio）读书。“那时，学校还信守着圣伊格内修斯（St. Ignatius）的理念。圣伊格内修斯是16 世纪西班牙军队的一名官员，”马塞尔的校友巴博萨·姆斯尼奇·阿拉冈（Barbosa, Mussnich, Aragao）公司合伙人保罗·阿拉冈（Paulo Aragão）说，“我们的教育具有浓厚的军事特色，而且非常重视纪律。”

马塞尔是一个善于自省、勤学好问、成绩优秀的孩子。他在业余时间喜欢写诗和画画。在 20 岁以后，体育运动才进入他的生活，这或多或少是受到了加兰蒂亚合伙人的影响。

从圣伊纳希奥毕业后，马塞尔直接进入了里约热内卢联邦大学学习经济学。还在念本科的时候，他注意到班上的一些同学总是骑着摩托、穿着时尚来上课，就很好奇他们是哪里来的，询问后得知他们在金融市场工作。

尽管对这一领域的运作方式一无所知，且根本毫无人脉，他还是通过后门找到了进入这一领域的机会。1970 年，他在马塞洛莱特巴博萨（Marcelo Leite Barbosa）经纪公司找到了一份工作，这是当时巴西最大的经纪公司之一。他的工作是每天午夜到清晨 6 点清查股票支付账单，不过很快他就转到了信息技术部门工作。

有一天，马塞尔听到经纪公司的老板在电梯里说，如果可以的话，他想只留下八楼的公开市场部门，而把其他业务都砍掉。马塞尔学过贸易课程，他决定未来主攻那时还不为人熟知的公开市场业务。他一开始想要在马塞洛莱特巴博萨公司找到一个职位，不过没有成功。于是，他开始把目光放到别处。

按计划，马塞尔很早就来到了加兰蒂亚，不过他等了很长时间。由于雷曼当时不在，负责面试的费尔南德斯一直到天快黑时才出现在接待室。他跟马塞尔打了个招呼，然后什么也没说就走了。没有面试。

22岁的马塞尔倔强而有抱负，他没有这么容易气馁。第二天，他又出现了，这次费尔南德斯跟他谈了话。除了日常性的问题，他提醒马塞尔说，尽管他已经毕业，但还是要从底层干起。当时加兰蒂亚有一条规矩，任何新员工都要从最底层干起，这一层级被称为“铺沥青的芭蕾舞演员”。听上去很有诗意,实际上一点意思都没有。这份工作本质上无非是做一个“荣誉勤杂工”，带着加兰蒂亚交易的证券来回奔走。马塞尔一点都没有为此不开心，为了能成为公开市场的交易员，他愿意付出任何代价。

这份工作仅仅持续了数周，马塞尔就被调到了加兰蒂亚的技术部门。他的动作很快。为了更接近自己的目标，他请一位主要交易员帮他进行一个称为“BB Check”的简单操作，主要是在每天上午8点到9点操作巴西银行的有价债券。只有这一时段他的本职工作比较轻松，让他有余力关注交易。为了更靠近交易柜台，马塞尔跟这位交易员许诺每天开自己的1972蓝色大众送他上班。不知道是真的信任马塞尔还是想要每天搭便车来上班，这位交易员接受了这样一个交换条件。马塞尔也很快就展示了自己作为交易员的天赋，他冷静、坚定、果断且消息灵通。

与此同时，得益于在美国的关系，雷曼帮费尔南德斯在JP摩根和高盛找到了一次进修的机会。由于自己没有学过任何外语，费尔南德斯需要带一名随身翻译。这个翻译要懂英语、了解金融市场，还要可靠，最终他选择了马塞尔。费尔南德斯这样描述了他的进修经历：

> “实习很棒，马塞尔是一个非常聪明的家伙，在这些顶尖的投资银行里，他可以很快就明白所有的东西。在高盛，我们第一次听到了‘隔日交易’（over-night）这个词。究竟有什么投资能够在一夜间完成交易？在巴西，我们只知道如何在 30 天、180 天理财。我们彻底搞懂‘隔日交易’的技术后，就把它带到了巴西。后来，我们去了一家叫作贴现（Discount）的公司，当时它是美国联邦储备委员会最大的经销商。我们观摩了它操作国债交易和拍卖的流程，回来后就去跟巴西央行探讨这一模式的可操作性。”

马塞尔在交易柜台的优秀表现和学以致用的能力很快得到了雷曼的赏识。他表扬了马塞尔，并且告诉他可以成为一名合伙人。一个来自中产阶级的年轻人，他从未预见过自己会有从员工变成老板的那一天，所以雷曼抛出的这个“胡萝卜”对他而言非常诱人。不仅能赚到钱，甚至更进一步，按照他自己的方式去行事，听起来太美妙了，简直让人难以相信。来到经纪公司不到两年，马塞尔就获得了购买 0.5% 公司股份的权利。当然，这看上去并不多，但毕竟一切才刚刚开始。

水下捕鱼冠军，贝托加入加兰蒂亚

水下捕鱼要求的是控制力和耐心。在水下，捕鱼者先要平稳地在深水滑行。在这个过程中，他并不知道自己会发现什么。他需要精确计算出自己何时需要浮出水面，以免氧气耗光。猎物有时会从他的身旁游过，躲入岩石的洞穴中，甚至沉船里。这些都会发生在完全寂静的水中。捕鱼者必须靠近目标且不被猎物发现，每一步都要缓慢而精确。他必须全神贯注，但又不能精神紧张，呼吸也要平稳。他的心跳会逐渐减慢。当看到一条毫无防备的鱼后，他迅速抛出自己的鱼叉。尽管这次发射可以完美无缺，但也无法保证 100% 的成功。游速快的大鱼可能在努力挣脱后逃走，因此参与者需要冷血的精确度和节奏，这样才能保证他能带着自己的战利品浮出水面。卡洛斯·阿尔贝托·斯库彼拉是一位水下捕鱼的专家。在这项激进运动的 6 个项目中，他均成了创造世界纪录的顶尖选手。他最大的收获是 2006 年在里约热内卢海岸线上的卡布弗里乌（Cabo Frio）抓到的一条重 301.2 千克的蓝色金枪鱼。

卡洛斯·阿尔贝托·斯库彼拉出生于 1948 年 5 月 1 日，自幼就被称为贝托。他特别喜欢大海，说自己未来会去海军服役。他的爸爸是一名在巴西银行系统工作的公职人员，母亲则是家庭主妇。在贝托的少年时代，一位朋友曾给他提供了一笔做二手车生意的资金，这使他萌生了成为一名企业家的梦想。当时他太痴迷于创业，而大海对他来说成了一项爱好。最终，他开始了一项新事业，在这里只有天空才是极限。

除了做二手车生意，贝托还销售牛仔裤（他自己从美国进的货）。17 岁的时候，他购买了证券销售商的执照，从而获得了合法授权。不过，仅一年以后，在里约热内卢联邦大学就读企业管理专业时，他就把这一执照又卖掉了。随后，他在政府部门工作了一年多的时间。他工作过的地方有巴西国家铁路局、里约热内卢港和巴西联邦数据处理公司。对于一个想寻找一份没有太多限制的工作的人而言，这些地方太过官僚且节奏缓慢。他觉得是时候回金融市场寻找机会了。

1968 年，在他买下第一张牌照的两年后，贝托跟几个好朋友一起买下了一家很小的证券销售公司。这家公司后来没多久就跟卡博拉蒙内兹（Cabral de Menezes）经纪公司合并了。他在这家经纪公司工作了四年的时间。正是在这四年中的一天，他在一架从纽约飞往华盛顿的飞机上遇见了费尔南德斯。当时，他俩恰巧坐在一起。

“贝托聊了很多，而且他对于能结识雷曼显得特别开心。”费尔南德斯回忆说。正是由于水下捕鱼这一共同爱好，21 岁的贝托跟比自己大 9 岁的雷曼相识。他们很快就成了朋友，一起钓鱼、探讨生意、互相鼓励。尽管二人友谊不断加深，但成为合伙人还是后话。离开了卡博拉蒙内兹经纪公司以后，贝托接受了海丰银行（Marine Midland Bank）在伦敦的一个职位，直到 1973 年返回巴西时，他才接受雷曼的邀请加入了加兰蒂亚。他不知道自己未来会挣多少钱，但那时他觉得加兰蒂亚有着光明的前景。

“在那些天天为几分钱的得失而烦恼不已的人里，没有谁真能获得巨大的成功。”他曾这样说道。

DREAM
BIG

How the Brazilian Trio behind 3G Capital Acquired Anheuser-Busch, Burger King and Heinz

05

要么出成绩，要么出局

“就好像你把5只公长颈鹿扔进了一个笼子里，然后留了一只母的在外面。总有人会因此而死。”

——亚历克斯·阿贝德

DREAM
BIG

3G 精髓

加兰蒂亚的动态股权制度

没有增长，精英管理体制就是一句漂亮的空话

如果一家公司不扩大，怎么为这些最聪明的人创造更多的机会呢？如果一家公司的营收不增加，又怎么给那些最优秀的员工酬劳？雷曼一直都明白，如果他的想法是对的，发动机就必须时刻保持高速运转。

加兰蒂亚要做一家“现在时”的公司

在加兰蒂亚，几乎所有持有股份的元老，一旦对公司的业务失去奋斗的热情，就会被劝退。雷曼需要这些股份来分给新人。只有携带大量氧气的新鲜血液不断涌入，加兰蒂亚的心脏才能充满力量。

没有增长，精英管理体制就是一句漂亮的空话。如果一个公司不扩大，怎么为这些最聪明的人创造更多的机会呢？如果一家公司的营收不增加，又怎么给那些最优秀的员工提供丰厚的酬劳呢？雷曼一直都明白，如果他的想法是对的，发动机就必须时刻保持高速运转。因此，JP 摩根在 1976 年为了拓展巴西业务跟他洽谈合作时，他差一点就动了心。毕竟，JP 摩根当时是世界上最大的投资银行。

洽谈确实进行了。对于美国人来说，他们并不知道巴西金融市场的底细，而从巴西本土公司找到有胆识、有能力的员工，显然是最好的敲门砖。对加兰蒂亚来说，跟美国的投资银行合作不仅能为公司注入资本，也能提升其国际知名度。最重要的是，这是一次快速增长的机会。

从理论上看，两家公司合伙会比分开单干更有效率。这一点无疑是很有道理的。然而，雷曼是一个喜欢站在未来看现在的人。在思考这一交易的长远后果时，雷曼的热情消退了。交易会让他失去公司的控制权，而这将使他一手创建的企业文化被大公司吞噬一空。他在瑞士信贷的实习经历还历历在目，他不希望自己的公司也发展成官僚味十足的样子。在“短期内赚大钱”和“维持自己的个人价值观”中二选一的时候，他毅然选择了后者。

“这是一个史诗般的选择，是我人生中做出的最艰难的抉择。”雷曼后来这样说道。

他需要告诉 JP 摩根，交易不会持续。不过，他也不想直接退出，这会得罪这家世界上最大的投资银行。他的抽身之术是为交易创造一些“困难”。一开始达成的协议是 JP 摩根拥有新公司 30% 的股份（那时被允许的最高比例），加兰蒂亚拥有 40% 多一点的股份。剩下的部分由巴西投资人决定。雷曼随后跟巴西央行的朋友取得联系，让他们要求 JP 摩根和加兰蒂亚的合资公司必须保证雷曼持有 51% 的股份。他相信，JP 摩根明白这一要求意味着自己将失去对公司的控制权。显然，它会放弃这次合作。正如雷曼所料，当 JP 摩根得知巴西央行的新决定后，选择了退出。两家银行分道扬镳。

雷曼撇清了与 JP 摩根的关系后，便开始着手成立自己的投资银行。在谈判破裂的几个月之后，加兰蒂亚经纪公司终于获得了许可，从此迈入了这一全新的领域。

“我们会比博萨诺（Bozano）还要强大。”雷曼曾告诉他的合伙人。他提到的博萨诺，是由胡里奥·博萨诺（Julio Bozano）和马里奥·恩里克·西蒙森（Mario Henrique Simonsen）建立的投资银行。当时，它正主宰巴西市场。

为新人腾位置，苟安者必须走

为了达到这一目标，他必须继续招揽贤才，并把公司的股份卖给最优秀的员工。然而，为了给新人腾出位置，就必须有老员工离职。第一批感受到这种精英管理体制威力的人，正是那些老合伙人。他们自加兰蒂亚经纪公司刚刚成立时，就跟随雷曼一起打天下了。

尽管这些人在银行里都有办公室，但是他们基本不会在那儿办公。比如说席尔瓦，他从天秤经纪公司时代就跟随雷曼，对于自己赚到的财富非常兴奋，而且再也不想守在电话前销售股票了。他逐渐开始把时间花在约会和开车上面。开赛车最终成了席尔瓦的最爱，他花了三年时间参加了数个巴西长距离锦标赛。

雷曼从 1975 年开始逐渐收购席尔瓦所拥有的股份，直到三年后席尔瓦彻底退出了合伙关系。曾经为收购加兰蒂亚经纪公司提供了大多数资金的阿道夫在一开始就说，他只看中赚钱，无心工作。这种安排持续了两三年，公司团队也逐渐成长起来，大家逐渐开始对那些不为公司创造一分钱利润的人提出质疑。这些人每天住在里约热内卢富人区巴拉蒂茹卡（Barra da Tijuca）的大房子里，还附带奥运会尺寸的大游泳池、热带花园和网球场，这难道算合理吗？雷曼迫使阿道夫做出选择，是工作还是离开？虽然阿道夫最终答应卖掉自己的股份，但二人的私交因此恶化。阿道夫从来都不向他的朋友避讳，他感觉这是一种极为忘恩负义的行为。“合伙人必须工作”这条规矩只破例过一次：雷曼的表哥亚历克斯一天也没在加兰蒂亚工作过，但仍拥有接近 1% 的公司股份。

古伊尔赫梅是唯一雷曼没法劝走的创始合伙人。就像他从来都没有放弃里约热内卢乡村俱乐部的会员资格一样（他一直就被其他会员抵制，让他事实上无法使用俱乐部，尽管他还拿着会员卡），古伊尔赫梅非常顽固地拒绝把自己拥有的加兰蒂亚股份卖掉。他一直持有股份，直到 1998 年加兰蒂亚银行被卖给瑞士信贷。古伊尔赫梅在 2011 年 10 月去世，享年 96 岁。

拿到了席尔瓦和阿道夫的股份之后，雷曼便可以加快步伐把股份分配给更年轻的员工。一开始，雷曼拥有加兰蒂亚 25% 的股份，到了 1978 年，这一数字提升到了 50% 多。后来他开始把股份卖给新合伙人，才使这一比例逐渐降了下来。这种企业管理方式要求持续不断地全神贯注。20 世纪 90 年代成为合伙人的马塞洛·梅代罗斯（Marcelo Medeiros）仍记得雷曼是如何处理这一问题的：

> “他一直在思考企业如何进化……在讨论谁会成为新合伙人的那些会议上，他从口袋里掏出一张纸片，然后说谁要售出股份，谁来买，花多少钱……他来分配这些股份，然后调整公司结构。他控制了新合伙人的准入资格。即便是雷曼不说话的时候，每个人也都清楚，他们必须说一些雷曼能够接受的观点。”

当加兰蒂亚在 1998 年被瑞士信贷接管的时候，雷曼拥有不到 30% 的公司股份。和他持股比例最高时相比，他已经转卖掉了自己大约一半的股份。

“高压锅”里的恶作剧

20 世纪 70 年代末期，加兰蒂亚拥有大约 200 名员工，主要是 20 多岁的男性，有一些还是“PSDs”。每一个人都梦想着爬到最顶端，并为此用尽浑身解数。在年终测评时，当面让别人尴尬是常有的事情。由于等级制度在加兰蒂亚并不重要，越级直接跟上司的领导谈话是家常便饭。有的时候热情会过了头，争吵最终演变成打架。一位交易员会站在交易台上把一桶水直接浇在竞争对手的头上，必须靠其他同事才能把他们两个拉开。差不多有十几个人在接受本书作者采访时，使用了“高压锅”一词来描述他们的一些日常工作。

“就好像你把五只公长颈鹿扔进了一个笼子里，然后留了一只母的在外面，”前合伙人亚历克斯·阿贝德（Alex Abeid）说，“总有人会因此而死。”

尽管对很多人来说这是一种非常残酷的工作环境，但像阿贝德一样，很多人也承认它就像是一场只有最优秀的人才能活下来的战斗。“当我们知道游戏规则的时候，玩起来并不难。如果一个人能把我按倒在地，就表明他比我强，而且赢得了游戏。我就离开另择他处。这是大家都清楚的规则。”

在这个前“政治正确”的世界里，在金融市场工作的人们之间，尤其是在加兰蒂亚工作的那些人之间，甚至“玩笑”都可以充满敌意。因为加兰蒂亚基本没有女性存在，这也让公司的氛围更像是男校，恶作剧和笑话都被认为是可接受的。英国人弗雷德·帕卡德（Fred Packard）是大家最爱开玩笑的对象，他是 1974 年被雷曼招进公司的。帕卡德的主要任务包括为加兰蒂亚打开国际市场，那时“全球化”一词还没进入公司的词典。帕卡德继承了英国商人的传统，他衣着非常正式，也是公司里唯一穿西装的人。不过，他总习惯在坐下以后脱掉鞋子。有时候，会有人把他的鞋子藏起来。

同事们经常对帕卡德做的另一出恶作剧是，在他要进行出差旅行前，拜托他带一份“快递”到目的地去。其实，这些所谓的“快递”都是些毫无用处的笨重行李，里面一般装的是电话簿或砖头。

在所有的恶作剧中，有一件事足以让他尴尬一辈子。有一次，帕卡德在会议室里试一套西装时，他的裤子被同事偷走了。正巧此时，可口可乐瓶装厂的老板进来了。这可是他非常重要的一位客户。帕卡德非常惊慌，而且也没时间抓到“犯人”，最重要的是，他也没时间去找另外一条裤子。他坐在会议桌前的椅子上一动不动，此刻他只穿了衬衣、外套和内裤。他的客户当时很奇怪，平日里很有礼貌的英国人为何没有站起来迎接他，离开时也不知道，在这么重要的一场商务洽谈中，帕卡德是半裸的。

加兰蒂亚的前合伙人坦诚地说：“那是一家真正的马戏团。”敏感的人在加兰蒂亚绝对活不下去。

雷曼同意参与的最大的一次无厘头活动是从 22 楼到楼下的赛跑。贝托则从来不参与这些玩笑式活动。类似的恶作剧甚至会发生在交易柜台上，这可是银行最紧张的地方。柜台的主管马塞尔不仅鼓励恶作剧，还亲力亲为。其实，在他来到公司后不久就成了恶作剧的受害者。

马塞尔有一次同时打着两个电话，一个接的是巴西中央银行的，另一个则是一位重要客户的。他的同事看到其衬衫肘部有一个小洞，于是就开始从那里拆线。马塞尔因为不可能中途挂电话，就一言不发地容忍了这个恶作剧。到最后，他身上剩下的部分只有领子和袖口。不过，他的镇定自若让这两个电话都没有被干扰。

婚礼也是大家最喜欢开玩笑的场合，其中有很多玩笑都充满着低级趣味。所有 20 世纪 70 年代和 80 年代在加兰蒂亚工作过的人都知道“Jacaréd 的婚礼”。Jacaréd 在葡萄牙语里是“短吻鳄”的意思，同时也是交易员莱奥波尔多·卡埃塔诺（Leopoldo Caetano）的外号。他是另一个大家经常捉弄的“倒霉蛋”。他的婚礼当时在位于乌卡（Urca）里约热内卢联邦大学教区的小教堂里举行。加兰蒂亚的员工们为此次婚礼做了和新娘一样多的准备。他们买了七个库卡（Cuca）人物的面具，这个人物是一个带着短吻鳄脸的老女巫，来自环球电视网（TVGlobo）的儿童电视节目斯提奥·皮卡普·阿马雷洛（Sítio do Picapau Amarelo）。马塞尔当时是婚礼的伴郎，他为买这些服装花了不少钱。

当婚礼进行到一半时，这七个戴着鳄鱼式面具的人出来了，包括阿贝德，他们一起到了教堂前面，戴着鳄鱼面具，还有一些被“招聘”来的小男孩冲进了教堂，高喊：“爸爸！爸爸！”新娘被吓了一跳，神父也非常恼火，并威胁要推迟婚礼。

“混乱一通之后，仪式也结束了。随后进入祝福新人的环节，当时游艇俱乐部上的聚会还在进行，我们就把新娘和新郎的手铐了起来，接着把他们带到了拉戈亚（Lagoa）酒吧，”玛亚说，“那简直糟糕透顶，但是每一个婚礼都与其类似。”

玛亚在谈到公司发生的各式各样的奇闻逸事时根本停不下来。有的是他亲眼所见，有的是他在午餐联谊会上道听途说。这个联谊会是他发起的，主要目的就是加强加兰蒂亚的前合伙人的关系。

这个聚会一直在里约热内卢举办，通常每次都会有不同年代的20位前合伙人参加。马塞尔一次不落，雷曼很少参加，而贝托只参加过一场。雷曼最近一次参会是在2010年，在他的建议下，午餐被安排在了里约热内卢乡村俱乐部。

“租用场地需要大家分摊4 000雷亚尔的费用，我问雷曼愿不愿意请客，”玛亚笑着说，“他说，‘不，每个人都该出钱。’”活动结束以后，雷曼跟玛亚建议说，公司的前经济学家也应该被邀请，并在下次的聚会上做一次演讲。“我知道雷曼想把这事儿变成工作。”一位与会成员听到这一想法后说。

结果，雷曼的这个建议被大家完全否决。

DREAM BIG

How the Brazilian Trio behind 3G Capital Acquired Anheuser-Busch, Burger King and Heinz

06

从银行家到商人

“成本就像指甲，总是需要修剪的。”

“控制一个疯狂的家伙比推动一个行动缓慢的人更容易。”

——贝托·斯库彼拉

“你们是合作伙伴，你们的问题你们自己解决。”

——豪尔赫·保罗·雷曼

DREAM
BIG

3G精髓

加兰蒂亚收购美洲商店

收购目的

美洲商店当时存在大量的隐含资产。其地产的市场价值已经大于它当时的总市值，这使得收购成了一笔稳赚不赔的买卖。

资金来源

加兰蒂亚有大量的利润，为了防止合伙人因手中有太多的现金而失去斗志，需要给这些钱找到出口。

变革措施

1. 清理美洲商店计划的大项目，基于业务目标是否清晰裁员。
2. 彻底改变美洲商店“按市场价值调整资产，按账面价值计算负债”的薪酬体系，引入加兰蒂亚的薪酬体系。
3. 利用美洲商店的房地产，设立物业资产管理公司。

经过很长时间思考后，雷曼意识到投资那些被市场低估的公司很可能会获得巨大的经济回报。在经历休克疗法后，这些公司的真正价值就会体现出来。他喜欢这个每天令人兴奋不已、充满诱人机会的金融世界，但他认为在实体经济上很值得赌上一把。加兰蒂亚开始逐渐把目光投向这个新世界。

20 世纪 70 年代，雷曼涉足实体经济的第一个项目正式启动，他买下哈瓦那（Havaianas）品牌所有者圣保罗帆布轻便鞋公司（Alpargatas）25% 的股权。接着，加兰蒂亚又收购了巴西商店中的小部分股份。数年后，加兰蒂亚将这些股份都转卖给了玛丽莎商店（Lojas Marisa）的创始人伯纳多·戈德法布（Bernardo Goldfarb）。作为两家公司的少数股东，加兰蒂亚的合伙人在其管理方式上几乎没有发言权。不过，雷曼这些人还是从这些收购中收获了运营一家公司的经验。他们从低效中看到了机遇，同时明白了在公司治理上加大投入的必要（缺乏在公司治理的投入会带来很多问题，这在当时的巴西企业中很普遍）。他们还看到投资者与员工薪酬之间的关系。尽管这是很好的学习过程，但加兰蒂亚一行人感觉这正是时候。他们需要成为自己公司的主人。

美洲商店零售连锁这家很特别的公司引起了雷曼的注意。1929年，一群美国投资者在尼泰罗伊（Niteroi）创办了这家公司，他们包括约翰·李（John Lee）、格伦·马特森（Glen Matson）、詹姆斯·马歇尔（James Marshall）和巴特森·博齐（Batson Borge）。美洲商店于1940年在里约热内卢证券交易所上市，从而成为巴西资本市场的开拓者。然而，在上市40年后，它逐渐失去了昔日的光芒。创始人早已不在，且收益在逐年降低。当时，该公司总市值甚至还不到3 000万美元，而仅其旗下房地产的市场价值就接近1亿美元。

雷曼几乎立即就看出这是一笔稳赚不赔的买卖。这家公司简直像白送一样，就算其经营全都出了问题，仅靠出售房地产资产也是能赚钱的。加兰蒂亚银行已经运转得很好了，且收入丰厚，然而雷曼认为与其分配股利和发放可观的奖金，不如将这些收益投资到新领域。

“好，就这么做，看看会发生什么。”雷曼告诉合伙人们。他和帕卡德开始从马里奥·索帕（Mario Serpa）这样的投资者手里购买这家零售商的股份。当时，马里奥拥有公司近10%的股权，是大股东。

贝托很快注意到一个极好的机会，不仅对银行如此，对他自己也是如此。到1981年，加兰蒂亚已经拥有足够多的股权，可以在美洲商店的董事会拥有一席之位。贝托被选作代表，开始参加董事会议。他总是带着一本红色封皮的笔记本，在上面记下他听到和了解到的所有信息。他和其他人交叉检查能获得的数据，并与员工们进行交谈。他对美洲商店和其竞争对手的业绩做了比较，并研究了国外零售业的发展。很快，就没人比他更清楚美洲商店的运作了。

为了筹集现金并能够控股美洲商店，加兰蒂亚将圣保罗帆布轻便鞋公司的股份抛售给了卡玛戈科里亚集团（Camargo Correa）。

“我花了两年时间尝试去说服塞巴斯蒂昂·卡玛拉戈（Sebastiao Camarago，卡玛戈科里亚集团创始人）购入那些股份。”费尔南德斯说。

有了这笔现金在手，雷曼跑到伊塔乌银行（Banco Itau）在圣保罗的总部，与其拥有者奥拉沃·塞图巴尔（Olavo Setubal）交谈。他解释道，他需要伊塔乌银行所持有的美洲商店的股份，以便获得对这个零售商的控制权，并让其回归正轨。奥拉沃被他的热情折服，同意了这个提议。

该举动不仅标志着雷曼从银行家转型为商人，也使得当时所有加兰蒂亚的合伙人都成了美洲商店的拥有者，无论他们是否参与了该项目。当然，那些在这笔收购完成后才成为加兰蒂亚合伙人的人，则没有这家零售商的股份。从此，雷曼带着贝托、马塞尔、费尔南德斯等人，走上了一条与以往不同的职业道路。

强力推进可变薪酬改革

在工作中像外交家一样能言善辩绝非贝托的强项，他的坏脾气在加兰蒂亚倒很是出名。加兰蒂亚的前同事最常用来形容其脾气秉性的词语是“推土机”和“自以为是”。他总是通过大声叫嚷、破口大骂、往桌子上砸拳头来强加他的意见。“控制一个疯狂的家伙比推动一个行动缓慢的人更容易。”这是贝托最喜欢说的话之一。

当加兰蒂亚在 1982 年收购了处于低潮期的美洲商店时，脾气火暴的贝托成为使公司回归正轨的最佳人选。他带着详尽的计划，来到美洲商店位于里约热内卢中心萨卡杜拉卡布拉大街（Rua Sacadura Cabral）的低调的总部，满怀激情地希望能彻底扭转该公司的颓势。他的初始薪酬远低于在加兰蒂亚的待遇，仅仅是他原有薪水的 10% 左右。

贝托将金钱和他的前同事们置于脑后，近乎只身一人来到美洲商店。他立即从前安达信会计事务所（Arthur Andersen）聘用了一名会计卡洛斯·安德烈·德·劳伦蒂斯（Carlos Andre de Laurentis）。劳伦蒂斯多年后成为购物时间网站（Shoptime）的 CEO。贝托的首要目的是直接了解那里的人，挑选出有用之才，摆脱剩下的其他人。在这之后，几乎所有由三位合伙人亲自操刀的收购中，这种策略都被反复使用。

尽管美洲商店的业务实际上并没有任何发展，但此前的管理层仍在忙于“酝酿大计划”。最具代表性的例子是他们曾想在巴拉蒂茹卡区设立一家后面带有一个网球场的分公司。贝托的首要举措之一就是取消这个大项目。其次便是将公司高层叫到他办公室去。他对所见到的场景不以为然。许多人根本无法解释清楚他们的业务目标。几个月内，有 6 500 名员工被辞退，相当于美洲商店总人数的 40%。

“我们过于庞大臃肿了，需要做出大调整。”当时，贝托这样说道。

贝托所采取的最不受欢迎的一项措施，与管理层的薪酬制度有关。在加兰蒂亚入主之前，美洲商店的管理层活得很滋润，就算公司已经连续好几年在退步,他们仍旧可以拿到奖金。这要怎样才能做到呢？他们很有“创意”地在资产负债上玩起花样：仅对资产按市场价值调整，而对负债则没有做类似操作，这是一种会让任何股东都毛骨悚然的可怕做法。

贝托终结了这种把戏，引进了一种更严格、更有闯劲的可变薪酬制度，其灵感当然来自加兰蒂亚模式。美洲商店的员工们对此怨声载道。在贝托这位新总管来公司 6 个月后，35 名员工集体与贝托面谈，要求重新采用以前的机制。贝托怒火中烧，但表面上说会考虑这个要求。会议结束时，这群人中有 3 个人告诉新老板，说自己和那群人并不是一伙的。随后，其余的 32 人都去吃午饭了，并信心满满地认为他们已经获得了一场胜利。贝托对这种逼宫行为非常恼火，于是命令人力资源部门立即将这些人全部开除。那群人在午饭后便进不了大楼了。他们当中有许多人对这种处理方式非常生气，并起诉了美洲商店。

贝托之所以惹人注意，不仅因为他冷酷无情，也因为他随性。他平常的打扮就是牛仔裤、T 恤衫、跑鞋和背包。他与其他总监在同一个地方办公，而不是孤立地独占一个地盘。他会在整个公司四处走动，还经常巡视商店。和往常一样，他避免在媒体面前露面，也正因为他穿得跟普通员工一样，所以别人通常认不出他来。在美洲商店一直流传着一个故事，有一天，一名员工正在从一辆装满尿不湿的卡车上卸货，贝托正好从他身边路过。那位员工不但没认出来贝托，还请他搭把手。贝托没有犹豫，卷起袖子帮忙将货物运到了店里。

贝托随性的风格和咄咄逼人的做法很快有了成效。加兰蒂亚当初以2 400万美元购入了这家零售商70%的股份。然而，仅仅6个月之后，随着运营越来越好，有投资者愿意花2 000万美元购买公司20%的股份。

里约热内卢市中心的肚皮舞

在加兰蒂亚控股美洲商店前不久，当贝托还只是后者的董事会一员时，他就给世界上最大的那些零售商写了10封信。他介绍了自己，并问能否亲自去了解一下每家公司是如何运营的。他的目标是向领先的零售商学习，然后汲取最好的做法。如果可以效仿世界上最先进的公司，又何必浪费时间自寻出路呢？有两家公司一直没回复，而另外两家公司则委婉地表示拒绝。然而，有五家公司，包括凯马特（Kmart）和布鲁明戴尔百货公司（Bloomingdale’s）在内，则热情地邀请贝托到他们的总公司看看。甚至有一家公司的CEO直接致电贝托，表示非常欢迎贝托访问自己于1962年在美国阿肯色州成立的零售连锁公司，而且很乐意向他展示自己公司的运营模式。这位CEO就是山姆·沃尔顿，其公司的名称就是沃尔玛。

沃尔玛之于美洲商店的意义就如同高盛之于加兰蒂亚。这是一种可以复制的模式，同时也是灵感的最佳来源。当初山姆·沃尔顿决定在只有不到6 000名居民的美国中西部小镇罗杰斯（Rogers）开设第一家沃尔玛时，他44岁，并已经在零售业中积累了丰富的经验。打从一开始，他就决定实行低价策略作为其公司的推动力。在零售这样利润率极低的行业，这意味着近乎不可控的成本。

在自传《富甲美国》（*Made in America*）一书中，沃尔顿写到，第一批商店处在一种很危险的状态：空间很宽敞，装潢极其简单，但里面塞满了各式各样的商品。最为夸张的是，有售卖服装的区域，有的衣服直接挂在了房顶的管道上，而不是衣架上。另一方面，你还需要想方设法压低付给供应商的价格。沃尔顿会操心店里的所有事务：控制库存，培训员工，服务客户，自己寻找新供应商，还经常到对手的销售点看看。他绝不是那种端坐在办公室里的人。当然，最耗费他时间的还是去寻找那些可以帮助他运营企业的人。随着沃尔玛不断扩张，他开始向表现非常优异的员工分配公司股份。

1982 年，当贝托和雷曼来到沃尔玛总部所在地本顿维尔（Bentonville）时，他们发现该公司与沃尔顿在罗杰斯开的杂乱小店相比，已经发生了天翻地覆的变化。20 世纪 70 年代可谓沃尔玛的黄金时代。在该时段的初期，沃尔玛拥有 32 家商店，3 100 万美元收入。然而，到 1980 年时，它已经拥有了 276 个销售点，增长了近 9 倍；收入达到 12 亿美元，上涨了近 40 倍。作为沃尔玛的拥有者，沃尔顿成了当时美国最富有的人之一，并荣登 1985 年“福布斯富豪排行榜”榜首。

“像大多数一夜成名的故事一样，其实我们为此已经努力了 20 年时间。”他在自传中开玩笑地说道。当这两个巴西人在当地小机场走下涡轮螺旋桨飞机时，看到了一个头戴棒球帽、坐在一辆皮卡车里的男人。车后座上放着一支狩猎步枪，并蹲着一条狗。这竟然是山姆·沃尔顿本人，贝托和雷曼都很惊讶。一家实力强大的公司和一种简单的生活方式，正是他们所向往的。

由于存在许多共同点，不难想象，雷曼、贝托和沃尔顿很快就成了朋友。雷曼和贝托在网球场上是战无不胜、坚不可摧的双人组合，而在商场上，贝托也凭借对市场和竞争对手的了解，证明了自己具有成为最佳拍档的实力。从另一方面而言，在这个世界上，两个巴西人也很难找到比沃尔顿更好的老师来教他们运营零售业务了。他们之间的关系非常紧密，沃尔顿甚至两次到访巴西。

在其中一次的到访期间，沃尔顿和贝托来到里约热内卢的一家家乐福超市，他们拍照，用卡尺测量超市货架大小并记录产品分类，结果被安保人员以涉嫌“工业间谍”的名义关了起来。雷曼不得不致电家乐福巴西区CEO（这家公司是加兰蒂亚银行的客户之一），请求释放两人。

和他的巴西朋友们一样，沃尔顿也是工作狂，而且那些和他一起工作的人也不得不表现出同样的工作激情。每周六的早上，他都会把经理们召集起来搞每周工作成果评估，并提前做好规划。在下达指令时，他从不闪烁其词。20 世纪 80 年代中期，在一次这样的会议上，沃尔顿给他的员工设立了一个很有挑战性的赌局：如果公司的税前毛利率超过 8%（当时零售行业的平均水平仅为这个数字的一半），他就在华尔街跳草裙舞。最终，公司达到了这个目标，沃尔顿只好认赌服输。1984 年 3 月 15 日，马戏团来到美林总部前，65 岁的沃尔顿穿着花草裙，脖子和头上都是花环，在三名舞女的陪伴下，伴随夏威夷音乐，尴尬地摇摆。沃尔顿很害羞，但这不是因为自己出了风头，更不是为了上报纸杂志图片。他跳舞是为了向他的“合伙人”证明，正如沃尔玛员工们所知，为了公司的扩张，他愿意做任何事情。

“从很久以前我就明白，在公众面前表现虚荣并不是建立一个高效组织的最佳方式。”他说。

数年后，贝托将他导师的战术搬到美洲商店，并承诺如果公司的息税折旧摊销前利润率（EBITDA margin）达到6%，他就装扮成肚皮舞者。像沃尔顿一样，他对员工兑现了自己所许下的诺言。当他在年末看到公司业绩时，他决意遵守诺言。当年12月的一个晴天，在里约热内卢中心的普拉卡莫瓦广场（Praca Maua），高大的贝托头戴面纱，在舞者和贝雅-弗洛尔（Beija-Flor）桑巴学校乐队的带领下，站在鼓者正前方笨拙地秀着自己的肚皮舞技，努力跟上节奏。

白捡28亿巴西雷亚尔

贝托总是偏执于控制美洲商店的成本。他经常说的一句话是：“成本就像指甲，总是需要修剪的。”他也痴迷于寻找新的获益业务和机会，尤其是那些所需投入很少的机会。于是便有了成立于1989年的圣卡洛斯企业及不动产资产管理公司（Sao Carlos Empreendimentos Imobiliarios）。美洲商店彼时有50个网点，贝托总结出两件事：第一，公司的股价显然被低估了，市场并没有注意到这些建筑物的价值；第二，公司真实的盈利能力其实更差，因为它们根本没付过任何房租。他提出了一种新业务格局，公司应该分成两个部分：零售和房地产。他感觉分开运营会比合体更成功。

彼时物业资产管理还是一个小市场，而且通常由家族企业经营。圣卡洛斯不知不觉发展了起来，基本没有什么竞争对手。直到后来巴西房地产市场进入繁荣期，这家公司才开始变得越来越知名。2013年，公司持有35亿巴西雷亚尔的投资组合，其中只有不到10%是美洲商店的销售点。当时，它自身的市值就达到了近28亿巴西雷亚尔。显然，贝托的这笔生意获得了巨额的回报。尤其是对于不花一分钱就涉足的业务而言，更是如同神来之笔一般。

小偷的狂欢之地，沃尔玛并不了解巴西

多年来，来自圣保罗的若泽·保罗·阿马拉尔（Jose Paulo Amaral）一直是贝托在美洲商店的得力助手。20世纪80年代初期，在里约热内卢贵族范儿十足的安德烈·德波顿（Andre De Botton）举办的午宴上，这两个人初次见面。安德烈·德波顿的家族当时控制着一家很大的百货商场美思布拉（Mesbla），而若泽是美思布拉的主管，并且德波顿已经准备让若泽代替自己来负责公司的管理。

然而，自那次见面后，若泽就开始和贝托一起运动，例如跑步、骑自行车、跳水。接着，他们很快就成了非常要好的朋友。在贝托位于里约热内卢海岸线卡波弗里奥的海滨别墅里，若泽告诉贝托，他喜欢在美思布拉工作，但有一件事情困扰着他。公司自1924年成立以来，便一直在德波顿家族的掌控之下。一名员工无论表现得多优秀，都不可能有机会获得股权。贝托了解了他的想法，并赞成他所说的。不过贝托也不想得罪德波顿，于是他们不得不采取一项预防措施。若泽提议在离开美思布拉之后、加入加兰蒂亚零售业之前，休40天假。于是他辞了职，并花心思开设了一家连锁便利店“少博多”（Mais por Menos）。

“该便利店的初始投资金额是100万美元，其中一半来自加兰蒂亚。”若泽说。他现在时而生活在里约热内卢，时而在马托格罗索州（Mato Grosso）度过，他在那里拥有一个牧场。

在圣保罗圣阿玛洛大街（Avenida Santo Amaro）的第一家店开业不到一年，“少博多”就被美洲商店收购了。

“我获得了美洲商店的股份，而美洲商店成了‘少博多’的拥有者。”若泽说。他人生第一次成为自己所供职的公司的股东，他喜欢这种做法。

1985年12月，若泽开始担任美洲商店的高管。他很快发现，自己得把美思布拉醒目的穿衣风格抛诸脑后。

“若泽一开始身着一套经典老派西装、梳着整齐的发型、穿着布洛克风的鞋子来到公司，”一名前美洲商店员工说，“然后，第二天他就穿着牛仔裤和跑鞋了。”

另外，他还需要适应没有独立办公室、私人秘书和公司用车的日子。显然他在老东家享有的福利，在加兰蒂亚的企业文化里根本没有。当然，他并未因此受到影响。他唯一关心的是让美洲商店发展。毕竟，他现在已经是股东了。若泽回忆起早期的日子：

> “当加兰蒂亚入主美洲商店时，后者正在不断走下坡路。贝托知道是有机会可以扭转乾坤的，但必须通过一种很激进的方式。每个人都知道他是一个激进的人。那时候，他年轻、坚忍，他大力削减开支，从而使公司内部能感觉到明显的巨大压力……当我

来到公司时，这个计划正在全面展开，有人被解雇，有人被雇用，一场革命正在进行中……我从他身上真的学习了很多。”

他们的友好关系持续了许多年。工作日里，他们拼命工作，努力把美洲商店变成赚钱机器。每到周末，他们通常会一起去自己的海滨别墅所在的卡波弗里奥或安格拉杜斯雷斯（Angra dos Reis）钓鱼。他们之间的友谊随着时间的增长而日见深厚，后来贝托甚至请若泽做他二女儿海伦娜（Helena）的教父。然而，在来到美洲商店 11 年后，若泽在一次混乱的插曲中离开了公司，同时也结束了与贝托的这段友情。

1994 年，巴西政府“雷亚尔计划”（Real Plan）的成功实施，终于遏制了高通货膨胀，并使一系列巴西企业不得不面临新的现实环境。这些企业曾通过建立经验老到的财务部门，利用公司的钱，从物价疯涨中大获其利，从而构建起长期而巨大的竞争优势。然而，当经济开始逐渐稳定时，这种金融收益的根基也就不复存在了。企业如今不得不开始提升运营效率，而不能再伪装成金融家了。

就零售业而言，多年来商品价格都在不断上涨，有时甚至是每天都增长，显然，物价的走稳使它遭受了直接的冲击。由于美洲商店有银行基因，因此其所受到的冲击更为沉重。在连续四年盈利后，1996 年第一季度，它遭遇了亏损。（警示灯早在前一年盈利低于公司预期时就已亮起。）这一部分是因为缺乏技术和物流，另一部分则源于 1994 年将沃尔玛公司带到了巴西。

与沃尔玛的合作在理论上看起来可谓强强联手的绝佳机会，然而在实践中这一步棋却失败得一塌糊涂。按理说，这两家公司相互都很熟悉了，并且彼此拥有相似的文化氛围和相同的扩张野心。两家公司的拥有者还是朋友。当时美洲商店是巴西零售业的翘楚，而通过将世界最大的零售商带到巴西无疑能进一步加速其扩张速度，这个想法看起来实在是完美极了。双方很快就达成了一致，沃尔玛将拥有这家巴西合资公司 60% 的股权，剩余的则由美洲商店持有。交易宣布后，竞争立刻变得更激烈了。

出乎所有人意料的是，一切都错了。由于沃尔玛对巴西人的消费习惯一无所知，只是把美国的模式照搬了过来，这就导致了许多问题，例如尝试在商店里卖高尔夫球杆袋、活鱼以及救生衣。美洲商店作为少数股东，没有办法阻止这些美国人。

“沃尔玛的人说他们的方法在美国行得通，在这里也是一样。”若泽回忆道，“他们在位于大圣保罗（Greater Sao Paulo）的奥萨斯库（Osasco）开超级购物中心时，我们警告过他们，一定要在物品上放置电子标签，以防被盗，但他们不听。结果，那里成了小偷的狂欢之地，偷剃须刀，偷衣服，偷衬衫，有什么偷什么。”

除了为扩张提供资金，这两个巴西人在合资企业中的作用几乎可有可无了。显然对于资本远非沃尔玛那么雄厚的美洲商店来说，这看起来像一个笑话，而且是过于昂贵的笑话。当美洲商店不得不在继续向不可能掌权的公司投钱和退出合作之间做选择时，它选择了后者。在签订合资协议的三年后，这家巴西零售商最终将其在合资公司中的股份卖给了沃尔玛。贝托和他的合伙人被迫放弃了与世界最大的零售商合作的梦想，以保存美洲商店的现金。对于这个决定，他们从未后悔过。在没有当地合作伙伴的情况下，沃尔玛在巴西摸爬滚打了近十年时间，才最终理顺了自己的运营体系。

在正式离开沃尔玛时，贝托已不再参与美洲商店的日常运营。1993年，他辞去 CEO 一职，专注于设立巴西第一家私募股权公司 GP 投资（GP Investimentos）。若泽接替了他的位置，负责经营美洲商店。不过，贝托仍是美洲商店的董事长。

但贝托认为，在经营美洲商店近五年后，是时候去创造新的成功故事了，而且也该给年轻人挑大梁的机会。他非常希望若泽能成为 GP 的投资合伙人，后者曾经的工作经验无疑可以在 GP 中得到最大程度的发挥。

如果若泽同意这个计划，这个想法本应是完美的。然而，若泽认为，从运营一家大公司中撤退，去参与一项投资基金，这分明是退休的第一步。他仍想继续奋斗在日常运营一线，而不是远距离待在其他一些公司的身后。

若泽对于自己未来的不同打算成为两人友谊关系破裂的首要因素。还有一个次要因素，就是将来由谁来接替若泽成为美洲商店的 CEO。贝托提出的候选人是费尔森·兰博诺（Fersen Lambranho）。他是一位来自里约热内卢的工程师，毕业于里约热内卢联邦大学，同时拥有科佩德商学院工商管理硕士学位。他 24 岁时加入美洲商店，而且与若泽同月加入。若泽比较中意的人选是路易斯·迈斯勒（Luiz Meisler）。他也是一位工程师，负责零售业技术领域。后来，路易斯成为甲骨文（Oracle）拉美区的执行副总裁。

费尔森以分享贝托的实践方法而为人熟知。他的性格总是不屈不挠、争强好胜，而且做事时总显得踌躇满志。由于他负责美洲商店的财务部，所以他在加兰蒂亚实习过一个阶段。这使他完全沉浸在了投资银行的文化中。这大概就是费尔森作为唯一没有在加兰蒂亚工作却被玛亚邀请去参加前合伙人午餐的原因。“贝托对我的教育起了100%的关键作用。”费尔森说。

若泽和贝托的学生费尔森在公司的运营方针上持有截然不同的观点，而且他们并没有掩盖矛盾。有一次，若泽去找贝托建议加大在物流领域的投资，以便让公司更为高效。然而，费尔森充分利用了这一时机，提前获得允许与麦肯锡顾问公司签订了100万美元的合同，从而重新设置公司运营模式。当若泽获知这份瞒着他签订的合同时，非常生气。

“若泽把我叫到一个角落，说他会承担这个项目，但希望我能明白这是不能解决问题的，”费尔森说，“由于像这样的耽误，公司损失了很多适应通货膨胀结束的时间。”

情况变得令人难以忍受。在一次美洲商店的董事会会议上，若泽向贝托、马塞尔、雷曼发出了最后通牒。

“我说我们已经陷入了僵局，我没有办法说服贝托我不想去GP投资，也不认为费尔森是管理美洲商店的最佳人选。”若泽回忆道。

雷曼以一种无论如何都要避免冲突的典型风格做了答复。他面向贝托和若泽说："你们是合作伙伴，你们的问题你们自己解决。"

会议室沉寂了好几秒。经过片刻思考，贝托说若泽会去 GP 投资。"不，我不会。"若泽回应道。这个相当仓促的宣告，让三位合伙人都惊呆了。他们不知道的是，若泽已经有了一份新工作。

DREAM BIG

How the Brazilian Trio behind 3G Capital Acquired Anheuser-Busch, Burger King and Heinz

07

“三剑客”的形成

“就算是坏掉的钟，每天也会有两个时间点是对的。”

——贝托·斯库彼拉

谁是业务的“所有人”，就由谁来做决策，并承担风险。

DREAM
BIG

3G 精髓
加兰蒂亚的合伙制

明确分工

雷曼负责战略指导。
马塞尔负责交易业务。
贝托负责新业务。

共同的价值观

公司必须招聘优秀的人。
维持精英体制。
与精英们分享成功。
把合作视为经营的根本，不要让自尊心把持自己的大脑。

从继承者着手，保证下一代也能保持合作关系

家庭成员除了短暂实习，不能加入三个人管理的公司。
三个家族每年都保持聚会，以便后代能够提前交流。
所有家族成员都要接受必要的训练。
女性成员要懂会计，而年轻人必须会理财。

1980年，加兰蒂亚拥有17位合伙人。其中雷曼、赫修斯、马塞尔、贝托、帕卡德和费尔南德斯这6个人是执行委员会成员，也就是负责制定银行主要方针的核心成员。团队中最年轻的成员当属马塞尔和贝托，多年来他们与雷曼在工作之外也建立了亲密的关系。马塞尔学会了水下捕鱼，并和贝托一样，开始在周末和雷曼一起去玩这项很具刺激性的运动。加兰蒂亚里流传的一句话是，要想领先于他人，方法就是和“老板”去捕鱼。雷曼很欣赏这两个人，不仅是因为他们常陪自己捕鱼，也是因为他们给加兰蒂亚带来了不俗的业绩。20世纪80年代初期，他们俩掌控着企业的主要业务。贝托是推动美洲商店好转的坚实力量；马塞尔则主导着交易柜台这样的银行核心业务，而这也是加兰蒂亚的主要收入来源。和马塞尔一同工作的人形容他是一个强硬但公平的人。他从不大吼大叫，但在觉得有必要时，他还是会训斥员工。克洛维斯·马塞多还记得有一次马塞尔找他“说句话”的场景：

“我当时没决定好是否要做投资，觉得最好再等等。马塞尔知道后告诉我说，就算是坏掉的钟，每天也会有两个时间点是对的。他用这样的方式明确地告诉我，什么都不做的策略是不可接受的……仅通过一个简单的词语或表情就足以了解马塞尔想要什么……平常他会坐在桌前，把脚架在桌子上，然后打开报纸。大家过去常开玩笑说其实报纸是反的，他根本没在看。而当有人说了什么胡话时，他就会拉低报纸望向那个人，然后继续读他的报纸。那便足以吓到我们，担心他会做些什么。"

尽管马塞尔和贝托拥有各自的风格，但他们都从团队中脱颖而出。尽管如此，其中一位年长的合伙人仍比他们持有更多股份，他就是费尔南德斯。费尔南德斯从在天秤经纪公司时就跟着雷曼了，不过，他开始逐渐成了两位年轻合伙人前进路上的绊脚石。

"曾有一段时间，贝托和马塞尔觉得自己在银行的处境有点别扭，"一位不愿透露身份的前合伙人说，"费尔南德斯有点像大家共同的敌人，最终把另外两个人拉到了一起。"

费尔南德斯没有接受过像马塞尔和贝托这样的顶级教育。相比两位喜欢运动的年轻人，他的生活方式更偏于久坐不动。虽然他试图学习水下捕鱼，但没能学会。雷曼曾邀请他到距离依帕内玛海滩 5 公里远的卡加拉斯（Cagarras）岛去捕鱼，但费尔南德斯晕船。从此以后，雷曼便再也没有邀请过他。在加兰蒂亚工作这么长时间，他已经积累了很大一笔财富，因此慢慢放缓了自己的工作效率。他开始在这场斗争中渐渐失利，并越来越感到毫无愉悦可言。2012 年 2 月的一个炎热夜晚，在里约热内卢接受长时间访谈的他，一边抽着常用的烟斗，一边聊起了这个话题：

> “我知道他们三个人（雷曼、马塞尔和贝托）很团结，这让我有点困扰。我不知道我是嫉妒还是什么。可能我有点特立独行，就是纳尔逊·罗德里格斯（Nelson Rodrigues）所说的那种‘复杂的病毒’。我所处的境况不太好，自己也很不舒服，即使当时我是银行的第二大股东，持有10%的股份……我主要是和贝托有分歧。我认为我们应该改变一点经营方式，涉足资产管理领域，但他不同意……”

毕竟自己曾经为加兰蒂亚付出过这么多，真要一走了之其实并不容易。1982年9月，费尔南德斯请了三个月假，临走之前，他告诉雷曼他可能不会回来了。利用这个假期，他实现了自己一个很久以来的梦想：参加一次国际货币基金组织的会议。

“因为雷曼完全反对这个主意，并认为这只是傻瓜的聚会，所以我从来没参加过。”费尔南德斯说道。在国际货币基金组织的会议上，他遇见了两位市场中的熟人，经济学家保罗·格德斯（Paulo Guedes）和雷纳托·布朗夫曼（Renato Bronfman）。他们讨论起了建立新业务的可能性。不久，另一位经济学家安德烈·贾科斯基（Andre Jakurski）也加入了他们。

次年1月，费尔南德斯告诉雷曼，他打算成立一家证券经销商。1983年，这家被命名为百达的银行（Banco Pactual）成立了，注册资本为20万美元。它的名称来自三大合伙人名字的缩写，保罗（Paulo）、安德烈（Andre）和塞萨尔（Cezar，费尔南德斯是姓，Cezar是名）。加兰蒂亚回购了费尔南德斯的股份并分配给其他合伙人，主要是那些年轻人。从此，贝托和马塞尔便与雷曼形成了坚不可摧的“三剑客”。

克服自尊心，去除合伙制的蛀虫

马塞尔和贝托在20世纪70年代加入前加兰蒂亚。他们几乎整个时期都与雷曼紧密地团结在一起，从一开始很浅的合作关系，逐步获得更多发挥的空间。保持长久的合作关系无疑是他们迈向成功的伟大关键要素之一。然而，他们是如何做到的呢？

他们各自承担的角色从一开始就非常明确了。雷曼向来是加兰蒂亚的战略指导者，马塞尔负责交易部门，贝托则开拓新业务。因为雷曼一直是最大股东，所以大部分员工都称雷曼为老板，但马塞尔及贝托也绝不是唯马首是瞻。他们会互相交流想法和意见，但不会干涉对方的工作。一旦分工明确下来，加兰蒂亚往后的所有项目都保留了同样的处理模式，包括美洲商店、博浪、汉堡王等。谁是业务的“所有人”（Owner），就由谁来做决策，并承担风险。[①]

“他们可能不得不去忍受很多彼此不喜欢的东西，但这从没有影响公司的运行。”一个和他们很熟的人说道。

若热·盖尔道·乔安佩特（Jorge Gerdau Johannpeter）是来自巴西南部的钢铁制造商盖尔道集团（Gerdau）的董事长，在20世纪80年代便认识“三剑客”。在他看来，这三个人很快就发现了团结协作将是成功的秘诀。“每

① 公司倡导主人翁精神“Ownership”。——译者注

个人都有不同的姿态，但他们认识到这就是三人掌权的优势之一，"他说，"如果他们各自为营，很有可能就走不到今天。"

这种紧密关系建立在一系列共同的价值观上。雷曼、马塞尔和贝托可谓英雄所见略同，他们三个人都相信，要想成为赢家，公司必须招聘优秀的人，维持精英体制，并与精英们分享成功。他们都很喜欢简约，并且没有等级制度。他们更关心公司持久的发展，而不是自己的名字出现在世界上最富有的企业家榜单上。一个与他们保持着联系的前加兰蒂亚合伙人说过，从个性来说，贝托很"硬"，马塞尔偏"软"，雷曼则是"软，软，软"。尽管存在诸多的不同点，但他们讲话的口吻和内容几乎是一样的。

多年前，马塞尔总结了他们彼此和睦相处的秘密："我们总是拥有一个共同的梦想……并且总是尊重负责相关业务的那个人……让他自己去处理。显然，这意味着如果船沉了，他也会下去……"

在伯克希尔哈撒韦公司，投资家沃伦·巴菲特和律师查理·芒格也维持着一段长期的合作伙伴关系。巴菲特强调过另一个对维持合作伙伴关系很重要的因素，那便是要避免自尊心的斗争。在现实中，有许多商人都陷入过这个陷阱。巴西"三剑客"在这一点上也做得非常好。

> "你不能对抗自己的合作伙伴，对那些能达成交易且该受到赞扬的人，你也不应该心存不爽。如果一个人抱着必须得赢的想法，那任何关系都不可能长久。无论是在生意场上还是在婚姻里，都是如此。这群巴西人中没有一个是为自己争名逐利的。恰恰相反，例如，雷曼会说百威英博的成功有赖于薄睿拓和他

的团队。这并不常见。迈克尔·艾斯纳（Michael Eisner）曾写过一本关于成功企业的书《全球顶级CEO的搭档传奇》（*Working Together*）。在写这本书时，他发现想找到10个真实有效的案例是非常难的事情……很多人都想得到所有人的认可，他们觉得如果没有上下尊卑，当老大还有什么意义？然而，雷曼和他的伙伴们完全不这么认为。”

保持长久合伙制，从培训继承人开始

他们彼此之间非常信任，甚至在21世纪初就拟定了一份股东协议。拟定该协议的主要目的就是为了维持未来各自的继承人之间的关系。一直以来，他们都十分重视建立能指导后代维持合作伙伴的规则——这三个人一共有11个孩子。

雷曼结过两次婚。第一次是在1966年，他的首任妻子玛丽亚·德·桑·蒂亚戈·丹塔斯·肯塔尔（Maria de San Tiago Dantas Quental，简称托蒂）来自里约热内卢的上流社会，是一位迷人、优雅的心理分析学家。他们有3个孩子，分别是安娜·维多利亚（Anna Victoria）、豪尔赫·保罗（Jorge Paulo）和豪尔赫·费利佩（Jorge Felipe）。1986年，两人离婚。2005年，托蒂不幸死于癌症。根据雷曼制定的规则，他的孩子不能在任何一家由他掌控的公司里工作。保罗和费利佩决定以自己的方式进入金融市场。保罗拥有波利克斯（Pollux）投资管理公司，费利佩则在2012年将自己的弗洛（Flow）经纪公司出售给复数（Plural）银行。（费利佩仍是复数银行的合伙人。）安娜则对金融市场没有一点兴趣，喜欢研究心理学。

离婚五年后，雷曼娶了苏珊娜。苏珊娜来自苏黎世，当时在瑞士 - 巴西学校当老师。她刚到巴西时几乎一个人也不认识，因此没多久就拨通了雷曼的电话，号码来自雷曼的堂兄弟。苏珊娜在瑞士时曾与后者住在同一个镇上。

雷曼被她深深吸引了。苏珊娜和他一样浑身散发着“爱运动、爱生活”的热情。她热爱跑步、骑自行车，每天都早睡早起。她还喜欢到偏远的地方旅行，特别是那些适合运动锻炼的地方。几年后，她开了一家名为马多埃特（Matuete）的旅行社。他们有 3 个孩子，分别是马克（Marc）、劳拉（Lara）和吉姆（Kim）。到 2013 年时，雷曼已经有了 8 个孙子和孙女。

马塞尔有两个儿子，分别是克里斯蒂安（Christian）和马克斯（Max）。这两个孩子都是马塞尔的第二任妻子比安卡（Bianka）所生。然而，这段婚姻只维持到 2009 年。2012 年末，他与自己结识了三十多年的朋友法布莉西亚 · 戈维亚（Fabrizzia Gouveia）步入婚姻的殿堂。虽然他的孩子知道自己不能在父亲的公司工作，但要使他们理解加兰蒂亚合伙人所定的规则并不容易。多年前，马塞尔在哈佛大学学习一门课程时，他决定把克里斯蒂安带在身边。这个 11 岁的男孩对眼前的美国大学兴致勃勃，而且还听说了美洲饮料公司。他说，将来在这家啤酒公司工作肯定很棒。这时，马塞尔告诉他，根据公司的规定，这种情况是明令禁止的。所有合伙人的孩子最多只能在公司里实习一年，然后就得离开公司。男孩听了父亲的解释后很失望，但也很安静。

“如果合伙人的亲属能进到公司工作，那么像薄睿拓和若昂·卡斯特罗·内维斯（Joao Castro Neves）[①]这样的家族以外的优秀年轻人就很难脱颖而出，”马塞尔曾这么评价这一政策，“我们每年会收到7万份实习申请。那么，我的基因真有这么强大，就因为是我的孩子，就比从7万人里层层筛选出来的人才更优秀？我不仅不相信这样的遗传奇迹，而且我认为这还会导致加兰蒂亚的企业文化的消逝。”

贝托是“三剑客”当中唯一只结过一次婚的人。他与塞西莉亚·保拉·马查多（Cecilia de Paula Machado）于1979年结婚。塞西莉亚来自著名的甘勒·保拉·马查多（Guinle de Paula Machado）家族。该家族曾拥有强大的商业实力，从桑托斯港的建设和经营，到瓦西钢铁公司（Companhia Siderurgica Nacional）及科帕卡瓦纳皇宫酒店的创建，都能看到该家族的身影。然而，随着辉煌岁月的逝去，马查多家族逐渐没落，并开始出售其所有的资产。1997年，该家族仅剩的博阿维斯塔银行（Banco Boavista）也被卖掉了。贝托与妻子育有3个女儿，分别是塞西莉亚（Cecilia）、海伦娜（Helena）和海萝薇莎（Heloisa）。

尽管雷曼、马塞尔及贝托的孩子不在其父亲的公司里工作，但他们也必须承担起作为继承者的角色。他们从很早就开始接受一系列培训。所有女性都要上会计课。年轻人必须学习理财的知识，并且还得在由经济学家丹尼·拉帕波特（Dany Rappaport）协助经营的小型投资基金上进行实操。此外，三个家族的所有成员每年都会聚集一次，共度周末。这些聚会不仅

① 内维斯曾任美洲饮料CEO，后来成为百威英博北美区总裁。——译者注

是为了让他们更了解彼此，也是为了让他们了解自己未来的角色。伊塔乌联合银行（Itau Unibanco）的CEO罗伯托·塞图巴尔和若热·盖尔道曾受邀参加过这些聚会，并分享了各自在管理家族企业中积累的经验。大人们经常会鼓励孩子们描述在生活中为接受教育，都做了些什么事情。在2011年的聚会上，海萝薇莎讲述了她在美洲饮料实习的经历。在整个实习期里，她所受到的待遇与其他项目成员毫无二致，而且还要承担搬运啤酒箱的任务。作为接班人，他们唯一能享受的特权，就是无须经过选拔过程。

接着，继承人陆续开始在董事会中露面了。例如，保罗就进入了美洲饮料和美洲商店董事会。2014年，他又接替父亲雷曼的位置，加入了百威英博的董事会。当然，雷曼还有权在百威英博董事会占第二个席位，而该席位目前暂时由罗伯托·汤普森占据。费利佩是圣卡洛斯（Sao Carlos）及由美洲商店掌控的电商公司B2W董事会的董事。塞西莉亚则进入了美洲商店的董事会，同时也是圣卡洛斯董事会的候补成员。

对于自己这一辈人所创立的公司，合伙人们希望继承人经过充分准备后能保持其长期可持续发展。雷曼及其合伙人的资产，会根据不同的公司情况，在他们之中按一定比例分配。例如，在百威英博，他们共有18.62%的股权，其中雷曼分得10.31%（其股份又平均分给了他的两个家庭），马塞尔分得4.6%，而贝托则分得3.71%。另外，他们共有43.99%的美洲商店的股份，雷曼分得19.89%，贝托分得14.67%，马塞尔分得9.43%。圣卡洛斯是唯一马塞尔和贝托分得相同股份的公司，两人各有16.86%，而雷曼则分得20.13%，加起来共占总股份的53.85%。

“我们的投资合在一起会比分散开来更值钱，”雷曼曾说，“所有这些针对下一代的培训都是为了让继承人们能团结在一起，为他们的财富感到自豪，并保卫它。”

DREAM BIG

How the Brazilian Trio behind 3G Capital Acquired Anheuser-Busch, Burger King and Heinz

08

加兰蒂亚投资银行的支柱

“合作伙伴关系及精英体制的理念，是加兰蒂亚和百达的支柱。”

——吉尔伯托·赛沃，芬奇资产管理公司负责人

DREAM
BIG

3G 精髓

加兰蒂亚对美洲商店的经营

美洲商店的困境

效率低下，需要投资以实现其现代化，适应“后通货膨胀时代”的商业逻辑。

费尔森的措施

长期：改革物流部门，彻底解决缺货问题。为各个门店创立自己的配送区域，库存集中化管理，加大对新技术的投入。发起实习生计划，招聘具有活力的年轻人。

短期：通过引入颠覆性变革方面的专家，力争在短期内扭转企业的颓势。

假如说费尔南德斯离开加兰蒂亚意味着雷曼、马塞尔和贝托三人帝国的确立与形成，那么这个转变也给费尔南德斯带来了从头创立一家公司，并大展“鸿鹄之志”的机会。他的选择是让加兰蒂亚的历史重演。

作为百达的舵手，费尔南德斯将他从雷曼身上学到的一切都用到了这家新银行。精英体制、合作关系、竞争环境、半年考核、激励人心的奖金，所有这一切都被这家新银行所采用。百达一直保留着这种模式，直到其在 2006 年被瑞士联合银行收购。作为该银行的管理层，吉尔伯托·赛沃（Gilberto Sayao）很了解这种工作方式。1991 年，从里约热内卢天主教大学毕业后不久，他便进入了百达实习。三年后，他便被晋升为这家银行的合伙人。2012 年，已经 41 岁的吉尔伯托掌管着芬奇资产管理公司（Vinci Partners）。在谈及加兰蒂亚和他工作了近二十年的百达银行时，他这样评价二者之间的相似之处：

“合作伙伴关系及精英体制的理念，是加兰蒂亚和百达的支柱。在巴西，几乎没有企业像这样让你成为合伙人；没有企业那么重视变动收入，给你激动人心的奖金和较低的固定工资；也没有公司会要一个没有经验的年轻人，甚至给他机会，就如我在百达的情况一样。百达像加兰蒂亚一样，你从一开始就有资格获得奖金。如果有人问及我当时的薪水，我甚至都不记得了。最主要的还是奖金。接着，你会成为准合伙人，然后是合伙人。直到那时，你就可以向本公司贷款来购买公司的股票，并用将来的奖金偿还。这样的模式与加兰蒂亚一模一样。此外，其他任何的福利都将与你无缘。汽车？俱乐部会员？算了吧，这都是钱，明白吗？你只能用自己的钱来做你想做的事情。”

应该说，巴西在20世纪80年代的经济不稳定，为加兰蒂亚和百达这样新创立的银行提供了巨大的机会。一系列动真格的经济计划，比如1986年的克鲁扎多计划（Cruzado），1987年的布雷塞尔计划（Bresser），1989年的夏日计划（Summer），1990年的科洛尔计划（Collor）；货币上的覆雨翻云，从克鲁塞罗（Cruzeiro）到克鲁扎多，然后到克鲁扎多诺（Cruzado novo），最后回到克鲁塞罗；还有到1989年时已达到不可思议的1 973%的恶性通货膨胀，这些都为银行提供了大量生意。尽管在这一时期，巴西人民的平均收入原地踏步，但银行却赚得盆满钵满。这一切主要归功于为政府债务融资。

乘着这股春风，百达开始腾飞。前10年，其年平均增长率为33%，而费尔南德斯拥有的个人资产也水涨船高，差不多有6亿美元。一切都表明，他离开加兰蒂亚并创立百达绝对是一个正确的决定。在他的新银行中，费尔南德斯用自己富有创造力的才华及勇敢无畏的心，向整个金融市场展现了什么是真正的银行家。

另外，费尔南德斯也曾有机会报复贝托。当初，正是贝托在他退出加兰蒂亚的问题上不依不饶。

坚持，费尔森对美洲商店的全面改造

当时任美洲商店 CEO 的若泽告诉雷曼、马塞尔和贝托，自己不会在 GP 投资工作时，他并没有把准备另谋高就的打算和盘托出。当时美思布拉公司申请破产，从而让包括百达在内的 1 600 位债权人深陷亏损泥潭。费尔南德斯因此请若泽来负责美思布拉的重组工作，若泽知道费尔南德斯与贝托之间存在芥蒂，所以认为最好别告诉贝托自己的职业新去向。他只是告知美洲商店的大当家，自己想离开公司，并同意由贝托十分中意的费尔森接任自己原来的职位。

当若泽还在美洲商店办理交接时，有关他将去美思布拉的消息被报纸登载出来。贝托很生气，认为他的朋友及钓鱼伙伴的行为背叛了他。

“贝托当时真的非常气愤，完全失控，”若泽说，“他觉得这样的事情不应该发生。”

离开美洲商店时，若泽在美洲商店的股权为他带来了近 2 500 万美元。另外，伴随他一起走的还有他一直沿用至今的宝贵经验。若泽在南马托格罗索州（Mato Grosso do Sul）有一个新方向农场（Fazenda Novo Rumo），所有在那里工作满一年的员工，都有资格获得一份额外奖金。然而，若泽没能重修他与贝托的友谊，再也没见过他的教女。

“我们总是会失去生命里的一些东西，”他说道，“幸运的是，我的所得总大于失去的东西。然而，如果说有什么是我后悔失去的，那就是我与贝托的友谊。”

费尔森接任若泽在美洲商店的职务后，就发现公司正处于困境之中。它开始变得笨重，效率低下，需要投资来实现现代化。另外，它还需要学会如何在没有通货膨胀的经济环境中运作。他将大量心思花在了物流部门上。为各个门店创立自己的配送区域，通过各种措施强化库存的集中化管理，并加大对新技术的投入。所有这一切都是为了避免一个经常出现在货架上的问题：缺货。与此同时，费尔森还发起了一个实习生计划，并通过该计划录用了 150 位年轻人。

培养人才，理顺物流体系，并大幅提升业务中的技术含量，这一切显然都是必要举措。然而，他们的着眼点有些太长远了，很难起到立竿见影的效果。美洲商店没法等这么久，当年它亏损了 3 700 万巴西雷亚尔。显然，这种情形必须得到迅速调整。

1998 年，在任职仅 12 个月后，费尔森离开了公司，来到 GP 工作。不过，他仍是美洲商店董事会的一员。在美洲商店 1997 年的年报中，他这样解释自己的离开以及对继任者的选择。

“我认为自此以后，公司应由一位全新的 CEO 来掌舵。他应该曾带领企业成功实施过变革，且与美洲商店过往的经营没有什么瓜葛。”费尔森写道。他推荐的人选是咨询顾问克劳迪奥·加莱阿齐（Claudio Galeazzi）。克劳迪奥非常善于在经营陷入困境的公司中推行颠覆性变革，这一点使他相当有名。他亲手操刀的公司包括来自圣卡塔琳娜州（Santa Catarina）的陶瓷涂料生产商塞科雷萨（Cecrisa）及雅德纺织公司（Artex）。

美洲商店的命运在接下来的几年中几经波折，一直在各式各样的危机中艰难地成长。股东带来了良好的财务回报，但它的业绩仍远不及加兰蒂亚投资的另一家大型企业博浪啤酒。

背离，费尔南德斯被百达踢出了管理层

费尔南德斯创立了一家成功的银行，他还从加兰蒂亚那里“偷”来了一位重要的CEO。对于20世纪90年代中期的旁观者而言，他似乎意气风发、所向披靡。然而，在百达内部，情况截然不同。

百达未来究竟要走向何方，是否该将它转型为零售银行？它的合伙人对这个问题产生了巨大的分歧。自成立以来的15年里，百达作为一家充满进取精神的投资银行，已经积累了不少声誉和财富。费尔南德斯准备步子迈得更大一些，推动百达走上另一条路，如销售优质债券和保险、私人退休金计划等业务，而这一切的前提当然是说服合伙人认同自己的想法。当时，他计划的第一步是从银行家佩德罗·孔德（Pedro Conde）手里买下BCN。然而，其合伙人中没有一个对他的这个想法感兴趣。涉足太多的业务种类显然是有风险的，而费尔南德斯自己本应清楚这一点。

1993 年，费尔南德斯用自己 150 万美元的资金买下了贝纳通公司在巴西的业务。然而，其实他对自己买的东西一窍不通。

“无论是银行界还是时尚界，你总是在推销想法。”费尔南德斯在 1994 年这样说道，试图以此证明两个不相干的行业之间具有某种相似性。然而，在经历了两年的亏损后，他不得不把公司这些业务又卖给了意大利人。此外，他还用自己的钱收购了纺织公司特巴（Teba）。不过，这笔投资也失败了。这家公司在 1996 年和 1997 年累计共亏损 4 300 万巴西雷亚尔。

无论是百达还是加兰蒂亚，尽量在个人生活中表现低调是大家都会追求的价值观。然而，费尔南德斯后来越来越偏离了这种价值观。不过，他对于各式宴会的痴迷，并没能帮助自己改善与合伙人之间的关系。1993 年，他组织了两场迄今仍被里约热内卢上流社会津津乐道的活动。第一场是庆祝百达成立 10 周年的大型聚会，他想要向 5 000 位宾客，尤其是雷曼，展现离开加兰蒂亚后自己有多么成功。雷曼一直以来都认为费尔南德斯在加兰蒂亚银行经营初期做出了巨大贡献，而且，当天他仍以一如继往地以朴素装扮到场。另一场大型聚会是在那年的新年前夜，费尔南德斯向近 600 位宾客打开了玛兰姆拜亚（Fazenda Marambaia）的大门。这是彼得罗波利斯（Petropolis）外的一座宏伟的建筑，其花园由布雷·马克斯（Burle Marx）设计。整座庄园当时到处都涌动着香槟酒的气味。

保罗·格德斯和安德烈·贾科斯基对百达转型为零售银行这种浮夸的计划十分不满，从而成为第一批因此而离开公司的人。1998 年，他们拂袖而去。而在此两年前，雷纳托·布朗夫曼其实就已先走了。这些元老的离开，无疑给年轻的合伙人提供了增持股份的空间。他们是安德烈·埃斯特韦斯（Andre Esteves）、吉尔伯托·赛沃、马塞洛·塞尔法蒂（Marcelo Serfaty）和爱德华多·普拉斯（Eduardo Plass）。费尔南德斯面临的最大麻烦是，这四个人竟然比之前的那些“老顽固”更加敌视他的计划。而且，他们还趁着费尔南德斯个人投资失败的时机向他发难，迫使财力紧张的他出售自己在百达的部分股份。

这些年轻人提议，愿意出钱为费尔南德斯的亏损埋单，但作为交换，银行将由他们来管控，尽管费尔南德斯仍将持有 51% 的百达股份。费尔南德斯不得不想方设法避开这 4 个人。1998 年 8 月，一篇刊登在《Veja》杂志上的文章写到，费尔南德斯在听取年轻合伙人们的提议后，便找了个借口去洗手间，然后就消失了，直到 3 天后才回到办公室。他深深地陷入了困境中，并感到孤立无援。除了要面对财务困难外，他还被背叛感折磨着，这样年轻人能到达今天的地位，显然离不开自己一直以来对他们的信任和提携。他会失去一切权力，这仅是时间早晚的问题。他的股份将逐渐缩减，直到他被迫将 CEO 一职让给爱德华多。1999 年年中，在与 4 位年轻合伙人的角力中费尔南德斯感到身心俱疲，于是他将自己持有的最后的股份都卖给了自己口中的“男孩们”。他以 9% 的股份拿到了 5 500 万巴西雷亚尔，并带着某种精神挫败感离开了百达银行。

赶走费尔南德斯之后，这些年轻的合伙人保持了自加兰蒂亚引入的精英文化。和雷曼的银行一样，百达逐渐被那些有才华、雄心勃勃的年轻人视为赚钱的跳板。无论这些人是来自高贵之家，还是来自于普通寒门，百达都为他们提供了一个快捷通道。2006 年，瑞士联合银行以 26 亿美元的价格买下了百达。这一交易造就了两位亿万富翁：吉尔伯托和安德烈。费尔南德斯离开百达银行后，他们成为主要合伙人，各持有 30% 的股份。这笔交易也让安德烈开始在世界级的平台上大显身手。安德烈是来自蒂茹卡的数学硕士，他出身于里约热内卢的中产阶级，曾干过交易员。交易结束后，他与家人搬到伦敦，开始负责瑞士联合银行的固定收益部门。

安德烈刚涉足世界金融市场，便开始规划起下一步动作来。瑞士联合银行在 2008 年的国际金融危机中遭受了沉痛打击，安德烈因此看到了买下这家银行的机会。为了达成这个交易，他向雷曼提出了融资请求。然而，雷曼在通盘考虑后拒绝了他。这次失败的收购尝试让安德烈与这家瑞士企业的关系陷入了僵局。2008 年，他不得不回到巴西，创立了银行与贸易集团（BTG）。这个名称在巴西金融市场拥有了一个更具象征性的解读：重返赛场（Back to the Game）。BTG 成立一年后，安德烈就以比他当年卖给瑞士人时低得多的价格回购了百达。

精英体制和合作伙伴关系，是 BTG 的企业文化精髓，而这显然是安德烈借用来的。他是一个典型的工作狂，喜欢与人争辩，做事非常大胆。令人羡慕的是，他与巴西政府存在着绝佳的关系。在不到 4 年时间里，安德烈就将 BTG 百达打造成了巴西最大的投资银行。它经营的业务非常广泛，比如私募股权、财富管理和零售。最后面的这项业务购自深陷债务泥潭的泛美银行（Panamericano）。许多跟随 BTG 百达一起飞黄腾达的人认为，安德烈可能加速得太快了。

吉尔伯托的风格则完全不同。他无意离开一直居住的里约热内卢，并继续领导着百达资本合伙公司（Pactual Capital Partners，简称 PCP）。这是一家管理银行合伙人财产的私募股权基金公司。与瑞士联合银行签署协议中规定的限制期限过去后，吉尔伯托成立了芬奇合伙公司。这家资产管理公司目前掌管的资金总额超过了 150 亿巴西雷亚尔。这笔资金被分散地投在了不同行业的公司，从时尚企业到农业综合企业。吉尔伯托称，他再也不打算拥有任何一家银行了。

▲ 年轻时的豪尔赫·保罗·雷曼。他在哈佛大学学习经济学，用了 3 年时间完成了本该 4 年完成的学业。在那里，他认识到与优秀人才相伴以及保持成长野心的必要性。

▲ 在加兰蒂亚早期岁月里，水下捕鱼将贝托、马塞尔和雷曼紧密地联系在一起。现在，他们仍然一起进行水下捕鱼运动。

▼ 2008 年，雷曼和苏珊娜与巴西前总统费尔南多·恩里克·卡多佐及妻子露丝·卡多佐在中国。

▼ 正当他们在戈壁滩上徜徉时，英博拟报价收购百威品牌的拥有者安海斯－布希的消息被互联网曝光了。

▼ 加兰蒂亚以其激进和高效的风格蜚声海外。1994 年，雷曼邀请英国前首相撒切尔夫人访问巴西，并与巴西的商界领袖会面。

▼ 雷曼仍然坚持每天打网球。2012 年 9 月，他还赢得了圣保罗网球锦标赛老年组的冠军。对于重要的国际网球巡回赛，他几乎都会到场，也因此认识了很多知名网球选手，诸如费德勒。

加兰蒂亚前雇员在 2010 年的合影。

▲ 上图（从左到右）为阿米尼奥·弗拉加、罗杰里奥·卡斯特罗·玛亚、保罗·雷曼、若泽·卡洛斯·拉莫斯·达·席尔瓦和安德烈·劳拉·雷森迪。

► 右图（从左到右）为迪尼斯·费雷拉·巴蒂斯塔、埃里克·伊梅和布鲁诺·罗恰。

▲ 沃伦 · 巴菲特和马克 · 雷曼。马克是豪尔赫 · 保罗 · 雷曼的儿子。他在3G 资本实习时研究了亨氏，并建议买入亨氏的股票。2013 年，3G 资本联手巴菲特投入 280 亿美元，将亨氏收入囊中。

▲ 马塞尔和美洲饮料的管理培训生在一起（右下角为马塞尔）。尽管马塞尔已经多年未在美洲饮料担任管理职务了，但他仍然参与公司的管理。例如，他坚持要继续参与公司管理培训生的最后遴选。

DREAM
BIG

How the Brazilian
Trio behind 3G Capital
Acquired Anheuser-Busch,
Burger King and Heinz

09

构建帝国的根基，拿下博浪啤酒

“好在我没有读过商学院，不然，我永远不会像这样在一个下午就完成一项交易。”

——豪尔赫·保罗·雷曼

DREAM BIG

3G精髓

加兰蒂亚收购博浪啤酒

符合收购标准

良好的品牌，巨大的需求，管理不善。

资金来源

加兰蒂亚再度出现了资金过剩的局面。

收购的过程

善意收购。博浪的管理层主动联络了雷曼。

事前准备

在谈判刚进行的时候，加兰蒂亚就开始着手打造博浪啤酒未来的管理团队。在收购稍有眉目的时候，就先派人员进入博浪啤酒实地了解情况。

事后排雷

加兰蒂亚接受博浪啤酒后，就发现自己踩雷了。博浪啤酒的养老金计划亏空2亿美元。因此，马塞尔接手后的第一件事情，就是全面重新梳理养老金体系。总监级别的养老金被削减一半，经理级别的被削减30%~40%，普通员工的则没有变化。

变革措施

引入加兰蒂亚的文化理念，裁员2 500人，严格控制开支，推倒总监办公室的隔墙。

1989 年，在 30 年没有直接选举的情况下，巴西正筹备新总统大选。其中，有两位候选人很出众。第一位是费尔南多·科洛尔·德梅洛（Fernando Collor de Mello）。他是一位很年轻的政治家，曾因在担任阿拉戈阿斯州（Alogoas）州长期间，公开谴责特权而声名远播。另一位是路易斯·伊纳西奥·卢拉·达·席尔瓦（Luiz Inacio Lula da Silva）。卢拉出生于伯南布哥州，是前工会成员，代表巴西劳工党（Partido dos Trabalhadores，简称 PT）。选民们对这两人都不了解，但卢拉让巴西的各商界领袖不寒而栗。他们担心卢拉上台后会采取一系列左倾政策，比如冻结价格，增加额外的所得税，强化政府权威，引入农业改革从而打击农业企业，等等。圣保罗州商业联合会（Fiesp）主席马里奥·阿马托（Mario Amato）甚至公开宣称，如果这位劳工党的候选人获胜，80 万商业领袖将会离开这个国家。

雷曼并不想与任何一位候选人走得太近。尽管他也认识巴西政府里的一些重要人物，但混迹于巴西利亚政治圈并不是他的风格。据 1994 年《访谈》(*Interview*)杂志报道，在那之前，他只偶然私下见过科洛尔一次。那是一个雨天，在里约热内卢市中心，科洛尔拦下了雷曼叫的同一辆出租车。经过讨论谁乘坐这辆车后，他们决定一起乘车，因为他们是往同一个方向走的。科洛尔没有认出这位银行家，但雷曼认出了这位来自东北部并开始闻名于全巴西的年轻政治家。

科洛尔和他的女伴坐在后排，并用英语聊天。雷曼则坐在前排副驾驶的位子上。科洛尔当时一直在抱怨，对一些商人的行为很不满，特别提到了雷曼。雷曼没有表明自己的身份，直到他实在听不下去了，他告诉后排的两位自己会说英语。科洛尔则继续他的批判，不过改用了法语。当雷曼到达目的地准备下车时，他看着科洛尔说："你的法语和你的英语一样糟糕。"

为什么首富往往都是啤酒商

在这场可能会改变市场规则的选举前夕，加兰蒂亚出现了现金过剩的情况，雷曼对这种局面深感不安。他从不喜欢将太多资金闲置或给合伙人分配过于丰厚的红利，这会让他们变得自满。买下另一家公司的控制权，像当初收购美洲商店一样，似乎是理想的解决方案。雷曼最喜欢做的事情之一，就是决定哪家公司成为收购的目标。他曾试图收购纸浆和纸张生产商阿拉克鲁斯（Aracruz)，但谈判最终没能达成双方都满意的协议。

另一家公司也有一段时间引起了雷曼的注意，那就是博浪啤酒。虽然拥有强大的品牌，但这家公司因一系列内部问题而每况愈下。当然，注意到这个收购机会的人，不单只有雷曼自己。

“我们团队中有人知道博浪啤酒所发生的状况，说那是一家很棒的公司，但需要新的企业领袖，”若热·盖尔道说道，“不过，因为我们完全专注于钢铁行业，所以这家公司不适合我们，但很显然博浪确实需要改变。”

在当年第一轮总统选举前两周，雷曼接到了博浪啤酒董事长赫伯特·格雷格（Hubert Gregg）的电话。当时，整个巴西啤酒行业掌控在两大德国家族手中，一个就是格雷格所在的家族，另一个则是昆宁（Kunning）家族。其实，很早之前雷曼便已赢得了他的信任。远在8年前，投资家马里奥·斯莱卡（Mario Slerca）一直在市场上吃进博浪啤酒的股票。由于当时仍采用不记名股票，因此博浪的控股人花了一段时间才找出这个神秘买家。当他们发现斯莱卡手中的股份马上就能保证他控股博浪啤酒时，这群德国人便向与自己有着良好关系的布拉德斯科（Bradesco）银行创始人阿玛多·阿吉亚尔（Amador Aguiar）寻求帮助。阿吉亚尔答应帮忙，并决定运用他的影响力，说服里约热内卢的太阳美洲（Sul America）保险公司买下斯莱卡手中的股份。此前，阿吉亚尔曾与太阳美洲在一个私人养老金项目中有过长达3年的合作关系。

就在一切看起来就要风平浪静时，太阳美洲突然开始继续增持博浪的股份。阿吉亚尔用来保护博浪的策略最终将枪口朝向了博浪。格雷格感觉自己遭到了背叛，阿吉亚尔自己也不喜欢太阳美洲这种花招。于是，格雷格再次请求阿吉亚尔设法让太阳美洲立即出售博浪的股份。

开始时，雷曼只是以局外人的态度观望这件棘手事情的进展，直到他被德国家族拉入自己的阵营。他与布拉德斯科银行达成了协议，向太阳美洲施压，以促使其出售所持有的博浪的股份。雷曼还加入了“白衣骑士”银行团，资助格雷格从保险公司手中购回了博浪的股份。随着控制权再次得到保证，格雷格终于可以以更分散的方式出售一些股票。这不但能获得新资金，还能化解任何新攻击的风险。加兰蒂亚的工作就是将这些股票投放到市场上。这件事情拉近了雷曼与布拉德斯科银行之间的关系。一直以来，他都非常钦佩这家银行。阿吉亚尔在布拉德斯科银行打造的企业文化及其可持续性，至今仍会被雷曼时时提及。通过这件事，雷曼同时也赢得了博浪董事长的信任。

“通过这次接触，我给那里的人留下了不错的印象……然后我开始告诉他们，如果有一天他们想卖掉公司，我会愿意买下来。”雷曼曾说。

20 世纪 80 年代末，博浪啤酒经历了一场许多家族企业都会经历的变故。经过几十年的发展，其增速开始放缓，而且家族纷争对企业的拖累远大于市场本身。作为一家家族企业，总会吸纳大量家族成员在博浪工作，而且这当中许多人担任着高管职位。随着新一代家族成员不断加入，就会让事情变得更加复杂。虽然博浪当时拥有近 30% 的市场份额，但其利润却比位于圣保罗的对手南极洲啤酒差。博浪的所有者认为公司正处于滑坡状态，没有发展前景，于是决定将其出售。雷曼作为加兰蒂亚与博浪股东谈判的唯一代表，耗时近 4 个月，终于在 1989 年 10 月末接到了格雷格打来的电话。雷曼其实早已对要谈的内容做了充分准备。在过去两个月里，加兰蒂亚一直在市场上吃进所有能买到的博浪股票。显然，他现在需要做的就是获得掌控权。他和他的合伙人曾用类似的方法拿下了美洲商店。

结束了与格雷格的通话后，雷曼跑去了博浪啤酒位于里约热内卢的总部。数小时后，当他回到银行时，他宣布：“所有人听着，我买下了博浪啤酒。”银行支付的购买对价是 6 000 万美元。“好在我没有读过商学院，不然，我永远不会像这样在一个下午就完成一项交易。”他后来说道。

加兰蒂亚的合伙人对这个公告的反应并不一致。马塞尔非常激动。其他人则算了一笔账，并认为这笔交易很疯狂。而经济学家哈达德（Claudio Haddad）强烈反对这笔交易。

“你疯了！我们要怎么付这笔钱？”他最担心的是，卢拉可能会当选总统，这将导致经济不稳定。

这是一个敏感又务实的问题，也是一个无可争议的理论问题。正因为如此，雷曼才在 1979 年找到哈达德，并邀请他成为银行首席经济学家。哈达德在芝加哥大学获得了博士学位，也是雷曼通常聘用的 PSDs 中的第一位学者。他是这群俗人里的知识分子。在经历了时任巴西财政部长马里奥·恩里克·西蒙森（Mario Henrique Simonsen）所引起的冲击后，雷曼感到公司需要具备一些理论研究和分析能力。为了控制通货膨胀，西蒙森将用来抵消通货膨胀的货币重述（monetary restatement）的衡量标准下调了 4%。这对于持有许多可调整利率国债（ORTNs）的加兰蒂亚而言，无疑是一个巨大的打击。这一变动使得加兰蒂亚亏损了 2 000 万美元，占了银行资产相当大的一部分。

对雷曼而言，哈达德这样有学术背景的专业人士能预测未来的宏观经济走势，从而使加兰蒂亚避免再次陷入巨大风险中。在做出任何决定之前，哈达德会将一切因素都计算一遍，并权衡利弊。多年来，他一直非常谨慎，以至于他时常会担忧自己是否有能力付清加兰蒂亚分配给他的认股权。然而，哈达德不仅解决了他的债务，还在 1993 年当上了 CEO。

不过，当雷曼宣布自己买下博浪的消息时，他并不想听到哈达德那种过分谨慎的论调。他确信这是一次非常重要的收购，同时也是任何企业家求之不得的好机会。他认为，这会对整个集团产生巨大影响。当然，他的这种绝对的信心与任何第六感或类似的东西无关。雷曼觉得自己是一个没有任何直觉的人，他主要依靠良好的判断力、对未来的洞察力以及简单的决策思维。为了让哈达德相信这次收购很有意义，他说道："热带国家、炎热的气候、良好的品牌、年轻的员工以及管理无方……好，简直是万事俱备，就等我们将它变成一家伟大的企业。"雷曼最后说自己开展了一个非正式的"市场调查"，并发现了令人鼓舞的信息。他说道："综观拉丁美洲，谁是委内瑞拉最富有的人？啤酒制造商（拥有 Polar 的门多萨家族）！谁是哥伦比亚最富有的人？啤酒制造商（拥有巴伐利亚的圣多明各集团）！谁是阿根廷最富有的人？啤酒制造商（拥有基尔梅斯的 Bembergs）！这些家伙不可能都是天才……所以这个行业必然是非常好的。"

哈达德不情愿地同意了。当时，他肯定想不到这家公司会发展成为世界啤酒行业的老大，他也会成为博浪的合伙人。他当时极不情愿购买的百威英博股份，在 2012 年估值近 10 亿巴西雷亚尔。

空投管理团队

加兰蒂亚的银行家对博浪这种历史悠久的啤酒公司的日常经营几乎一无所知，那么他们是怎么经营的呢?

“我们进入这些行业主要是为了投资。”也许是在试图说服那些持怀疑态度的人，贝托当时这么说道。事实远非如此。正如贝托本人也曾离开银行去再造美洲商店的管理体系，另一位合伙人也会被推荐到博浪去做同样的事。这个人便是马塞尔。

当时，马塞尔已经在银行工作了将近 18 年。不久前，他刚在哈佛大学完成企业主与总裁管理计划（OPM）课程。该课程就是为那些需要更加了解管理的企业家开设的。贝托多年前就已完成了这门课程。通过在哈佛大学的进修，此前一直只专注于日常金融交易的马塞尔，开始将自己转型为一位有远见的商人。

要搞好博浪啤酒仅靠经营理论是远远不够的。马塞尔将要进入一个自己一无所知的世界：工厂、分销中心、消费品营销、工会等。尽管博浪啤酒有近 2 万名员工，但他还是从加兰蒂亚带了一支几十人的队伍。面对这个全新的市场，他需要顶尖人才的协助。他到博浪啤酒时并非孤身一人，而是带着一支包括玛吉姆·罗德里格斯（Magim Rodrigues）、薄睿拓和路易斯·克劳迪亚·纳西门托（Luiz Claudio Nascimento，昵称潘泰拉）在内的小团队。为了这个任务，他们每个人都是精挑细选出来的。纳西门托将负责博浪啤酒的现金管理。来自里约热内卢的年轻工程师薄睿拓，刚刚获得斯坦福大学的 MBA 学位，他将为公司创建一个管理控制模型。当时 47

岁的罗德里格斯是拉可塔（Lacta）的前CEO，他将成为马塞尔的得力助手。

在公司的关键位置上，雷曼、马塞尔和贝托通常不会聘用“外人”，而是将机会优先留给有才华的自己人。而且，他们几乎都很了解罗德里格斯。很多年前，罗德里格斯就认识了贝托。有一次，他拜访了贝托，主要是想搞清楚为什么美洲商店的拉可塔复活节彩蛋那么少。他还声称，美洲商店完全有能力把拉可塔巧克力的销量提升5倍。贝托回应道，他认为货架上并没有足够的空间来放置那么多彩蛋。罗德里格斯对这次见面的结果并不满意，一言不发地离开了。几个小时后，他又打电话给贝托。

罗德里格斯：“贝托，我找到地方了。”

贝托：“噢，是吗？那你过来吧。咱们聊聊，商店里居然会有这么多空余位置，负责人恐怕得赶紧离开公司了。”

罗德里格斯所提的解决方案不仅被美洲商店采用了，而且被全巴西所有的大型超市采用了：在货架之间的过道上设置一个装置把彩蛋挂上去，而不是放在货架上占地方。贝托很喜欢这个想法，并决定付诸实践。

这个想法很有效。拉可塔通过美洲商店销售的巧克力比去年多了5倍有余。到复活节的前一天，所有库存都已告罄。

这件事情之后，罗德里格斯和贝托经常联系，一直到罗德里格斯因股东之间的长期不和离开拉可塔。为了透透气，他与家人搬到了萨尔瓦多北部、面向斯泰拉玛瑞斯（Stella Maris）海滩的一所房子里。他花了一年时间冲浪、打网球、晒日光浴。他的职业生涯让他已经很富有了，于是他决定放弃工作。自我放逐 14 个月后，他接到了贝托的电话。贝托邀请他到里约热内卢参加一个会议。罗德里格斯讲述了这件事的细节：

> “贝托说他们正准备接下一项新业务，马塞尔将是负责这项业务的合伙人。他们希望我能加入，但并没有说是什么项目，因为他们仍在谈判中。当我问是什么领域时，贝托说他不能告诉我。我说那不行，这样的交流是没有意义的。在我都不知道这是什么项目的情况下，我怎么可能会同意加入呢？然后，他说是饮料行业。我就想，那肯定是可口可乐公司了。我没想到会是博浪啤酒或南极洲啤酒这两个传统老牌重量级企业……我不认为这个业务会与他们有关……尽管没有太多信息，我还是同意了。我并不是很了解马塞尔或雷曼，但我欣赏贝托。他总是积极进取、精力充沛、亲力亲为、简单直率，这种风格很适合我。”

在完成收购前几个月，罗德里格斯、纳西门托和薄睿拓占据了加兰蒂亚的一间会议室，一起商量如何接管博浪啤酒。为了了解啤酒市场的运作方式，罗德里格斯花了许多时间满世界飞。他去了阿根廷、智利、德国、美国及日本。加兰蒂亚一直传承着一句老话：当你可以向世界最好的企业学习时，为何还要从头开始？显然，这次入主博浪啤酒会再一次将这句话付诸实践。正如加兰蒂亚效仿的是高盛的最佳实践、美洲商店亦曾深受沃尔玛的强烈影响，他们相信在博浪啤酒身上也可以用到这句话。

在宣布收购的前几周，雷曼说服格雷格批准博浪“聘请”罗德里格斯和薄睿拓。罗德里格斯前往位于米纳斯吉拉斯州的啤酒厂，薄睿拓则去了圣保罗北部的阿古杜斯（Agudos）。这样，到了正式做出抉择的那一天，他们早已做好了准备 —— 至少他们认为自己会做好准备。

贝托在接手美洲商店时，工资其实还缩水了。马塞尔的情况同样如此，他也放弃了自己作为加兰蒂亚合伙人应得的奖金，成了博浪啤酒的CEO。当然，他仍能继续从银行获得分红。对于这一切，他其实并不计较。马塞尔在博浪啤酒身上看到了实现他梦想的机会——重组一个更大的加兰蒂亚。

踩了收购中的雷

1989 年 11 月 6 日，马塞尔第一次来到博浪啤酒公司，就发现一个意想不到的问题在恭候他。通常而言，买家在达成交易前，应对目标公司的账目进行详细分析，这也被称为尽职调查。然而，由于急于和博浪啤酒达成交易，加兰蒂亚摒弃了这一传统的做法。当最后得到所有数据时，马塞尔震惊了。这家啤酒公司的养老基金只有 3 000 万美元，需要补充 2.5 亿美元才能保证它能履行其养老承诺。这个数字是银行买下这家公司所支付金额的 4 倍多。当马塞尔、雷曼和贝托讨论起这件事时，他们都说还好当初没有做足功课。假如他们当初知道了这个问题的严重性，可能就不会收购了。

展现这位前交易员临危不乱的本色的时候到来了。这个问题需要一些快、准、狠的行动来解决，马塞尔向来不是一个犹豫不决的人，虽然他的决定常常不受欢迎，但他仍会迅速行动。他在分析了当时的情况后得出结论，是博浪啤酒自己的管理层造成了公司私人退休金计划的扭曲。类似的情况在 2009 年也发生过，美国通用汽车公司主要就是因为这个原因而寻求破产保护的。马塞尔称这种扭曲必须纠正过来，否则会将整个公司置于危险之中。他决定将总监级别享有的养老金数额削减一半，经理级别的养老金数额则减少 30%~40%，而车间工人是唯一保持不变的。为了达成这个目标，他还要进行近 400 次个人对话，以此来实施全新形式的养老金计划。这一决定引起了管理层的骚动。

当时，39 岁的马塞尔刚与第一任妻子离婚，又没有孩子，所以能全身心地投入新工作中。一身休闲服、厚厚的胡子、长长的头发，使他看起来更像一位工会成员，而不是银行家。他开始更密切地了解博浪啤酒的全部工厂及供应商。他还走访了国外的啤酒厂（包括百威啤酒），并亲自与所有主要管理人员交谈。在他负责博浪啤酒的第一年里，几乎每个周六都用在了与罗德里格斯、贝托及纳西门托开会上。他们的会从上午 9 点开始，没有固定的结束时间。马塞尔当时居住在里约热内卢南部地区的公寓式酒店里，会议有时就在那里举行，有时则在他位于布奥斯（Buzios）的家中。

四位与会者主要讨论的是最近几天发生的一切，并安排下周的工作计划。微调是必不可少的，这可以让他们避免对仍不怎么了解的新业务失去控制。马塞尔还定期给加兰蒂亚的合伙人写报告，告诉他们这家啤酒公司所发生的事。这是他组织想法的一种方式。在一定程度上，这也是表现他的价值的方式：尽管不在银行，他仍在做对大家都非常有意义的事情。从 1989 年 11 月至 1991 年 1 月，他一共向合伙人发送了 13 份报告。

在星期六的会议上及写给合伙人的报告中，问题从没有少过。博浪啤酒当时深陷官僚主义、铺张浪费以及效率低下的泥潭中，仅 1988—1989 财年，公司的行政费用便从净营业收入的 12% 上升到 17%。这绝对是一种罕见的情况，原本被公认为相对固定的成本竟发生了如此大的变化。公司的工厂也在老化，机器平均使用时间已达 40 年之久。之前的管理层没有在意过折旧、报废的事情，他们只关注闪亮的汽车车队。公司停车场里存放着 1 000 辆汽车，另有 40 辆订购的奥帕拉（Opala Comodoros）汽车[①]还未到货。总监级别每年有 45 天假期，而他们的工资却比市场平均水平高出 30%，而且经理级别以上的人还能享受每年 14 个月甚至 15 个月的月薪。虽然公司与百事公司已经达成在巴西分销其软饮料的协议，但博浪啤酒从未利用这个机会向这些美国人学习其标杆管理。高管们的大部分时间都花在了准备夸大其词的报告及参加很少决定任何事的会议上。马塞尔刚到公司时，就听到一则内部流传的笑话。

> 有一天，一群考古学家发掘出了博浪啤酒的废墟，并发现大量的文件、报告和表格等。经过对这些资料的分析，考古学家们得出了一个无可辩驳的结论：他们发现了一座造纸厂。或许是其员工太爱喝酒，以至于它的管理层不得不在造纸厂旁边又建造了一家酿酒厂。

对于一家有这么多明显问题的公司而言，唯一的好处是任何改变都会立竿见影。1989 年年末，马塞尔通知所有部门必须削减成本。

① 巴西通用汽车的高端品牌。——译者注

“他说成本必须削减 10%，且收入必须每年增长 10%，”罗德里格斯回忆说，“我认为他疯了。”

这样的压力意味着，像市场、人力资源、物流供应链及财务等部门必须一次性削减总额 5 000 万美元的开支。这种削减有一部分来自员工人数的减少。马塞尔来到公司后 3 个月，清理了 2 500 名员工（包括被解雇、退休及自愿离职的人）。这相当于减少了 10% 的员工数，但节省了 18% 的工资总开支。‘三剑客’在消化吸收注重长远的工业文化时，也没有失去其金融底色，”盖尔道说道，“这使博浪啤酒变得大不相同。”

为了加快变化，马塞尔和他的团队开始或多或少采用了加兰蒂亚和美洲商店曾使用过的相同的方法。总监办公室的墙被推倒了，取而代之的是大家共用的一张大桌子；秘书的数量减少了，高管们不得不习惯与其他同事共用秘书；给总监预留的停车位被废除了，最好的车位先到先得。马塞尔自己也必须遵守这一规则。高管餐厅关了，其独立的洗手间也被摈弃了。

“马塞尔充分利用了加兰蒂亚的理念，把它引入了博浪啤酒，并在公司尽情展现他的风格。”加兰蒂亚的前合伙人布鲁诺·利希特（Bruno Licht）这样说道。

即使在今天，这样的变化对许多公司也犹如地震。在 21 世纪的巴西企业，高管坐在专门的私人餐厅里，由戴着白色手套的服务员伺候的场景仍很常见。那可是在 20 世纪 80 年代末啊！马塞尔的方法给博浪啤酒带来的巨大冲击可想而知。许多总监对此感到不适，不得不逐渐去适应这个新形势。比如来自里约热内卢的达尼洛·帕尔默（Danilo Palmer），当时是博浪啤酒的财务总监，在加兰蒂亚这支队伍来到公司前，他已经在此工作了20年。（帕尔默直到1999年才从管理一线退了下来，但仍先后在博浪啤酒董事会和美洲饮料董事会任职多年。）另外还有阿迪尔森·米格尔（Adilson Miguel），他自1962年便被博浪啤酒聘用为市场总监。

“我曾有一间约40平方米的办公室、3部电话，我还拥有自己的秘书和非凡的地位，”米格尔回忆说，“尽管如此，我所下达的指令仍被当成耳旁风，也赚不到任何钱。”这位老将不仅认同新管理层，还成了马塞尔的得力干将。如今，71岁且已正式退休的他仍在博浪啤酒担任顾问一职，负责该公司与其所赞助的巴西足球联合会（CBF）的关系。米格尔这样描述马塞尔到来时的情景：

> “他的穿着打扮实在出乎我们的意料，身着牛仔裤，没穿袜子的脚直接塞在运动鞋里，手腕上有一只潜水手表，还背着背包。而博浪啤酒的所有人当时都是穿西服、打领带，一切看起来都很正式、工整、干净。马塞尔完全是相反的，我真的认为他很奇怪……一天，他出现在我的办公室，告诉我他计划做什么，并询问我的意见。我回答说，他真的应该去改变公司，还说公司长期以来的糟糕状况对我的影响最大。当时我是市场总监，但博浪啤酒从没有打算做任何市场营销。我得向一群完全不了解营销或市场的人汇报工作，这很让我沮丧。我因为经常旅行去了解市场而被批评，人们讽刺我应该去博浪的旅游部门工作。如果你不清楚市场上发生了什么、在顾客身上和分销系统中发生了什么，那你要怎么为公司打造市

场策略？我告诉马塞尔，他需要改变整个市场部门，可能还包括它的总监。”

对马塞尔来说，米格尔对公司所面临的问题的评估，听起来就像音乐。

DREAM
BIG

How the Brazilian Trio behind 3G Capital Acquired Anheuser-Busch, Burger King and Heinz

10

“像疯子一样”

“你需要每年裁掉10%的人，因为这些人就像是枯枝一样，需要修剪。”

——马塞尔·赫尔曼·泰勒斯

DREAM BIG

3G 精髓

加兰蒂亚对博浪啤酒的经营

梳理分销体系

博浪啤酒之前的分销系统极其混乱。近千家小的分销商，很多都与博浪管理层存在千丝万缕的关系，这导致博浪的产品很难以最快的速度销售出去。加兰蒂亚收购博浪后，开始着手梳理分销系统，最终确定了几家规模较大的分销商。这种措施不但能保证分销商可以赚到大钱，还能促使他们加大对分销的投入。

管理层的全面年轻化

加兰蒂亚从来都视人才为重中之重。刚接手博浪，就推出了培训生计划，该计划每年能为博浪提供 40~50 名优秀人才。截至 2003 年，博浪啤酒的员工平均年龄已从 48 岁降到了 32 岁。新人的不断涌入使得加兰蒂亚可以不断淘汰业绩普通的员工，从而保证自己的精英体制。

贯彻 PDCA

通过与管理专家法尔考的合作，博浪啤酒开始以质量为突破口，全面实施量化管理的措施。

在20世纪80年代的巴西，啤酒只属于最有雄心的人。随着温度不断上升，尽管啤酒的价格在上涨，仍很快就被抢购一空。工厂的产能不足，零售商拿不到货，整个行业运转得非常低效。许多谨慎的消费者不得不在夏天到来之前，就开始在家里堆积存货，而那些缺乏远见的人则不得不忍受超市里排起的长队甚至是限量供应。1987年12月《午报》（*Folha da Tarde*）刊发了一篇报道，展现了当时顾客尝试在巴西最大的零售商之一帕埃斯门东萨（Paes Mendonca）买啤酒的场景：

> "顾客们早早排起了队，交出空瓶并拿到一个允许他们一次购买12瓶的号码。"

梳理分销体系

这情形无论从任何观点看都很可悲。对于加兰蒂亚的团队来说，因无法拿到产品放到货架上而错失销售机会，是绝对不能容忍的。生产过程需要加快，而且最重要的是，得让销售终端[①]更有效率。马塞尔用了几周时间去了解美国啤酒厂商并亲眼目睹了行业巨头安海斯 - 布希是如何管理其分销体系的。通过这个极具弹性的系统，百威啤酒可以送到美国几乎每一家酒吧、餐厅和超市。与博浪啤酒相比，安海斯 - 布希可谓完胜。了解这一切之后，马塞尔又做了什么？他使用了“加兰蒂亚文化”的老配方，效仿他在国外看到的最佳经验。

米格尔不是通过电子表格和报告，而是通过亲自拜访客户和零售商去了解市场。这使他成为与市场最为贴近的博浪高管，因此也被选中负责引领这次变革。

“我们的分销被太多不具备基本条件和资格的公司控制着。它们之所以会被选中，往往只是因为它们是某位博浪啤酒的总监的朋友或亲戚开的，”米格尔说道，“从父亲那里分销到儿子那里，即使整个过程就像公证机构一样公事公办，它的表现也并不会很好。”

让事情更麻烦的是，博浪啤酒还与 1 000 家供应商形成了合作关系，这使公司的运作变得无比复杂。一切都非常分散，没几家分销商能赚到大钱。他们很沮丧，又很缺现金，因此几乎没有在优化运作、提高效率上采取什么措施。结果，最终就把自己推入了恶性循环中。

马塞尔相信最好的办法就是减少分销商，这样他们便会为了赚钱而扩大规模，于是他开始挤压分销链。这是一个棘手的过程，大多数被排除在

① 销售终端，POCs—Point of Connections，也有称为 Point of Sales 的。——译者注

外的零售商都很恼火。下一步则是建立标准化流程，因为在那之前，每个分销商都以最适合自己的方式在工作。很快，剩下的经销商就明确了自己需要达到什么样的标准，而且博浪会对这些公司定期考核。表现最好的经销商会在博浪啤酒组织的年会上获得相应的奖励。

“很快我们的分销体系就超过可口可乐了。”米格尔说道。

博浪啤酒在全巴西大规模铺货给自身带来了另一个优势，这是从沃尔玛那里学到的。那些规模较大的公司总是能拥有较好的谈判筹码，从而获得更好的价格及付款条件。随着博浪啤酒的发展，其供应商及销售其饮料的零售商不得不努力适应这家公司的新规则。多年来，它们全部被迫降低了自身的利润率，并给予博浪更灵活的付款条款。（博浪后来在购买产品或服务 120 天后才向供应商付款。）①

培训生计划，管理层的全面年轻化

博浪啤酒点燃了高速发展的引擎，这不仅从流程及结果的转变上可以看出来，在人员的组成上也有更明显的表现。与加兰蒂亚一样，马塞尔不断寻求那些眼里闪烁着雄心、满腔热血、甘愿付出并牺牲个人生活的年轻人。规模的大小是银行和啤酒公司在人员招聘方面的主要不同之处。博浪啤酒的员工总数几乎是加兰蒂亚银行的 100 倍。在名牌大学的年轻人毕业前去校园做演讲，从而吸引他们加入公司，是马塞尔率先付诸实践的一项新举措。马塞尔和罗德里格斯会轮流作为企业高管代表走进大学校园做演

① 付款期的延长可以大大改善博浪的现金流。但这将给实力不济的供应商和经销商带来巨大挑战。——译者注

讲。在博浪啤酒被加兰蒂亚收购的第二年，马塞尔这些人就开始着手创办培训生计划了。①

“正是每年所招聘的 40 ～ 50 位年轻人，让我们变得很不同，”罗德里格斯说，“当你招了一个 25 岁的男孩并让他成为经理时，这将启发所有更年轻的人。”

第一批培训生包括如来自里约热内卢的路易斯·费尔南多·埃德蒙（Luiz Fernando Edmond）。2005 年，路易斯开始担任博浪啤酒的 CEO。2013 年，他成了百威英博北美区的大区总裁。②随着时间的推移，该培训生计划逐渐成为巴西国内最热门的话题之一。2012 年，共有 74 000 人申请了该培训生计划，不过只有 24 人获得通过。

年轻人很快涌入博浪啤酒的管理层，并渗透到了公司的所有业务领域。1990 年，17 位工厂经理中的 10 位都被马塞尔换成了年轻人。将跟随公司多年的老员工替换为从未参加过生产工作的毛头小子，这一人事上的变动实在太大胆了。马塞尔知道在这么短时间内做这么大的改变会有风险，但仍决定赌一把。如果成功了，就能扫除所有沉积了数十年的蜘蛛网。他也确实成功了。

“马塞尔说，你需要每年裁掉 10% 的人，因为这些人就像是枯枝一样，需要修剪。”罗德里格斯回忆说。

---

① 该管理培训生计划（MT—Management Trainee）仍在实行，名称随着公司的国际化扩张变更为全球管理培训生计划（GMT—Global Management Trainee），在全球范围内广揽青年才俊。——译者注

② 路易斯于 2016 年离开百威英博公司，离任前他担任全球首席销售主管。——译者注

当然，这并不是一个原创的想法。杰克·韦尔奇是美国通用电气的传奇 CEO，他在这家由托马斯·爱迪生创立的老牌企业中就采用过这种做法。马塞尔和他的合伙人有高盛和沃尔玛的经验，但从未与通用电气有过直接接触。不过，这家公司的年报是这几个巴西人的“圣经”。这些人再次借鉴了标杆企业的最佳经验。

韦尔奇被视为 20 世纪最具代表性的 CEO，他在 1981—2001 年一直是美国通用电气的舵手。在这期间，通用电气采用了所谓的“20-70-10”法则。它规定，在精英化的环境中，员工应该被分为三个等级：20% 表现最好的人应得到奖励，70% 表现平平的人得以留下，而 10% 表现欠佳的人则会被扫地出门。根据公司自身的情况，马塞尔等人对这条通用电气的法则做了些许调整。随后，博浪啤酒便开始重整其员工队伍。

“我加入公司时，博浪啤酒的员工平均年龄大约是 48 岁，”罗德里格斯说道，“而当我在 2003 年离开时，平均年龄便已下降到 32 岁。”

员工组成的改革很快就见到了成效。1991 年，在博浪啤酒被加兰蒂亚收购后的两年之内，它就被《检视》杂志选为“年度最佳公司”。公司的收入在一年内增加了 7.5%，利润几乎翻倍。公司把 1990 年总收入的 10% 拿出来充当奖金，有 35% 的员工（很显然是最优秀的）拿到了额外的 3~9 个月的工资。培训生计划也成了培养优秀人才的摇篮，正是通过它打磨的高管人员保证了博浪啤酒（然后是美洲饮料、英博和百威英博）能持续高速地发展。虽然马塞尔后来已不再介入公司的日常运作，但他仍会参与管理培训生计划的最终遴选。他会告诉那些被选中的人，如果觉得有必要，他们可以直接给他发信息。

“在博浪啤酒，我会给每个培训生一枚电话币，并说明他们只有一次与我通话的机会……现在我更时尚了，每个人都可以随时给我发电子邮件。”他说道。

为了在这家百年老店里传播全新的企业文化，马塞尔不得不马不停蹄地四处巡访。他必须彻底地改变自己的新手下。

“有时候我们必须表现得像疯子一样，让大家意识到我们所说的是真的。”他曾这么告诉罗德里格斯。

对于罗德里格斯这种有暴脾气、动作大并且声音深沉的高管来说，要表现小题大做简直是小菜一碟。有一次，罗德里格斯与马塞尔一同巡视位于圣保罗北部包鲁（Bauru）的博浪啤酒厂，在这期间，他就将自己“小题大做”的本事展现得淋漓尽致。

在与工厂的近20人开了一个时间很长的会议后，马塞尔和罗德里格斯正准备回酒店休息。当时夜幕已降临，于是该工厂的经理提出要送自己的老板们一程。罗德里格斯看到了一辆漂亮的通用轿车，但没有公司标志。于是，他问经理这辆车是公司的还是私人的。当得知这是公司车队的车时，他立刻开始发作了，一边狠狠地踢车门，一边大声吼叫道：“所有博浪啤酒的车都应该按照几个月前颁布设立的规定，挂上公司的标志。”

“你对你的公司感到羞耻吗，”他一边喊道，一边又踢了车子几脚，“我是不会坐这辆破车的！”已经在公司工作了30年的经理震惊了。马塞尔沉默地看着所发生一切，直到他们终于抵达酒店时，他才说：“好了，罗德里格斯，你没必要这么夸张……”

罗德里格斯至今依然喜欢讲起这个故事。

强化质量管理，贯彻 PDCA 模式

坚持砍掉成本、招贤纳士、为所有人设立目标、给优秀人才以非凡报酬，在推进这些改革措施期间，巴塞尔还得到了一位工程教授的及时帮助。20 世纪 90 年代初期，巴西企业必须在巴西部际价格委员会（当地称为 CIP）的密切监督下开展业务。这是一个隶属于巴西联邦政府的机构，负责 21 类产品（包括啤酒）的价格监管。这个机构的工作量显然是很疯狂的，300 多名工作人员每月要分析 1 200 份提价申请。当然，这个机构也严重制约了企业的效率。这是因为价格是否能调整，取决于产品的成本计算表（成本越高，被允许涨价的机会越大）。马塞尔就深受这种管控措施所害。

当一群联邦警察出现在博浪啤酒总部，并要抓捕负责价格上调的人时，马塞尔才惊讶地发现自己可能面临牢狱之灾。当时的形势非常紧张，公司律师建议马塞尔藏在浴室里，但他没有听取这个建议。于是，博浪啤酒高管们开始花时间向警察解释，公司并未违反价格冻结规定，只是在价格上加上了工业产品税，即 IPI。

马塞尔显然被惊吓到了，并从这次插曲中吸取了教训。他决定当自己想再次提高啤酒价格时，一定要通过正常的程序。他还在巴西利亚安排了一次与巴西经济部长多拉西亚·韦尔内克（DoratheaWerneck）的会谈。

在会谈中，部长问他博浪啤酒为何只提高价格，而不是加大投入以提高其生产力。部长还建议他去见一下来自米纳斯吉拉斯州克里斯蒂诺奥拓尼基金会（Christinao Ottoni Foundation）的文森特·法尔科尼（Vicente Falconi）教授。法尔科尼过去10年间一直在对日本企业进行实地调研。这使得他成为巴西顶尖的管理方法专家。法尔科尼毕业于米纳斯吉拉斯联邦大学，还在美国科罗拉多矿业大学获得了 博士学位，他现在是一位冶金工程师。尽管马塞尔没听说过这位教授，但他还是认为谨遵部长的建议是明智之举。当然，这与讨好部长以便获得她对涨价的许可，绝没有一点儿关系。

“巴西当时在管理方面就像野蛮的西部世界（Wild West）[①]。”法尔科尼说。

法尔科尼所使用的管理模型被简称为PDCA，意即计划（Plan）—执行（Do）—检查（Check）—纠正（Act）。[②]将这个看似简单的管理模型应用于当时组织混乱的巴西企业，多少有些不切实际，而且困难极大。博浪啤酒尽管经历过加兰蒂亚团队所带来的文化冲击，但在实施PDCA时，依然麻烦不断。法尔科尼在20年后仍记得当他第一次来到这家啤酒公司时的场景：

> “那时博浪啤酒和巴西所有的企业一样，像是一座疯人院……没有标准可言，每个工厂都是不同的，每天也都是不同

① 意指没有规矩可循。——译者注

② PDCA后来成为公司分析问题、解决问题的基本工具，所有员工都必须学习PDCA的方法论。——译者注

的……啤酒很不一样，品牌之间没有差异……刚开始我对这个行业一无所知，甚至很难做出诊断。所有人都像是在盲人摸象。于是我们请来了一些日本人才帮助我们，并且所有博浪啤酒的总监及经理都被派到日本考察学习质量管理的意义……马塞尔对啤酒生产的过程很不满意，并邀请我去参观一家工厂。早上7点，我们到了那里，随后跟着酿酒大师在厂房里转了转。他来到一个酒罐旁，往玻璃杯里倒了点酒，嗅了嗅，便命令将温度升高。然后，他又走到另一个酒罐旁，往玻璃杯里再加了点酒，随即要求将pH值降低。一切全凭眼睛，没有任何测量……”

对于法尔科尼这种痴迷于量化管理的人来说，这种过于随性的办法是绝不能接受的。他需要证明酿酒大师完全不知道自己在做什么。于是，他要求，从每一家自有工厂取来一瓶在同一天、同一时间段生产的啤酒。为了比较，他还从博浪拥有自建工厂的城镇上，买回了竞争对手的啤酒，并且为它们独立分类。结果令人震惊：每家工厂最终都在生产着不同的产品。在被公认为全公司最有效率的工厂所进行的测试，成了压死骆驼的最后一根稻草。该测试要求在一天中，每隔一小时从生产线上取一瓶啤酒，对其进行对比分析。同一天从同一条生产线出来的瓶装啤酒，其特性居然差别很大。当马塞尔得知调查结果时，他非常困惑。“我该怎么处理这种混乱？”他问法尔科尼。这位顾问于是建议为每家工厂的生产环节制定标准，并量化所有能量化的要素，只有符合标准的产品才能进入市场。

马塞尔很快意识到，很多人会反对这些改变。为了说服管理层接受法尔科尼的指令，他决定将质量指数与他们的钱包挂钩。

“上到总监，下到车间员工，马塞尔给所有在工厂工作的人员设立了目标：如果工厂在第一年没有达到 50% 的质量目标，所有人都不会有奖金，”法尔科尼说道，“第二年他把目标提高到 75%，第三年到 95%。这足以消除我们工作的任何阻力。”这位教授的方法开始逐渐移植到公司的其他部门，不管是销售、行政还是物流，所有部门都包括在内。百威英博遍及全球的 11.6 万名员工如今都有个人的目标，这是按照公司的主要指导原则细分下来的。这位工程教授后来被马塞尔聘请为顾问。1997 年，他还成为在公司董事会上获得席位的第一个外人。

随着时间的推移，法尔科尼的身影也出现在由“三剑客”控制的其他公司。例如，他于 1992 年开始在美洲商店工作。

“在费尔南多·科洛尔总统被弹劾的当天，我穿上西装前往贝洛奥里藏特（Belo Horizonte），”费尔森回忆道，应马塞尔的要求，他前往米纳斯吉拉斯为美洲商店聘请这位顾问，“法尔科尼要参加那里的一个活动，礼堂坐满了人。当巴西国歌奏起时，这个举止如日本人般恭敬得体的人出现了。当我看到所有这些礼节时，我想‘我这是在哪儿呢？’”

接下来的几年里，几乎所有 GP 的项目法尔科尼以及他的团队都会介入。

如今，已经 72 岁的法尔科尼仍会参与他为“三剑客”负责咨询的项目。尤其是美洲饮料，他在该公司的董事会有一个席位。法尔科尼冷静的风格和苍白的头发，很容易被初次见他的人误认为是一位安静年迈的绅士。然而，他仍以铁拳掌控着数据、数字和结果，而且除非达到他自己设定的目标，否则他不会满意。2011 年中期，他与美洲饮料的高管组成了一个工作组，以降低工厂员工的流失率。2010 年，这一比例约为 20%，而法尔科尼的目标是在 5 年内将这一比例降低至 6%。

“我们正在创造新的方式，让工人们感觉他们得到了更好的赏识，因为只靠报酬本身是不够的，”他说，“现在我们会做一切去庆祝。如果这个人已经在公司工作 10 年了，你必须用某种方式来庆祝这一时刻，我们知道我们需要庆祝。”

DREAM BIG

How the Brazilian Trio behind 3G Capital Acquired Anheuser-Busch, Burger King and Heinz

11

自我毁灭的种子

“现金开始进入他们的口袋，有关打造伟大企业的梦想不复存在。‘教皇’因病缺席,而激进的‘主教’则远在天边。”

——马塞尔·赫尔曼·泰勒斯

DREAM
BIG

3G 精髓

加兰蒂亚栽的跟头

主要原因

1. 雷曼因病不得不离开一线岗位，贝托把全部精力投入了美洲商店，马塞尔则天天忙于博浪啤酒。创始人的缺位使得公司的新一代合伙人把企业文化这个压舱石抛到了脑后。
2. 随着企业盈利水平的大幅提升，员工手中有了大把的现金。一方面使得员工开始过分追求物质生活，另一方面则会让员工愈发把注意力放在了打理自己的资金上。

第一个跟头

加兰蒂亚持有大量卖方期权，为了取得盈利，它与另一家公司相互对倒交易，以打击圣保罗证券交易所的成分股的价格。

第二个跟头

加兰蒂亚跟许多证券持有人签订了回购协定。在整个金融市场运转良好的情况下，这是一笔稳赚不赔的买卖。然而，东南亚金融危机使得整个金融市场发生了大动荡，从而拖累了证券价格。这迫使加兰蒂亚必须向证券持有人支付大量资金。为了获得资金，它必须卖掉自己手中的证券，这会诱发其更大幅度的下跌，从而形成了一个越陷越深的泥潭。

经济学家爱德华多·詹内蒂·德·丰塞卡（Eduardo Giannetti da Fonseca）写过好几本书。他是圣保罗英士博（Insper）商学院的教授，并在加兰蒂亚工作过一周。他这样描述自己的经历：

"1994 年，我受哈达德邀请到加兰蒂亚做演讲。当时我刚出版了自己的书《利益均沾》（*Viciosprivados, beneficiospublicos*）[1]，并结束了在英国剑桥大学的 7 年之旅，返回巴西。演讲后几天，哈达德邀请我到银行共进午餐。当我到那里时，雷曼及阿方索·塞尔索·帕斯托雷（Affonso Celso Pastore）也在，他们突然邀请我到投资银行来担任经济学家。于是我动心了。我刚过 30 岁，之前一直待在学术的象牙塔里。我很好奇地想拥有经营投资银行的实践经验，而且这个提议在金钱方面也很有吸引力。

我答应试试，但很快发现这是一个与我格格不入的世界。我习惯于学术界的象牙之旅，而加兰蒂亚的节奏则是疯狂的。没有

① 含义大体是你给我好处，我给你便利，意指利益交换的腐败行为。——译者注

人有时间解释每个区域的运作，这让我很受困扰，因为我对金融市场的运作模式了解得不深。公司里每个人对工作的热情近乎疯狂。早上7点开始开会决定银行的策略，下午5点当我很想回家和家人在一起时，我发现还没有人走，而我不想做第一个走的人。直到近七八点时大家才开始离开银行。我记得自己身心俱疲地走上保利斯塔大街（Avenida Paulista），感觉像被一辆大卡车撞倒了。然而，每名员工都接受了这种节奏，因为一种令人兴奋的感觉以及可以赚很多钱的机会。我记得有一位交易员利用他的午餐时间去上直升机飞行课。想象一下，这是他找到的放松的方式！”

“我父亲曾在圣保罗一家非常传统的银行担任总监，他的生活方式与这里形成了鲜明对比。他有一间办公室、一个秘书和一个戴着手套给他递咖啡的服务生，这与加兰蒂亚完全不同。一次在工作日间隙，股市正全力上涨时，我斗胆打开一本书学习了一下。大家惊讶地盯着我，好像我是外星人似的，于是我想离开。就在那一刻，我意识到银行并不适合自己，我没有坚持完一周。当我告诉他们我不会留下来时，雷曼给出了一个幽默的回复。‘我以为你会给这些人带来一点文化。’他说。”

“这群聚集在雷曼身边的人，可能是20世纪下半叶巴西企业史上最重要的一群人。但那种生活绝对不属于我。”

如果詹内蒂适应了加兰蒂亚的企业文化，他本来也可以赚很多钱。该银行那几年非常成功，尤其是1994年，其业绩创了纪录。所有大型交易都由加兰蒂亚经手，它成为外国投资者的主要选择，而后者之所以想把钱投在巴西，很大程度上要归功于合伙人弗莱德·帕卡德。多年来，他一直不遗余力地设法吸引国际资本。加兰蒂亚的经纪业务是全巴西最强大的，其所负责的交易几乎占到那年圣保罗股票市场总交易额的 7%，而且这并没有算入这家银行外包给其他经纪公司的交易数额。公司净收入高达近 10 亿美元，其中 90% 分配给了 322 名员工。

在雷曼所推崇的精英体制下，一些人赚得比其他人多。来自里约热内卢的埃里克·伊梅是一位不到 30 岁的出色交易员，可能没人比他更开心了。根据当时的新闻报道以及前加兰蒂亚员工所说，他赚了 2 000 万美元。即便在今天，这也是一笔巨大的财富，那么想象一下近二十年前它是怎样的一笔巨款！

现金的诅咒，日益被腐蚀的员工

对于那些旁观者而言，加兰蒂亚银行就是一部不可战胜的机器。然而，许多蛛丝马迹已经显示，由雷曼、马塞尔和贝托打造的出色的引擎已经出现了磨损的迹象。节俭和简约本是“巴西三剑客”非常推崇的企业核心价值观，但这一点正面临着威胁。随着合伙人的钱包逐渐鼓胀，曾经在这家企业盛行的、近乎教皇方济各的精神退出了历史舞台。交易员们现在正在上直升机课程，以便更熟练地驾驶他们的私人直升机。在里约热内卢和圣保罗最高档的海滩，开始有越来越多属于银行员工的巨大而豪华的房子，进口豪华车开始停满银行的停车位。花钱有什么错？毕竟，所有的努力打拼不就是为了变得富有并获得物质奖励吗？总之，这就是许多新的加兰蒂亚百万富翁的想法。

1988 年 8 月 19 日，马塞尔曾给所有拿提成的人发了一封信，他告诫道：

> “大家可以买新车、新房或在海外租房。然而，在工作中，我们的大脑属于公司，我们所有的时间和精力也应该奉献给公司。
>
> 管理你自己的钱并在上面浪费时间，看起来可能更有利可图，但这只意味着目光短浅。更重要的是将我们的智慧、时间和精力奉献给公司，而不是只盯着自己的小金库里的那些钱。作为拿提成的人员，其自身利益与银行的成功和收益是呼吸与共的。直到今天，那些埋头苦干、一心一意努力为公司工作的人都已经获得了非常好的回报。”

在马塞尔写这封信的 6 年后，他曾影射的大肆挥霍已然侵蚀了银行。到 1994 年，加兰蒂亚文化的三个主要守护者没有一个还活跃在其日常运营中。马塞尔在博浪啤酒工作已 5 年了；贝托已十多年未参与日常运营，他的全部精力都放在美洲商店及之后的 GP；雷曼在里约热内卢圣文森特医院（Clinica Sao Vicente）做体力测试时心脏病突然发作，经历过这次惊吓之后，彼时已 54 岁的他 1994 年全年都坐着自己的船四处游走。虽然雷曼在健康方面遵守着严格的纪律，不抽烟、不喝酒，且几乎每天都锻炼，但在金融市场二十多年的繁重工作已影响了他的心脏。

雷曼的医生建议他休息一段时间以恢复自身的健康。于是，雷曼前往美国俄亥俄州克利夫兰进行了一系列检查，他还放缓了自己的网球训练速度。即使在带领加兰蒂亚时，雷曼也会找时间参加国际比赛，并曾赢得三次世界退役选手锦标赛（World Veteran Championships）。第一次是在 1986

年，当时他 46 岁。显然，这次疾病发作，对雷曼的身心都造成了严重影响，他走出了众人的视线，甚至一整年都很少出现在公司。

雷曼的缺席，使得“永远不要在大家手中留太多钱”的旧原则被轻易遗忘了。雷曼在少数场合曾提及过这件事，他声称再也不会一次性给合伙人及拿提成的员工分配这么多利润了。相反，他会寻找另一个机会把这些利润变成投资，就像他过去所做的一样，用银行的现金收购美洲商店和博浪啤酒。

尽管“三剑客”的目光依旧很长远，但银行的许多合伙人并非这种理念的忠实拥趸。

“现金开始进入他们的口袋，有关打造伟大企业的梦想不复存在。‘教皇’因病缺席，而激进的‘主教’则远在天边。”马塞尔曾这么说。甚至有一些新一代的合伙人，如马塞洛·巴巴拉现在也认识到拥有太多钱所带来的副作用：

> “我是最后一个买进口车的……我有一辆没有空调的红色帕拉蒂（Parati），每个人都笑我……然后钱越来越多了，我在同一天买了一辆沃尔沃和一辆奥迪，然后买了我现在所住的顶层豪宅。那是一个极度富有的年代……但我认为大家手里所积累的财富绊倒了银行，从而使公司失去了重点……”

自我毁灭的种子就此埋下。

操纵股指，交易部门胆大包天

1993 年，也就是在银行破了最高收益纪录的前一年，经济学家哈达德被雷曼、马塞尔和贝托选为加兰蒂亚的 CEO。在那之前，哈达德已在银行工作了 15 年。他最先是担任银行的首席经济学家，然后成为负责企业融资的合伙人，最后登上了银行 CEO 的宝座。1980—1982 年，他曾暂时离开过加兰蒂亚，在巴西中央银行担任首位公共债务主管。显然，于情于理，他都是继三位合伙人之后掌管这家银行的合适人选。

哈达德有一项别人无法取代的作用，就是聘请其他顶级经济学家，比如安德烈·劳拉·雷森迪（Andre Lara Resende）。安德烈是作家奥托·劳拉·雷森迪（Otto Lara Resende）的儿子，来自米纳斯吉拉斯，毕业于里约热内卢天主教大学，同时还拥有麻省理工学院经济学博士学位。安德烈在 1980—1988 年期间加入过加兰蒂亚。跟哈达德一样，他也转到政府部门工作过一段时间。他是 1986 年克鲁扎多计划的创始人之一，也是在接下来的 10 年中，打造雷亚尔计划（Real Plan）的团队的一员。

安德烈在加兰蒂亚期间，招聘了一位展现出巨大潜力的年轻经济学家阿米尼奥·弗拉加(Arminio Fraga)。拥有普林斯顿大学博士学位的弗拉加，在加兰蒂亚待了 3 年多。

“有一点给我留下了非常深的印象，那就是‘三剑客’无论做什么事情都追求化繁为简，”弗拉加说道，他曾在 1999—2002 年期间担任巴西中央银行行长，“毫无疑问，巴西金融市场中致胜的文化就是他们创造的。”

雷曼很感激哈达德及其他明星经济学家，他们为加兰蒂亚带来了文雅及理论氛围。随着世界开始全球化，金融业务变得越来越复杂，他需要与时俱进的人，而不是所有老员工都可以做到。

“1991 年，当我离开时，对于我所卖的产品，其实我也不甚了解。”加兰蒂亚前销售经理卡斯特罗·玛亚说道。多亏了新一批受过高等教育的专业人士，才得以进军此前未曾探索过的领域。20 世纪 90 年代初，《商报》（*Gazete Mercantil*）发表的一份详尽的报告分析了这次转变：

> “甚至到最近，自公开上市交易的那些证券上所获收益不断萎缩时，市场才注意到加兰蒂亚是如何熟练地在场外领域开办业务的。这通常被称为金融工程，它包括各类债券、外债利率互换及外国基金等。加兰蒂亚是第一家在这种复杂的金融工程领域展现能力的巴西银行。它是当之无愧的先驱者，不过在这个特殊的领域，现在正涌现出许多其他银行……”

虽然哈达德看似是带领队伍进军这个新世界的正确人选，但也不是所有人都赞成他成为加兰蒂亚的掌门人。圣保罗的安东尼奥·弗雷塔斯·瓦尔（Antonio Freitas Valle）是哈达德最主要的竞争对手，他也是加兰蒂亚的老将。

被称为“汤姆”的瓦尔在 19 岁就读于法学院时，获得了一份圣保罗招商银行（Banco Mercantil de Sao Paulo）的工作。这多亏了其父亲的推荐。这家银行的所有人加斯图·爱德华多·德·比诺·维迪加尔（Gastao Eduardo de Bueno Vidigal）是瓦尔的父亲的好朋友。然而，仅过了三个月，瓦尔就意识到自己与这个地方没有任何共同点。像当时绝大多数巴西企业一样，圣保罗招商银行有严格的等级制度，且通常只有那些在银行供职时间最长的人，才能获得晋升机会。

“让事情更糟的是，我一直都得穿着西装。”瓦尔说道。碰巧的是，当时他姐姐的男朋友是加兰蒂亚的经纪人。他问瓦尔是否知道有谁愿意通过努力工作来赚大钱。瓦尔立即表示自己愿意，而他的父亲则对此十分厌恶。瓦尔的父亲认为自己的儿子在稳定的圣保罗招商银行会有更踏实的职业前景。

按照加兰蒂亚的规矩，瓦尔刚开始只能在结算部门工作。他正式的工作地点是圣保罗市中心圣本托（Sao Bento）街的一间小办公室，实际上他很多时候不在这里。“我是结算部门唯一用车的人，”他说，“我开着银行的大众汽车在市里转，完成所有别人吩咐我做的事，甚至是到家乐福超市买卫生纸。”

在哈达德很谨慎的地方，瓦尔却很大胆。在他 23 岁结婚时，他准备去塔希提岛度蜜月，然而他当时根本没有钱来支付这趟旅行的费用：

> “我 10 月结婚，12 月才能收到加兰蒂亚给的提成。于是，我从国家银行透支了一笔钱来支付这趟旅程的费用，我提前把第二个月会收到的钱花了……一切最终都解决了……你不去做计算，就不会知道我们可以从生活中获得什么。然而，如果你计算得太多，你就永远不会离开自己父母的家……”

对于一个像瓦尔这样冲动的人，最适合他的工作显然是在银行最让人血脉偾张的交易室。与哈达德这种拥有国际背景的严谨学者完全相反，瓦尔对学习从没有太多兴趣。在进入加兰蒂亚前，他放弃了法律课程，转到 FAAP（Fundacao Armando Alvares Penteado）大学学经济学。在即将从 FAAP 毕业时，他被调到里约热内卢，没有太多考虑他就放弃了大学学业。直到 1987 年，在马塞尔的强烈坚持下，他才到哈佛大学注册了一门快速课程。不过，与瓦尔对操盘的天分相比，没有文凭这一点就显得无足轻重了。所以当马塞尔在 1989 年离开银行前往博浪啤酒时，瓦尔便接管了交易部门。如果说哈达德的优势在于理念，那么瓦尔的长处就是行动。

两人之间的矛盾在 1990 年逐渐公开化了。当时，加兰蒂亚总部从里约热内卢转移到圣保罗，银行的所有部门开始在同一屋檐下运作。在那之前，由瓦尔掌控的交易部门在里约热内卢，而由哈达德领导的企业融资部门在圣保罗。地址变更后的两年，加兰蒂亚经纪部门在圣保罗证券交易所的策略导致瓦尔失去了立足之地。

1992 年 2 月 12 日，加兰蒂亚试图人为地降低 Ibovespa 指数[①]成分股的股价，尤其是巴西国有电信公司（Telebras）的股价。当时，加兰蒂亚持有卖期权方，如果 Ibovespa 指数下跌，它就会盈利，而如果指数上涨，就会亏损。麻烦的是，当时股指正在上涨，而当银行不得不结算这笔交易时，就会亏损。12 点半到 1 点之间，加兰蒂亚和塔拉里科公司（Talarico）开始以低于市场的价格相互买卖股票（用巴西金融界的术语来说，这种操作

① 圣保罗股票交易综合指数，是基于 50 家上市公司股价制定的股票价格变动指数。——译者注

叫作背靠背交易）。交易所发现了这个不寻常的举动，中断了交易，并立即要求相关公司做出解释。之后，它对两家公司进行了两次传唤（传唤编号 001/92 及 002/92）。新闻媒体对这次操纵市场的行为进行了广泛报道。

据一名银行的前合伙人诉说，雷曼对这一事件“很生气”。信誉受损对任何一家金融机构而言，都是非常危险的事。然而，还有其他的因素使这件事变得棘手了。纳吉·纳哈斯（Naji Nahas）是非常著名的投机者，他曾被指控为导致 1989 年里约热内卢股市大崩盘的罪魁祸首。市场对此仍记忆犹新，这就给了圣保罗证卷交易所一个杀鸡给猴看的机会，用惩罚加兰蒂亚这家傲慢且被认为是不可战胜的银行，来为金融业的所有玩家树立反面典型。

加兰蒂亚依靠经济学家阿方索·塞尔索·帕斯托（Affonso Celso Pastore）、马里奥·恩里克·西蒙森以及毕马威（KPMG）的技术分析意见为自己辩护。虽然瓦尔不是直接参与操作的交易员 —— 这是场内交易员的工作，但作为部门主管的他仍被认为有责。攻击瓦尔的炮火不仅来自圣保罗证券交易所和巴西证券交易委员会（CVM），加兰蒂亚的一些合伙人也利用这次事件添油加醋。

“对我们来说，每个人都是交易员。从部门到交易台再到总监，无一例外。”哈达德当时说。

年轻的合伙人费尔南多·普拉多（Fernando Prado），以其聪明才智及暴脾气在银行著称，他也是对其直属上司瓦尔攻击最猛烈的人之一。“普拉多想要瓦尔的位置，所以不择手段地攻击他。”加兰蒂亚一位前高层说道。

为了缓和银行内外的紧张形势，当时35岁的瓦尔被送到了哈佛大学，这在很多人看来是一种流放。圣保罗证券交易所经过调查认定，这是一次市场操纵行为。它对加兰蒂亚所做的惩罚措施之一就是，所有参与该事件的人都必须被撤换。

瓦尔不得不在美国待了6个月。当他回来时，其职位已被降级。他曾经所负责的业务已被分到普拉多、埃里克及罗德里格斯手中。（罗德里格斯于2010年死于阿塔卡马沙漠的一次摩托车事故。）当时银行的工作氛围并不适合瓦尔继续工作下去，更不用说让他为了主管之位再来拼命。于是他出售了自己的股份，离开了公司，去过自己的生活。

“我没有什么不好的感觉，”他说道，“这是职业生涯的一部分……不过，在那件事之后，我变得成熟了。”

据熟悉瓦尔的人说，他离开时口袋里揣有近1 500万美元。虽然他从没有亲口承认这件事，但可以肯定的是，瓦尔离开加兰蒂亚时非常有钱。他当时甚至都想过彻底退休。然而，两个月后，他便参与了另一桩生意。基于在加兰蒂亚学到的生意经，他与安德烈·劳拉·雷森迪以及路易斯·卡洛斯·蒙多卡·德·巴罗斯（Luiz Carlos Mendoca de Barros）创立了矩阵银行（Banco Matrix）。矩阵银行的初始资产为800万美元，两年后竟扩大到超过1亿美元。不过，它之所以在20世纪90年代成为报纸杂志上的焦点，不仅是因为其骄人的业绩，同时也是由于它所引发的争议。它的两位主要合伙人巴罗斯及雷森迪，此前都曾在巴西政府工作过，因此有人怀疑该银行总是能从对汇率、利率及公共债券的投注中获利，更多是源于内部消息，而非团队的才能。这些都没有得到证实。在 1995 年及 1997 年巴罗斯和雷森迪相继离开后，矩阵银行仍旧保持着强劲的盈利势头。

1999 年，瓦尔发现自己又一次陷入了一项调查中。那一年，巴西雷亚尔大幅贬值。于是，当时的劳工党国会议员阿洛伊西奥·梅尔卡丹特（Aloizio Mercadante）成立了一个国会调查委员会（CPI），专门调查那些可能从内幕消息中获益的巴西银行，其中就包括矩阵银行。

“巴西央行的人每天都在对我们施压，每天都来检查我们，”瓦尔说，“这真是让人崩溃。”

对矩阵银行的调查什么也没发现。不过，通过对一些金融机构的运作细节进行更深入的检查后，20 世纪 90 年代的大银行家之一萨尔瓦多·卡乔拉（Salvotore Cacciola）锒铛入狱。卡乔拉是意大利米兰人，拥有玛尔卡（Marka）公司。1999 年年初，在经历了雷亚尔贬值后，他的银行出现了一个巨大的漏洞。为了填补这个漏洞，卡乔拉向巴西央行提出请求，以低于市场的价格将美元卖给他。这使巴西国库损失了 15 亿巴西雷亚尔。几乎整个巴西国会调查委员会都与此事有牵联，包括巴西央行的一些董事，甚至行长弗朗西斯科·洛佩斯（Francisco Lopes）也难脱干系。卡乔拉起初因侵吞公款及管理舞弊被判处 13 年监禁，但他在意大利躲藏了几年，直到 2008 年在巴西被捕。他在常被人称为班古 8 号（Bangu 8）的佩德里洛韦林德奥利韦拉（PedrolinoWerling de Oliveira）监狱中蹲了 4 年，于 2011 年被有条件释放。

来自巴西国会调查委员会的压迫、随后的国际金融危机以及巴西投资银行之间激烈的竞争，导致瓦尔在2001年退出了银行业。熟悉瓦尔的人说，2012年，他的个人财富约为5亿美元。

“离开加兰蒂亚的合伙人中，瓦尔是做得最好的。”他的一位前同事说道。如今，瓦尔专注于管理一只投资基金，里面大部分是他自己的钱。

到20世纪90年代中期，加兰蒂亚银行已成为巴西投资银行中最成功的案例。它拥有最好的经济学家、交易员及主管。它的业绩总是非常惊人，远高于市场平均水平。它的影响力不仅遍及巴西，更是远达海外。它拥有极高的威望，英国前首相撒切尔夫人在1994年到访巴西时，还专门与“巴西三剑客”会面。《圣保罗日报》（*Folha de S.Paulo*）有一篇报道形容这家银行“做决策迅速，对敌人无情，战斗至死，是真正的‘连环杀手’”。

“连环杀手”一般不会有很多朋友，但这并没有困扰到加兰蒂亚的合伙人。事实上，这些由银行创造出来的新百万富翁最关心的是如何变得更富有。“加兰蒂亚非常强大，他们达到了极限，他们的竞争对手根本不喜欢这些人。”一位来自其当时竞争对手的前高管这样说道。

在瓦尔这样的老将离开后，合伙人普拉多和埃里克才成为银行新一代非正式领袖。这两个人在银行内是盟友，在外则是朋友。他们将加兰蒂亚天生对风险的渴望推向了极致。普拉多负责企业融资部门，而埃里克则在交易业务上做得风生水起。埃里克早在24岁时就作为最年轻的专业人士成为银行的合伙人。一些前加兰蒂亚员工说，20世纪90年代后半期，银行80%的收入是普拉多和埃里克所负责的部门产生的。

普拉多和埃里克最喜欢加兰蒂亚文化中的一点，便是对僵硬的等级制度的厌恶。两个人都特别喜欢自作主张，不会告诉加兰蒂亚的主管哈达德任何信息。

“哈达德从未在银行的‘厨房’（即交易柜台）工作过，所以他很难知道小伙子们在做什么，”一位前加兰蒂亚员工说，“并且，只要钱不断涌入，没有一个主要的合伙人会对这种情况感到困扰。”

当时发生了一个小插曲，它特别清楚地表明普拉多和埃里克根本不在意自己的言行是否会使他们的上司尴尬。

加兰蒂亚每年都会召开一次“大周末会议”（BIG Weekend，这个叫法是在加兰蒂亚成为投资银行后形成的）。在这个会议上，大家会讨论银行的未来发展大计。会议在酒店举行，所有员工都会受邀参加。因为白天的工作比较紧张，所以晚上时每个人都比较放松。1993 年的活动非常喧闹，在周六晚上甚至还有烟花汇演。对噪音很烦躁的哈达德第二天早上向员工们抱怨了这件事。下一年的会议，在圣保罗北部圣罗克角（Sao Roque）的罗萨别墅（Villa Rossa）酒店召开，不仅仍有烟花汇演，而且放烟花的位置就在哈达德睡觉的房间窗前。“这还是很尴尬的，毕竟哈达德是银行主要的管理者……”一位前雇员说道，“但什么事也没发生，雷曼看到了，但也没说什么。”

打扰哈达德睡觉的这项“传统”在 1996 年的“大周末会议”后就终结了，当时的烟花汇演非常壮观，甚至还有当地的消防队在一旁待命。

证券回购的大窟窿，加兰蒂亚翻船了

在现实世界里，没有一家大公司会在一夜间关上大门。企业文化经过多年的日益恶化，其脆弱性才会在某一刻真正显露出来。对于加兰蒂亚，这一刻发生在1997年。当一个意想不到的危机袭击亚洲[①]时，加兰蒂亚也以最痛苦的方式感触到了全球化的副作用。当时对风险的控制、预防及长远思考在交易柜台都被抛诸脑后了。

在一段很长的时间内，加兰蒂亚在C类债券上的投资组合一直处于盈利状态。这些业务都是通过回购协议的方式为短期巴西外债证券融资。该机制的实际运作方式如下：卖方（在这里即加兰蒂亚）向证券所有者提供一种权利，使后者将来可以用约定的价格把手中的证券卖给加兰蒂亚。由于约定的未来价格会略低于现在的价格，这种操作就像是给证券所有者提供的一种保险。因为如果证券突然出现大幅贬值，他们就能按照商定好的价格，把证券卖给银行，从而减少损失。

由于金融市场表现良好，证券也在不断增值，所以加兰蒂亚没有什么可担心的，并加大了这项业务的规模。然而，在1997年7月份，泰国发生的事件触发了东南亚经济的迅速崩塌，证券价格亦随之崩溃。加兰蒂亚不得不向投资者支付合同中约定的价格与这些证券当时实际市场价格之间的差额。加兰蒂亚为履行承诺而出售的C类债券越多，其价格下跌就越多。直到银行彻底履行完其承诺，这个旋涡才结束。加兰蒂亚承认在1997年损失了1.1亿美元，不过，市场则预估其总体损失约为5亿美元。

---

① 即发端于泰国，席卷整个东南亚的1997—1998年金融风暴。——译者注

合伙人不得不从自己的口袋中掏出5 000万美元来填补部分缺口，并向投资者们表示银行依然坚挺。现金可以重新找回，但信誉的损失却是毁灭性的。这是加兰蒂亚第一次被认为与其他任何市场参与者一样，并不是无坚不摧的。

许多投资者很害怕，并从银行取回了他们的储蓄。（或者说，某些情形下，是拿回银行剩下的能够分配给他们的资产。）结果，加兰蒂亚管理的基金资产在1997年下半年下降了一半，从当年6月的45亿巴西雷亚尔降至12月的22亿巴西雷亚尔，利润骤降至1 100万美元，是上一年收益的1/10。

银行的气氛似乎接近冰点。该失败策略的主谋、负责交易柜台的埃里克被震住了，好几天都没露面。多年不参与银行日常运作的雷曼、马塞尔和贝托也大吃一惊。“你们不许拿我的名声和金钱玩游戏。”通常以冷静著称的雷曼扯着嗓子向合伙人喊道。

在危机爆发后的最初几天，三位主要合伙人回到交易柜台试图将损失降到最低限度，但为时已晚。至少有十几个在加兰蒂亚工作过或非常了解该银行的人士认为，如果在交易柜台娴熟地掌控了多年的马塞尔仍在那里，这次崩塌或许永远都不会发生。也许这就是马塞尔至今仍回避谈论这个话题的原因。“我仍会非常强烈地感受到这件事。”他说。

雷曼此前一直被认为是最杰出的银行家，然而，据说当时他已经失去了“点石成金”的本领。这个曾令人钦佩、尊敬甚至害怕的人，现在不得不给出解释，并寻找走出危机的方法。他不得不向前竞争对手安东尼奥·若泽·卡内罗寻求帮助。安东尼奥正是将多元银行卖给劳埃德（Lloyd's）的人。虽然他和雷曼曾经是对手，但两个人相处得很好。在安哥拉杜斯雷斯（Angra dos Reis）海滨，这两人的别墅紧挨在一起。

> “雷曼打电话给我，说银行没有问题，问题是流动资金……然而，市场并不在意这个……有时候就是这样，出路就这么封死了。出售多元银行给我们带来 6 亿美元现金，我们把它全部投在了加兰蒂亚。这笔投资并不涉及风险操作，而是通过 CDI 银行同业凭证，给他们的证券提供流动性。我们信任他们，并决定冒险把钱放在那里。这对他们来说很重要……雷曼甚至到今天也承认……”

失去了钱的投资者不敢相信发生了什么事。在危机爆发几个月后，雷曼在巴黎罗兰·加洛斯（Roland Garros）锦标赛的一场网球比赛中，邂逅了一位很不开心的前客户。雷曼当时正坐在安东尼奥·卡洛斯·德·阿尔梅达·布拉加（Antonio Carlos de Almeida Braga，通常被称为布拉吉哈）的包厢里。阿尔梅达是伊卡图（Icatu）银行的创始人，也是忠实的网球粉丝。在中场休息时，两人正和投机商纳吉·纳哈斯谈话。这时，阿尔梅达的两个熟人走过来。其中一个女人认出了雷曼。她喊他是贼，并问何时能拿回她的钱。雷曼没有回答，只是沮丧地离开了包厢，没有看完比赛便走了。

更尴尬的经历还在后面呢。劳尔·贝泽尔（Raul Boesel）曾是博浪啤酒当时赞助的印地方程式（Formula Indy）的赛车手，但他公开表达了对加兰蒂亚的不满。1997 年 9 月 26 日，贝泽尔给银行打电话时得知他投资的300万美元有一半消失了，这300万美元几乎是他的全部身家。在绝望中，他试图利用与博浪啤酒的良好关系来解决这个问题。他前往博浪位于圣保罗的总部，试图向马塞尔寻求帮助。马塞尔会见了他，并说将研究这件事，并让他两天后再来找自己。两天后，贝泽尔按马塞尔的承诺再次回到公司，讨要说法。不过，这位博浪啤酒的CEO及加兰蒂亚合伙人的回复让贝泽尔非常失望。马塞尔说，他无能为力。

贝泽尔很愤怒。他撤回了仍投资在银行里的剩余的钱。因为他住在美国迈阿密，于是他在美国对加兰蒂亚提起了诉讼。这位赛车手和加兰蒂亚之间的纠纷被泄露到了新闻界。这不仅恶化了贝泽尔和这家银行的关系，也恶化了他与博浪啤酒的关系。博浪啤酒几个月后就撕毁了赞助合同。

贝泽尔主要的诉讼理由是，加兰蒂亚从未警告过他，自己的钱已被投在了高风险基金。“如今，我把我的钱放在可靠的银行里，做安全的投资。我赚得少了，但我睡得踏实。”贝泽尔说道。2008年，他放弃了赛车，成了一名音乐主持人。熟悉情况的人说，多年后贝泽尔和加兰蒂亚签订了一项协议，贝泽尔从加兰蒂亚银行那里收到了相当于他损失的10%的钱。

所向披靡的银行变得非常脆弱，新闻媒体很喜欢报道这样的坏消息。曾一直有意远离记者的雷曼及他的合伙人，不得不改变他们的旧习惯。1998年《检视》发表的一篇文章，对这种行为的变化进行了深刻的分析：

> “看到这个以前傲慢且无法接近的团队最近在找新闻公关顾问，实在是让人感到很可悲的一件事。只有在真正艰苦的日子里深陷窘境，才能解释他们的这一行为。”

随着银行的核心形象不断遭到损坏，雷曼很希望将自 1994 年生病后自己一直在思考的计划付诸实践：在银行彻底不可救药之前，将其掌控权转移给年轻一代。他的想法是，这些年轻人可以重建这家银行的名声，而他、马塞尔及贝托则将只专注于自己的实体业务。该计划将保护他们在博浪啤酒及美洲商店的投资。根据巴西法律，一家银行崩塌时，其所有者的全部个人资产可能会被用于偿还债务。换句话说，如果加兰蒂亚要破产，三位合伙人损失的将不只是银行。

不过，对于雷曼的提议，年轻的合伙人并不感兴趣。“雷曼要大家支付的不仅是股份的价格，还有额外的控股权溢价，所以没有谈拢。”熟知这次谈判的人这么解释道。多少有些讽刺意味的是，像雷曼这样关心培养人才和强大文化的人，竟无法维持他所创建的银行。雷曼曾在 2001 年的一次采访中谈及这件事：

> “这些（年轻人）真的想要一个‘老爸’，一个可以为他们的生意付钱的人……他们想拿到钱，拿着他们已经拥有的资本，然后找到另一个大公司，或参与某些有很多资本的人的业务，这样他们可以继续做自己在做的事情，而无须将他们自己的资本置于风险中。坦率地说，这很让我失望……”

3 位合伙人不想再留下来了，年轻合伙人也不想接管银行。几十年来一直运作良好的“合伙人”的理念迅速瓦解，不再有任何意义。全球市场上的竞争正越来越激烈，一家形象如此黯淡的银行要怎么应对这全新的挑战呢？加兰蒂亚现在需要找到新的主人，就像所罗门兄弟所做的那样。在经历涉及非法操纵美国国债的丑闻后，所罗门兄弟被卖给了旅行者集团（Travelers Group）。

高盛是最可能收购加兰蒂亚的候选者。正是这家美国银行为雷曼创建的加兰蒂亚提供了重要的模板，而且两家机构关系很密切。20 世纪 90 年代初，这两家银行曾共同打理过一家合资企业，加兰蒂亚前合伙人、迪纳摩（Dynamo）资产管理公司的所有者布鲁诺·罗恰（Bruno Rocha）因此曾占据高盛总部一间办公室长达 18 个月。然而，虽然两家银行的风格相似且关系亲密，但最终还是没有达成协议。

巴西私有化浪潮的前景使得摩根士丹利等外国银行仔细考察过收购加兰蒂亚的可能性。不过，最终动真格的还是瑞士信贷第一波士顿银行，它于 1998 年 6 月 9 日以 6.75 亿美元买下了加兰蒂亚。雷曼永远不会忘记这一天。“这令人非常伤心，”他多年后说道，“加兰蒂亚银行是一种激情，是我们在它身上所花的心血以及所挥洒的汗水。”

根据协议，几个老合伙人（雷曼、马塞尔、贝托及哈达德）立即离开了银行。随后，“三剑客”开始全身心投入博浪啤酒、美洲商店及 GP 的经营。哈达德则离开了金融市场，投身于教育，并成为英士博商学院的主席。这是一家由许多前加兰蒂亚高管捐款设立的教育机构，旨在提供研究生课程。其主教室以雷曼命名。虽然合伙人从出售加兰蒂亚中赚了很多钱——雷曼估计有 2 亿美元入袋，但这笔交易还是给他们带来了前所未有的挫败感。其余的 15 位合伙人则将在收购完成的 3 年内留在瑞士信贷第一波士顿银行。在报酬方面他们无可抱怨。这家瑞士银行承诺只要这群人能达成一些目标，就会支付给他们 3 亿美元。

“高盛之前一直打算通过迅速且全面的整合来打碎加兰蒂亚所有的业务。”马塞洛·梅代罗斯是留在这家瑞士银行的前加兰蒂亚合伙人之一，他这样说道，“然而，瑞士信贷第一波士顿银行发现维持加兰蒂亚银行的原样会带来更多价值，因此他们让我们 3 年内保持完全独立。”

瑞士信贷第一波士顿银行为这群巴西人设立的目标提前一年便完成了。埃里克、普拉多、罗德里格斯和若泽·里卡多·德·保拉（Jose Ricardo de Paula）这 4 位主要受益人决定大肆庆祝这次胜利。他们每人给自己买了“一个小玩具”，一辆当时售价 33 万美元的法拉利 360 摩德纳（Modena）。不久，当他们没有合同缠身且赚足了钱时，大多数前加兰蒂亚合伙人离开了瑞士信贷第一波士顿银行，只有梅代罗斯、巴巴拉、肖尔斯及卡洛斯·卡斯塔尼奥（Carlos Castanho）这 4 个人决定再待两年。虽然在收购 15 年后，前加兰蒂亚合伙人没有一个还留在瑞士信贷第一波士顿银行，但这家瑞士银行在巴西的业务仍然由前加兰蒂亚的员工掌管。这些人在雷曼开创加兰蒂亚时开启了自己的职业生涯。若泽·奥林皮奥·佩雷拉（Jose Olympio Pereira）就是他们中的一员。佩雷拉之前是加兰蒂亚拿提成的员工，目前则是瑞士信贷第一波士顿的 CEO。此外，还有马塞洛·凯雅思（Marcelo Kayath），他曾是加兰蒂亚的分析师，目前负责瑞士信贷第一波士顿银行拉丁美洲地区的固定和可变收益业务。

加兰蒂亚被出售时，许多报纸杂志的报道称，该银行的衰败与巴西正在经历的变化密切相关。在由封闭经济体融入竞争更激烈的全球化市场时，本土企业没有与世界巨头争夺空间的优势。不过，加兰蒂亚的衰落显然并非因为全球化和更激烈的竞争。它之所以被压垮是因为它被自己所取得的成功蒙蔽了。其主要合伙人远离了公司，让这艘船自己在海上航行。那些年轻的合伙人只关心增加自己的个人财富，而不在乎这家企业是否能永存不朽。简约、专注、全心全意投入公司，并对合作伙伴关系高于一切给予应有的敬意，正是由这些理念构成的企业文化，支撑着加兰蒂亚成为那段时间全巴西最耀眼的投资银行。然而，这些理念都随着时间的推移而瓦解了。加兰蒂亚被加兰蒂亚自己谋杀了。

加兰蒂亚被收购后不久，雷曼不得不处理另一个戏剧性的情况。而这一次，是有关他个人的。1999 年 3 月 9 日，他的三个小孩，即 7 岁的马克、6 岁的劳拉和 3 岁的吉姆，正穿过他们所住的欧罗巴花园区（Jardim Europa）前往莫卢比区（Morumbi）的美国学校（American Graded School）。就在这时，一辆黑色坦帕轿车靠近了这辆载着孩子、配备装甲的银色帕萨特。两个男人从车里走出来，向司机若泽·奥雷利亚诺·多斯桑托斯（Jose Aureliano dos Santos）大喊，让其下车。司机拒绝了。然后，这两名不法分子开火了。当时的报纸报道说，他们使用点 40 口径的手枪和 9 毫米的子弹，一共射击了 15 枪。司机试图掉头，但被后面的另一辆车挡住了。孩子们在后排座位上不停地哭。幸亏司机曾学过防御型驾驶课程，最终他以某种方式设法逃脱了。雷曼的孩子们没有受伤，但司机被穿过车窗的两颗子弹打伤了。

在检查过孩子们都一切安好后，雷曼平静地与司机去到圣保罗第 15 警区报案。虽然发生了这件戏剧性的惊险事件，孩子们还是继续去上学，他则继续投入工作。

“那天，我和雷曼约好了一次会面。当我到达时，秘书说他会晚点到，”高管路易斯·考夫曼说道，当时他正在敲定自己加入 GP 投资的细节，“一个小时后雷曼到了，很正常地进行了会面，一点也没有说发生了什么。”

尽管雷曼一如继往地冷静，但在绑架未遂发生后的第二天，他便带着第二任妻子和他们的三个孩子去了美国。从那之后，这些孩子便再没有在巴西生活过。雷曼与第一任妻子所生的三个孩子当时年纪已经较大了，他们则留在了巴西。安娜和保罗住在里约热内卢，而费利佩则住在圣保罗。雷曼和苏珊娜两人在圣保罗仍有一栋住宅，但他们的家安在了瑞士苏黎世外的拉珀斯维尔 - 乔纳（Rapperswil-Jona）。要是以亿万富翁的标准来看，他们在那里的生活要算很简约了，而且他不用太关心安全问题。

“他的孩子们一般骑自行车去学校，”前巴西总统卡多佐说，“当雷曼需要去苏黎世时，他会坐火车。”

DREAM

How the Brazilian
Trio behind 3G Capital
Acquired Anheuser-Busch,
Burger King and Heinz

第 二 部 分

BIG 摆渡者，跨实业与资本的“增长”大师

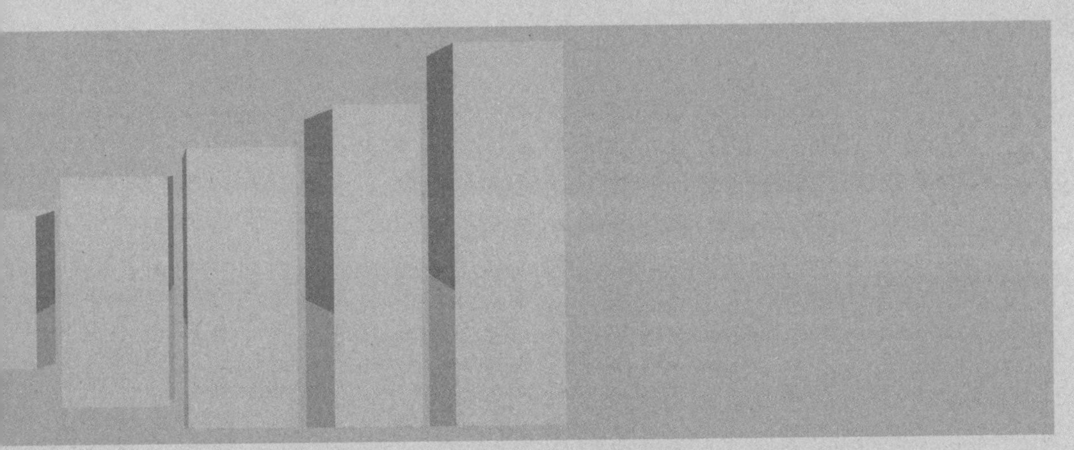

"为了防止合伙人被现金腐蚀，雷曼把资本市场方面产生的资金投入实业。通过对实业大刀阔斧的变革，'巴西三剑客'逐渐获得国际资本市场的青睐。雷曼等人之所以能在金融业与实业之间游刃有余地跨越，归根结底是，他们能带来增长。"

12

“只会一招的小马驹”

“他们有这种罕见的能力，在必要时愿意放弃一切。”

——费尔森·兰博诺

“我们只有一招，那就是招聘优秀的人才，放进管理团队，从而改变一家企业的业绩。”

——亚历山大·贝林

DREAM
BIG

3G 精髓

GP 的私募股权生意

雷曼心中的运营模式

雷曼希望介入收购一些能够长久经营的业务，通过深度植入自身的文化理念和经营方式，从而彻底改变这些业务的业绩。因此，雷曼要求业务本身要精练，不希望四处撒网。

私募股权领域通常的运营模式

广泛介入多个项目，通过财务控制的手段督促被收购企业改变。不会过深介入企业的经营，一切目的都是保证在项目周期结束时能高价出手。

GP 的经验教训

1. 决定不投初创项目。对于潜水艇网站的投资，尽管获得了不菲的回报，但与投入的精力相比，不成比例。
2. 决定不投无法输入自身文化的项目。在参与巴西电信行业的私有化过程中，因为 GP 掌控的股份只接近 10%，这使得它很难把自身的文化输入新公司，结果回报非常普通。

1998年出售加兰蒂亚迫使雷曼进入了一个新的商业领域。在自己创办的银行工作了27年后，他现在不得不重新定义自己及其合伙人在投资中的新角色。参与博浪啤酒和美洲商店这样的公司的日常运营，对雷曼来说是没有兴趣的。他更希望将自己的精力放在GP投资，这是一家由三位加兰蒂亚前合伙人于1993年创立的私募股权基金公司。“GP”一名源自Garantia Partners，即“加兰蒂亚”和“合伙人”的首字母。具有讽刺意味的是，雷曼将仍然和他所出售的银行近在咫尺，因为加兰蒂亚及GP的总部均位于圣保罗的布里加代罗法里亚利马大街3064号办公楼。加兰蒂亚银行当时在13楼，而GP就在其下一层。

虽然雷曼常出现在办公室，但GP的日常运营仍由贝托负责，正是后者在5年前创立并一直在经营着这家公司。在该公司成立时，巴西并不存在私募股权基金行业，因此贝托必须向投资者解释它是什么：收购那些经营困难的公司，提高它们的收益，然后在几年后将它们卖给其他投资者或通过证券交易所上市，从中获利。为了设立第一只基金，他不得不尝试在巴西及海外吸收资金。他在一年之内跑了 40 多趟，全部都乘坐商业航班，他的世界里没有私人飞机。他的不辞劳苦最终带来了 5 亿美元的资金。其中 1 亿美元来自加兰蒂亚合伙人，而且主要是“三剑客”自己的钱。

经营博浪啤酒和美洲商店所获取的显著成就成为贝托用来吸引投资者的最大资本。虽然大多数外国私募股权基金只强化其所收购业务的控制，但 GP 的策略则是直接进行管理。[①]精英制度、永不停歇的成本控制及开放式的工作区域被复制到了 GP 控制的所有公司里。

贝托的团队最初不到 6 个人，既包括如汤普森这样曾在加兰蒂亚工作过的人，也有安东尼奥·本克里斯蒂亚诺（Antonio Bonchristiano）这样的新人。25 岁的本克里斯蒂亚诺拥有牛津大学哲学、政治学及经济学学士学位，并曾在所罗门兄弟的纽约及伦敦办事处工作。尽显智慧、行事谨慎的他在 1990 年曾遇到加兰蒂亚的人，并受邀到银行工作，但他更想留在欧洲。尽管他拒绝了这个邀约，但仍与当时向他发出邀请的加兰蒂亚合伙人普拉多保持着联系。当本克里斯蒂亚诺在 1992 年年中考虑回到巴西发展时，他给普拉多打电话，告诉后者自己有意加入加兰蒂亚，但希望能够在不属于投资银行领域的部门工作。

“去找贝托聊一下吧，”普拉多说道，“他正在创建一家私募股权公司。”而这正是本克里斯蒂亚诺所寻求的。

① 通常私募股权基金（Private Equity Funds, PE）购买企业的目的是在改善其经营状况和财务状况后将其出售或上市，低买高卖从而赚取利益。GP 合伙人购买企业的目的是直接经营和管理，这和通常的 PE 运作方式有天壤之别。——译者注

那年10月，本克里斯蒂亚诺在伦敦与贝托、汤普森在帕卡德家的晚宴上见了面。1993年1月2日，他以分析师的身份正式加入了GP。

私募股权领域的开拓者

GP一旦接管所收购公司的控制权后，就会派遣一位合伙人去负责管理运营，由贝托创立的这一策略取得了非常显著的效果。1997年，GP收购了巴西联邦铁路网（Rede Ferroviaria Federal）的南部特许权，随后它便运用起了这一策略。拉美铁路（ALL，America Latina Logistica）正是基于这项特许权而诞生的。

当时，这条铁路正在赔钱，而贝托的首要任务就是通过新领导层来改变其企业文化。他选择了亚历山大·贝林（Alexandre Berhring）来完成这次任务。贝林当时差不多30岁，是一位来自里约热内卢的工程师。贝林的好胜心很强，擅长水下捕鱼及水球。他于1994年加入GP，当时正在哈佛大学攻读MBA课程。从一开始，他便展现出了自己的商业天赋。贝林非常认同贝托和马塞尔关于精英制度和合作人的理念，因此他放弃加入高盛的机会，来到了这家巴西私募股权公司工作：

> “在攻读MBA课程头两年的夏天，我在高盛实习。实习结束时，一位总监向我讲解我的职业生涯在高盛将如何发展。他详细地说明了每一年会怎么样，我何时会晋升，我的薪水会怎么增长。这让我很焦虑，我已经27岁了，我认为这一切需要太长时间……我很紧张，如果窗户开着，我可能会把自己扔到窗外去……

> 职业规划？算了吧，我对这样的东西一点也不感兴趣。我想，自己肯定会受不了高盛的条条框框，但不在那里工作，我也没法在其他任何大公司工作。毕竟，高盛是当时世界上最好的地方。接着，我被引荐给了贝托和马塞尔。当时，他们正在哈佛大学教一门课程，并以此结识了一些巴西的 MBA 学生。我们之间聊了一会儿后，他们就让我到 GP 工作，但工资很少。我说服贝托付钱租一个集装箱，以便把我的东西带回巴西，事情就这么定下来了。我接受这份工作，是因为他们真的很棒，我认为我会学到很多。在学 MBA 课程之前，我已有一家 IT 行业的小公司了，我还想成为其他的所有者。最终，我甚至在完成课程之前便已到 GP 工作了。”

不过，贝林对铁路业一无所知，他如实告诉了 GP 的所有者。

“这里没有人了解任何关于铁路的事情，所以你的起点和所有人一样，”贝托说道，“此外，买下这家公司是你的想法，所以大胆去做并解决问题吧。”

贝林接着问自己到公司时应该做什么。贝托把曾给马塞尔的建议又重复了一遍，那是他在后者接管博浪啤酒时提到的，“你和你的团队在第一年不应该做任何与业务相关的事情。在你了解这家公司如何运作的过程中，你应该只做能强化自己感性认知的事情。如果你一开始就掺和与企业运作相关的事情，很有可能把一切搞得一团糟。”

贝林把这个规则和建议牢记于心，他所做的第一件事就是，亲自考察铁路业务的细节，每个月坐一次拉美铁路的火车去实地了解公司如何运作。随后，他开始实践源自加兰蒂亚文化管理手册的主要戒条。贝托和马塞尔到美洲商店及博浪啤酒时，他们不仅广泛地与公司的总监们接触，还特意去了解了二三线的员工。于是，贝林开始效仿这些做法。

“有一个小组有近 100 人，我让每个人在一张纸上写下他们所认为的公司的优点，有什么可以改，以及存在什么样的机会，”贝林说，“然后我分别找每个人谈话，即使只有短短的 20 分钟。令人赞叹的是，这样简单的信息交流就可以让你彻底明晰自己所面对的情况。”这让他熟悉了哪些员工有商业视野，并做好了准备让公司走上正轨，而那些不符合这项要求的人则将被替换。

在一段短时间内，公司的主要目标是推广“常识”。像“目标”和“控制”这样的词语，以前从未出现在这家国有企业的词汇中。当然，它们很快被拉美铁路的员工吸收了。在贝林每个月写给员工的信中，紧迫感和控制成本的意识也在不断加强。办公室墙上的通告栏会显示 300 位管理人员的工作表现，贝林自己也以这种公开方式出现在被评估的管理人员名单中。贝林以身作则，使总监们的办公室变成了开放式，他们开始与大家一起在一个大开间里工作。这个由贝托及其合伙人建立的策略又一次奏效了。4 年内，该公司的现金流扩大了 18 倍，并开始盈利。根据公司大力推崇的精英体制，在贝林接管拉美铁路的两年内，共发放了 500 万巴西雷亚尔的奖金给达标的员工。2004 年 12 月，在贝林离开该公司之前，他完成了最后也可以说是最重要的任务，那就是选出并培养好其继任者。来自里约热内卢的经济学家伯纳多·希斯（Bernardo Hees）被选中了，他是 1998 加入这家公司的。①

“马塞尔喜欢用‘只会一招的小马驹’这句话来解释我们做的事情，”贝林说，“我们只有一‘招’，那就是招聘优秀的人才，放进管理团队，从而改变一家公司的业绩。”

其实，这种“只会一招的小马驹”的风格是有局限性的，因为只有像贝林这种顶尖的专业人士长期负责某一项目时，才能奏效。雷曼一到 GP 便发现了这一点。

聚焦才能发挥时间的最大价值

“雷曼说我们最宝贵的资产就是时间，然而我们利用时间的效率并不高，这主要是因为我们同时推进的项目和业务有点太繁杂了。”后来成为 GP 投资联席总裁的本克里斯蒂亚诺回忆道。

雷曼之所以这么认为，主要源于他感觉 GP 越来越没有焦点了，而焦点恰恰是他所不懈追求的，就像他在意识到自己不会成为世界前十的职业网球运动员时，他便放弃了这个职业。“私募股权的业务周转模式与他的思维方式不同，”一个对“三剑客”都很熟悉的人说，“你不能去告诉一位基金的投资者，你只做一两项投资。而且就算你想，你也不能在一家公司待 20 年，这个行业不是这么运转的。私募股权领域很棒，但它不符合雷曼及其合伙人的价值观。”

---

① 公司对高管接班人的培养高度重视。每年进行 OPR 绩效考评时，高管都必须提交他自己的接班人供大家讨论。——译者注

20 世纪 90 年代的头几年，GP 确实越来越没有焦点了。它迅速地相继收购了各种规模、起源、领域及知名度的公司，从电子商务创业公司到电信运营商都有所涉猎。其中就包括在 1999 年互联网最狂热的时候成立的潜水艇网站（Submarino）。那年 5 月，本克里斯蒂亚诺联系了企业家杰克·伦敦（Jack London），试图买下他创办的虚拟书店书网（Booknet）。当时，书网刚成立没几天，只拥有十多名员工。34 天后，本克里斯蒂亚诺以 500 万美元收购了该网站。

在那期间，GP 还以同样的速度进行了另外三项互联网投资，分别拿下了虚拟拍卖网站洛科（Lokau）、汽车门户网站汽车网（Webmotors）及日程提醒网站埃莱凡特（Elefante）。

不过，GP 投资认为最有可能成功的还是书网，毕竟它是以如日中天的亚马逊为模板而创立的。于是，已成了合伙人的本克里斯蒂亚诺暂时终止了他在 GP 的日常工作，去这家网站担任 CEO 一职。他将书网更名为潜水艇网，并在那里待了两年。他成立了分销中心，将该网站带到了拉丁美洲。在他的努力下，潜水艇网逐渐成为巴西最高效的互联网销售企业之一。

2006 年 11 月，潜水艇网和美洲网（americanas.com，原本为美洲商店的附属业务，后在 1999 年成立独立的电子零售部门）宣布，它们将合并成为巴西最大的在线零售商 B2W。这次交易完成后，GP 便彻底离开了这家企业。

从投资回报来说，潜水艇网是非常成功的，投在书网上的初始资金最终带来 10 倍以上的收益。然而，GP 对此并不满意。为了将这个虚拟零售商的潜力转变为实实在在的生意，GP觉得自己所耗费的精力实在太多了。因此，根据投资潜水艇网的经验，GP设定了一个新的内部规则：不再介入初创企业。

1998年，GP参与了巴西电信私有化的拍卖。不过，它还是认为与自己所付出的努力相比，其结果是得不偿失的。当时，由私人财团筹资34亿巴西雷亚尔收购了巴西电信运营商Tele Norte Leste（后来该公司变成Telemar和Oi），GP是财团的成员之一。这笔交易从一开始就有争议，因为GP的收购合作伙伴中没有一个有任何电信行业的经验。这些伙伴包括安得拉德·古铁雷斯建筑公司（Andrade Gutierrez）、因帕公司（Inepar）、热雷萨蒂家族（Jereissati）的拉丰特集团（La Fonte）、隶属于商人安东尼奥·迪亚斯·莱特（Antonio Dias Leite）的马卡尔公司（Macal）以及普莱维（Previ）养老基金。

当时，市场对这个财团并不看好，因为其成员之间存在许多不同的利益诉求与企业文化，这决定了它很难带领这家公司走向成功。Telemar的合伙人之间充满了敌意，其董事会会议演变为战场的情况并不罕见。该公司的董事会成员超过20位，其中有两位来自GP，分别是贝托及费尔森。费尔森当时已经辞去美洲商店的CEO一职，并开始投身于私募股权领域的工作。

2000年8月，费尔森成为Telemar公司的董事长。这给GP提供了一个非常好的机会，使其可以将自己的管理风格带到这家公司，比如目标导向、精英管理、结果驱动。然而，GP发现当自己拥有的股份小于10%时，往往意味着它无法克服其他股东的抵制。Telemar 公司在治理上的混乱也意味着它永远不会成为 GP 旗下的一家公司。

于是，在 2008 年，即这家运营商私有化的 10 年后，GP 出售了其持有的这家企业的股份。这项投资并不是特别划算。如果 GP 将 3.5 亿巴西雷亚尔的初始资金投入一只固定收益基金中，其回报率会比 Telemar 公司更高。于是，GP 学到了第二点：不再参与那些不能自由植入自己文化的公司。

在 GP 早期的日子里，没有一家公司比雅德纺织公司更使自己头疼了。GP 在 1993 年收购的这家公司，其主要业务是制作床单、桌布及浴室用品。该公司的总部位于圣卡塔琳娜州北部的布鲁梅瑙（Blumenau），是一个家族企业，并已连续 4 年亏损。于是，GP 派前巴西机电（Brasmotor）的高管伊文斯·弗莱塔格（Ivens Freitag）去重整雅德纺织的经营。

然而，在收购 3 年后，雅德纺织的业绩依然疲软。GP 于是决定与业内最大的公司柯提米纳斯（Coteminas）联合起来。为实现这项交易，它们设立了一家名为陶利亚（Toalia）的控股公司。雅德纺织的管理权将按计划逐步转到柯提米纳斯手中。GP 计划在 2001 年年底前，用其持有的陶利亚公司 50% 的股份换取柯提米纳斯的股份。

随着 GP 用陶利亚股份换取柯提米纳斯股份的最后期限逐渐临近，两家公司之间的关系却恶化了。这种不和的原因显然就是钱。GP 原本预计会在柯提米纳斯股份的交易上收获 800 万巴西雷亚尔，最后却发现它将什么也赚不到。

GP 声称为了降低用于计算陶利亚公司价值的比率，柯提米纳斯故意对陶利亚管理不善。柯提米纳斯的 CEO 约苏埃·克里斯蒂亚诺·戈麦斯·达·席尔瓦（Josue Christiano Gomes da Silva）则回击称，股东协议上出现的这一计算公式是由 GP 提供的，归根结底这一切是 GP 自找的。该纠纷最终闹到了法院，并陷入了拉锯战。于是，在 2001 年，GP 历史上第一次决定将与合作伙伴的纠纷公之与众。

该纠纷拖到第二年才得以解决，最终 GP 放弃争斗并核销了损失。显然，柯提米纳斯的所有者，即戈麦斯的父亲当选巴西副总统的事实，理所当然地成了 GP 决定放弃这一投资的主要因素。

懂得让位才是精英体制的精髓

当雷曼、马塞尔及贝托在 1999 年买下博浪啤酒时，他们发现必须重新评估自己参与投资的其他业务。他们越来越明白，啤酒公司才是扩张的最佳机会，而在那些没前途的企业上耗费精力纯属浪费时间。与此同时，GP 的新一代合伙人也开始施压，希望增加他们在该公司的股份。这看起来就是一个完美的组合。

按雷曼及其合伙人的思维方式来说，位居高位的人不应该阻止下面的人往上爬，那完全违背了他们推崇的精英体制的信条。这一规则同样适用于他们自己。

“他们有这种罕见的能力，在必要时愿意放弃一切。”费尔森说道。

2001 年，GP 的掌控权开始逐渐从第一代合伙人的手中交给第二代合伙人。老合伙人贝托和汤普森无疑受这种变化的影响最大。这两人自 GP 成立以来，便一直直接参与着公司的运营。

“GP 每周一有一次例会，雷曼和马塞尔都会参加，会上我们会讨论所有的公司事务，”前 GP 的合伙人卡洛斯·梅代罗斯说，“其余的会议都只有贝托参加。”

梅代罗斯于 2012 年 1 月离开了 GP 的管理层，专门担任巴西购物中心（BR Malls）的 CEO。2006—2010 年，该公司在 GP 的掌控下，迅速将自己打造成了巴西最大的购物中心管理公司。

仍然掌控着 GP 的几位创始人决定将公司日常运营交由本克里斯蒂亚诺及费尔森共同管理。然而，分权并非易事。本克里斯蒂亚诺和费尔森有着截然不同的性格，于是有人怀疑 GP 创始人的秘诀是否还会继续保持成功。

本克里斯蒂亚诺以其外交风格以及在国际金融界的良好人脉而著称。多年前，他曾被世界经济论坛选为未来 100 位领导者之一。他为人冷酷，很少提高嗓门或激烈地参与讨论。他是一位马拉松运动员，早前还在意大利南部的卡普里岛（Capri）建了一幢别墅，用来与妻子及孩子一起共度夏日时光。

费尔森来自里约热内卢，举手投足中都透着一股威慑力。他还是一个硬汉，其低沉的声音远远就能听见。费尔森喜欢研究自己投资的公司的运营细节，并时刻准备着发现新机会。他与大学女友结了婚并育有两个孩子。他对绘画也很感兴趣，并且是巴西现代艺术的收藏家。

尽管他们有着截然不同的性格，但费尔森和本克里斯蒂亚诺像贝托及其合伙人一样有着相同的管理原则。这种基本的相似性产生了非常好的效果。在接管 GP 的两年后，他们建议创始人考虑对股权构成进行重估。

“我们建议，我们两人及其他全职服务于这家公司的员工，买下公司 50% 的股份，并在 4 年内付清所需款项。”本克里斯蒂亚诺说。雷曼、马塞尔、贝托及汤普森同意了这个提议。

购买公司股份所需支付的金额是基于公司的资产净值计算出来的。这笔债务的具体数目会在一年内确定下来，而最新加入的合伙人将有权购买创始人的其余股份。汤普森仍在 GP 的董事会列席了一段时间，但最终，所有与管理相关的正式关系都结束了。

在本克里斯蒂亚诺和费尔森的指挥下，GP 迈入了最辉煌的时期，并巩固了其在拉丁美洲私募股权领域的霸主地位。比如它对马拉尼昂州（Maranhao）西玛能源公司（Cemar）的投资，就带来了 35 倍的惊人收益。正如在 20 世纪 80 年代和 90 年代，加兰蒂亚是全巴西最令人羡慕的投资银行一样，在 21 世纪头 10 年的大部分时间，GP 成了全巴西最受欢迎的私募股权基金公司。在 GP 的整个历史上，其投资总额超过 50 亿美元，收购了 51 家公司，并在大部分公司里沿用了由雷曼、马塞尔及贝托在加兰蒂亚时期所创建的经营原则。

“新一代领导者在进取心和企业文化方面比创始人更进一步。”2008年，马塞尔在圣保罗的一次演讲中说道。

在巴西的私募股权领域，GP曾经是唯一的开拓者，这给了它加速成长的天赐良机。然而，这段黄金岁月却一去不复返了，首要原因当然是对手越来越多了。凯雷（Carlyle）、安宏资本（Advent）、泛大西洋投资（General Atlantic）等国际私募巨头，以及芬奇、加维亚（Gavea，弗拉加掌管）、百达等本地高手都开始在巴西市场发力，从而使这一领域的竞争达到了白热化的程度。其次，GP自身所犯的一系列投资错误，也是造成这种局面的重要因素。为了充分利用其募集的资金，GP同时进行了多项投资，不过，它没有那么多合伙人来负责运作所收购的公司。于是一些项目损失惨重，公司的声誉也连带地受到了影响。

GP在2008年收购牙齿植入公司巴西牙科（Imbra）时，就明显表现出了上述问题。当时它向后者注资1.4亿美元后才发现，仅靠这些并不足以维持其运营。于是在这笔收购的两年后，GP清算了巴西牙科，并以1美元的象征性价格将其出售给了鲜为人知的阿贝特（Arbeit）集团。三个月后，阿贝特为刚收购的公司申请了破产保护。这个结局严重打击了GP的形象。“GP自2004年以来取得了辉煌的成就，这让那里的人变得有些傲慢了，”业内一位高管说道，“他们开始目空一切，认为自己战无不胜，但他们最终以最糟糕的方式知道自己也可能犯错误。”

这次失误给管理层敲响了警钟。“这是一个很好的警示，”本克里斯蒂亚诺承认，“好在我们又回到了这里，继续做生意，我们只有更严格、守纪、仔细、专注和冷静，才能避免重犯错误。”

然而，新的恐慌再次降临。2013 年 2 月，根据巴西相关法律，由 GP 掌控的巴西乳制品公司（LBR）正式申请司法重组。该公司成立于 2011 年，是由雷特食品（Leit Bom）及戈斯托食品（Bom Gosto）合并而来的。它曾得到巴西发展银行（BNDES）的大量资金支持。巴西乳制品公司最初的目标是成为“全巴西行业老大”，但最终并未实现。

DREAM BIG

How the Brazilian Trio behind 3G Capital Acquired Anheuser-Busch, Burger King and Heinz

13

用对手的现金消灭对手

“消灭竞争对手的唯一途径就是从其现金下手。”

——豪尔赫·保罗·雷曼

DREAM
BIG

3G 精髓

博浪大战南极洲

宣传攻势

1. 里约热内卢嘉年华大游行的借势营销。通过在活动现场搭建博浪 VIP 包厢，博浪充分借助了各界名流的力量来宣传博浪。

2. 世界杯期间的植入式营销。通过在赛场免费散发“食指”，博浪几乎免费利用了世界杯的大好时机。

全面升级信息系统

通过按成千上万个销售点直接统计数据，博浪就能第一时间知道每个酒吧和超市的销售额和利润率。

推广零基预算

通过推广零基预算程序，博浪啤酒控制住了不断增长的开支，从而保证在销量增长的同时，自己的利润也能同步增长。

20世纪 90 年代，博浪啤酒和南极洲啤酒之间火药味十足的“决斗”，其激烈程度创下了巴西资本主义时代之最。巴西啤酒市场上的双雄为了争夺霸主地位，几乎调动了所有能调动的力量。这不仅仅是产品之间的战争，更是管理风格之间的战争。由加兰蒂亚团队领导的博浪啤酒坚持自己的管理方略：自由开放的办公环境、精英体制以及对更好成绩的执着。由策伦纳基金（Zerrenner Foundation）控制的南极洲啤酒则截然相反，其管理层基本都是打着领带、年纪较长的男人，而且他们只有协商一致才会做出决定。两家公司在 20 世纪 90 年代中期的巴西啤酒市场所占份额都约为 30%，他们彼此都视对方为自己发展壮大过程中的主要绊脚石。

“两家公司日夜竞争、相互厮杀，为的就是获得市场份额。”马塞尔后来在提到这一阶段时说道。

公关大战，博浪啤酒的“重型火炮”

让南极洲啤酒赢得一席之地对于博浪啤酒人来说是绝不能忍受的。当时在后者的办公室里流传着一句话：“企鹅待的地方是冰箱。”这显然是在讽刺南极洲啤酒标签上的企鹅形象。

为了打倒对手，必须出动“重型火炮”。1990 年，整个市场上开始由最初的风平浪静转为波涛汹涌。当时，博浪啤酒聘请了费舍尔·贾斯特斯广告公司（Fischer Justus，即后来的 Fischer & Friends）的董事长爱德华多·费舍尔（Eduardo Fischer）为其出谋划策，以便提升自己的生产及分销的效率。

30 多岁的费舍尔策划了一场所谓的“啤酒之战”。他进行了一项调查，以便搞清楚巴西人在酒吧通常是如何点啤酒的。顾客的表现被录了像，然后，费舍尔对此进行了研究。他发现大量被访者都会举起食指（first finger）向服务员表示，他们想“再来一杯冰啤酒”。这是一个简单、直接且全巴西都认可的手势。于是费舍尔据此为其新客户打造了一条宣传口号：博浪啤酒现在是“第一”。

围绕着这个口号，费舍尔制定了各种推广活动。1991 年，他为里约热内卢的嘉年华活动创建了博浪啤酒贵宾休息室。这成了备受魅力四射的明星、艺术家、政治家及商人欢迎的地方，他们可以从这里舒适地观看桑巴大道上狂欢人群的游行。不过，要想进入贵宾休息室就必须穿上带有博浪啤酒标志的 T 恤衫。任何接受报纸杂志拍照或电视网采访的名人，其实都在为这家啤酒公司做广告，尽管他们并不情愿，且没有收费。博浪啤酒的贵宾休息室最终成为嘉年华最受关注的地方，其邀请函也是所有人梦寐以求的。任何没达到相应地位的人都会自动被禁止入内，哪怕他们和公司的所有者很熟。罗伯特·库珀（Robert Cooper）就曾碰了一鼻子灰，他是雷曼的侄子及网球场上的球友。库珀（Cooper）问他的叔叔，自己是否可以进入贵宾休息室。而他叔叔的回答不仅幽默，还很尖锐：

“这是生意。邀请函是给那些能帮我挣钱的人的，比如名流或美女。你是哪一类？”库珀于是不得不在电视上观看桑巴游行。

在1989年美国世界杯期间，观看费舍尔的宣传活动，对博浪啤酒而言简直是一种最美妙的享受。博浪啤酒并非巴西队的赞助商，也没有在转播这项赛事的环球电视网（Globo）和班代兰蒂斯电视网（Bandeirantes）购买广告位，因为这两家电视网已经分别和凯撒啤酒（Kaiser）及南极洲啤酒达成了协议。尽管如此，博浪啤酒仍通过在正赛前的热身赛中进行植入式营销，吸引了大批足球迷关注该品牌。该核心策略的具体办法就是在体育场馆里向观众发放带有“第一”标志的宣传品。巴西《观察》周刊（*Veja*）曾刊登了一篇报道，描述了在巴西队为备战4月份的世界杯而与巴黎圣日耳曼进行的热身赛中，这种游击战略的结果。博浪啤酒在转播中出现了34分46秒，而凯撒啤酒则仅持续露出了1分41秒。

“无数根食指在一起挥动，造就了巴西营销史上的一次壮举。它即使不算最有攻击性的，也肯定是非常有攻击性的广告活动之一。”费舍尔说道，“在它所触及的广大人群的眼里，这一策略极为雄心勃勃，同时也极具争议性。”

南极洲啤酒尽最大努力想阻止对手前进，但这是一场不平等的战斗。

它的方法不仅更慢，还更谨慎。尼赞·瓜奈斯（Nizan Guanaes）当时在DM9广告公司工作，正好负责南极洲啤酒这个客户的广告业务，他这样回忆道：

> “我与他们（马塞尔及其合伙人）第一次交锋的经历，就像是被做了一次灌肠或有人从背后攻击了我，我可以感觉到他们时刻在盯着我。与他们竞争真的很困难，他们有一股强劲的力量。你知道为什么吗？因为这些人有技术、有科学、有纪律……他们通过开发这种能力去吸引和培养人才，并依靠最优秀的人才……马塞尔一直在那里操控着缰绳……他们做决定很迅速，不像南极洲啤酒。”

在里约热内卢的嘉年华活动上组织贵宾休息室很重要；让球迷们在体育场里举起食指很重要；为了歌手若昂·吉尔伯托（Joao Gilberto），而在1991年赞助由巴西流行音乐运动（称为MPB）的明星表演的大型节目，也很重要。然而，这些组合拳都不足以迫使南极洲啤酒屈服。

“精尖端武器”，薄睿拓的信息收集和分析系统

“雷曼说，消灭竞争对手的唯一途径就是从其现金下手。”前博浪啤酒总监罗德里格斯回忆道，“公司需要最好的营销、最好的产品和最好的人，所有这一切无疑都是至关重要的。然而，如果你想铲除你的对手，你得冲着他的现金去。当他口袋里空空如也时，他就完了。”这场比赛必须更加粗暴。

20 世纪 90 年代后半期，博浪啤酒开始建立一个销售系统，它可以分析所有客户的数据。这一系统不是按州或按城市，而是按成千上万个销售点来统计数据。如此一来，公司就能清晰地知道每个酒吧或超市的销售额和利润率。罗德里格斯对这一举措的影响进行了解释：

> “使用原子弹，花天文数字一样的钱去试水并培育某些市场，这些方式都被从公司的市场策略中剔除了。我们开始追求以超凡的精确度直击靶心。销售人员对自己的每个客户越来越了如指掌：他们卖了多少，存货还有多少。这个系统最初花费很高，几乎等于再增加两三成销售人员的开支，但它所带来的结果是惊人的。在拥有这套系统之前，销售人员常常要去酒吧，以便弄清楚它当天需要多少箱啤酒——这种情况彻底结束了。他现在清楚地知道客户需要买什么，以及必须给公司留多少的利润。因为销售人员对折扣率和付款条件有了一定做主权，所以他会有更大的动力去达成自己的目标。”

薄睿拓当时是博浪啤酒的销售总监，因此保证这个系统能顺利投入运作就成了他的责任。尽管薄睿拓在公司算后起之秀，但他很早之前就接触过“三剑客”的企业文化。

薄睿拓来自里约热内卢的一个中上阶层家庭，曾就读圣伊纳西奥小学（Colegio Santo Inacio）。接着，他进入里约热内卢联邦大学学习工程学。毕业后，薄睿拓的第一份工作是在梅赛德斯 - 奔驰。他很快吸引了其上司的注意，并被调到了公司总部，他的德语这下终于可以派上用场了——薄睿拓的母亲认为流利的英语并不足以保证自己的儿子能出人头地，因此在他还是孩子的时候就鼓励他去学德语。薄睿拓离开梅赛德斯 - 奔驰后，加入了壳牌巴西子公司的机器人部门。在那里，他的两位朋友鼓励他去国外学习 MBA 课程。于是，薄睿拓申请了美国最负盛名的两家商学院，即斯坦福和沃顿，并同时被录取了。最终，他选择了当时被公认为“世界最佳”的斯坦福，并成为班上唯一的巴西人。然而，还有一个问题需要解决：薄睿拓并没有钱来支付上学的费用，他需要找到赞助者。

薄睿拓首先想到的是尝试从壳牌获得贷款，但没有成功。该公司声称它过去确实对自己的员工提供过这种财务支持，但他们在完成课程后并没有返回公司，于是这项政策便被搁置了。薄睿拓需要一个替代方案。随后，他想起了雷曼的名字。

虽然薄睿拓私下里并不认识雷曼，但他知道雷曼对教育有伟大的信仰，并曾资助加兰蒂亚员工在国外学习。不过，对一个甚至都没在银行工作过的人，雷曼会提供帮助吗？薄睿拓大胆地向一个熟人要到了雷曼的联系方式，这位熟人当时正在里约热内卢的一家经纪公司工作。雷曼同意跟他会面一个小时。

薄睿拓按约定的时间前去面谈时，打扮得很隆重：西装、领带、锃亮的鞋子，一点都不像加兰蒂亚的风格。他带了一份简历，但雷曼说没必要。雷曼更喜欢和这位年轻的工程师谈话，然后再去跟壳牌确认，薄睿拓是否真的很有才华。他问到了薄睿拓的学业以及未来的职业规划。当会谈结束时，两人互道了再见。薄睿拓不知道自己是否还有机会与雷曼再谈谈。几天后，他在壳牌工作时接到一个电话，而打电话的人正是雷曼。

雷曼：“薄睿拓，我和自己在壳牌的熟人聊过了，他们说你表现得很好。来吧，我会给你资助，用于支付第一年的费用。”

薄睿拓：“雷曼先生，我要怎么全部还给你？我没有这么多钱（当时是2.2万美元）。”

雷曼：“这个我们以后再说，我只想你答应我三件事情。第一，你得随时告诉我你的情况，我想知道课程的进展。如果你读到任何有关金融的有趣文章，就发给我。第二，如果你在未来可以像我现在帮助你一样去帮助别人，你就应该这么做。第三，你完成课程后，在接受任何工作机会前，请先来和我们谈一谈。”

第二天，薄睿拓去加兰蒂亚梳理了资助的细节。雷曼叫了一名法务人员，让他拿来了一份资助合同。

“合同只规定了我必须学习。如果我放弃了课程，我就得退还这笔钱。”薄睿拓回忆道。在动身去斯坦福前，他从壳牌辞了职，并在加兰蒂亚待了两个星期。与他以前所熟悉的世界相比，这地方显得截然不同。他之前已习惯了大公司的工作状况，那里效率低下，层级分明。这一点对于那些在子公司工作的人而言，感受更强烈。然而，在加兰蒂亚，他发现自己处在一个完全不同的地方：精英体制，工作环境很开放，决策很有效率。他还见到了马塞尔和贝托，他喜欢自己所看到的一切。

薄睿拓兑现了自己向雷曼所做的承诺。每个月他都会写一封信，叙述自己在做什么以及在作业和测试中的表现。通常他还会附上可能会让这位银行家感兴趣的学术文章或材料的副本。

“他从来没有给我回过信，但总会在收到信后给我打电话。”薄睿拓说。

薄睿拓刚完成MBA课程，就收到了麦肯锡咨询公司的工作邀请。他曾利用暑假在那里实习过。麦肯锡给他开的第一年的工资有9万美元。在接受这份工作之前，他如约给雷曼去了一个电话。雷曼说想聘请他加入加兰蒂亚，或到一个已经确定好的大项目上，不过还不能告诉他这个项目的具体情况。雷曼能给他开出的年薪为2万美元。这还不到麦肯锡所给的1/4。尽管这种悬殊的对比让人高兴不起来，但薄睿拓还是更想回巴西。经过大量努力，雷曼和普拉多（另一个与薄睿拓商议其工资的合伙人）同意为他额外支付5 000美元的路费。

他在加兰蒂亚待了几个月，直到后者买下了博浪啤酒。薄睿拓与马塞尔、罗德里格斯、纳西门托作为一个团队接管了这家啤酒公司。加入博浪啤酒后，他曾在许多岗位上待过，而且调换岗位的命令往往是在他没有任何准备的情况下接到的。例如，20世纪90年代，他被晋升为圣保罗阿古杜斯啤酒厂的经理。他告诉马塞尔，自己对啤酒的生产过程一无所知。

马塞尔回应道：“算了吧……你永远不会成为酿酒大师，我对此也是一无所知。你去那里后，只要找一些优秀的人在自己身边，事情便会解决。”薄睿拓谨遵教导，并搬到了圣保罗北部。他知道自己不能拒绝这个“邀请”。在博浪啤酒与在加兰蒂亚一样，给你下达的任务，你必须完成。

雷曼对薄睿拓学业的赞助最终催生了艾斯特达教育基金会。这是雷曼在 1991 年成立的一家非政府组织，主要目的就是为巴西年轻人在高等学府的学习提供资金。通过这个基金会，薄睿拓履行了他向雷曼所做的最后一个承诺：向有才华的年轻人提供金钱资助，让他们去一流的大学学习。自该基金会成立以来的 20 多年里，薄睿拓一直是主要捐助者之一。

零基预算，没有退路的“军事行动”

通过薄睿拓创建的市场信息收集和分析系统，博浪啤酒的销售实现了增长。这当然是一个极好的消息，不过，问题依然存在。虽然采取了激励措施，博浪啤酒的利润却在下滑。1998 年年初，罗德里格斯意识到要实现利润目标实在太困难了，而这将使个人奖金岌岌可危。如果公司在销售收入方面没有问题，那么拖累利润的问题只可能在成本方面。他细致地梳理了账目后，吃惊地发现，在交通、出行及用餐等项目上花费了太多。这些开支必须迅速削减。

于是，罗德里格斯和马塞尔向文森特·法尔科尼教授及古斯塔夫·皮耶里尼（Gustavo Pierini）求助。来自阿根廷的皮耶里尼曾在麦肯锡担任顾问，而且还是 GP 的前合伙人。皮耶里尼当时刚创立了自己的咨询公司格拉德斯（Gradus）。这两人被马塞尔请到了博浪啤酒办公室。

“当时有两个解决问题的选项。第一个选项是创建一个内部成本削减程序。第二个选项是叫克劳迪奥·加莱阿齐来帮忙。加莱阿齐曾在几年前主导过对美洲商店的重组。”法尔科尼说。

经过长时间的交谈，马塞尔和罗德里格斯选择了第一项解决方案。皮耶里尼和法尔科尼从全球最知名的成本削减程序中找到了灵感，并创建了一个适应博浪啤酒的简化版本。零基预算（ZBB，葡萄牙语缩写为 OBZ）[①]由此便诞生了。这是一个很彻底的成本控制程序，可预见公司一整年的所有支出。从那之后，任何成本，从投入、出行、手机的使用再到 IT 的采购，都必须符合 ZBB 的规定。

马塞尔等人在里约热内卢北部雷森迪（Resende）的尼格拉斯军事学院（Academia Militar das Agulhas Negras）举行了该程序的启动仪式，博浪啤酒的所有高管都参加了这一活动。选择军事学院作为活动地点当然不是偶然的。

“这是为了显示，从那时起，执行该程序就像参与一场‘不是你死，就是我亡’的战争，”法尔科尼回忆说，“没有退路。”

罗德里格斯向聚集的人群解释了该程序将如何工作，包括具体规定、项目时间表、总结阶段经验的会议时间表，以及每个人在控制成本方面的重要性。最后，他宣布该程序将于 1999 年 1 月 1 日开始运行。

尽管做了充分的准备，但这个程序刚开始推行时，仍碰了不少钉子。法尔科尼后来回忆道：

① ZBB 是 3G 资本控制成本的主要工具。通常一个公司的下一年度预算都是根据本年度的经营状况，设定一定比例增加或递减。零基预算则完全根据实际的下一年度工作目标和计划，从零做起，没有预算则不能开销。这就迫使公司未来一年的工作计划必须严肃、认真、细致、周详，否则，预算外项目要么没有资金支持，要么自己勒紧裤腰带从别的项目中省出钱来进行该项目。——译者注

“罗德里格斯在2月的会议上告诉我们，他发现了一个问题。里约热内卢地区的总监没有执行该程序给出的一项建议：将所租用汽车的数量从17辆减少到5辆。这明显是不守纪律的表现。多年来，人们已经形成了一种无所谓的态度，因为他们明白所有的目标最后都会不了了之……与此同时，还有5名经理没有实现他们的目标，并拒绝做解释。罗德里格斯问应该拿这些家伙怎么办。他们已经被口头警告过，也抄写过这些规定，但仍不愿意遵守。如果你想要改变原来的文化，但遇到抵抗，很可惜……那5个人当天就被解雇了。那个区域总监虽免予受罚，但他也立即离开了公司，因为他下个月就准备退休了。这种严肃的态度非常重要，表明公司是动真格的了。结果，从3月起，所有的目标全都达成了。‘执行’改变了这家企业的历史，并逐渐成了其文化的一部分。”

罗德里格斯是对的。1998年是自从加兰蒂亚接管博浪啤酒后第一次没有分发奖金的一年。虽然公司盈利了，但目标并没有实现。在下一年的3月，即传统上发放可变薪酬的月份，没有一个员工获得任何奖金，罗德里格斯和马塞尔也是其中之一。精英体制强调按业绩取酬，这一点是不容妥协的。那些习惯因良好表现而获得多达18个月额外薪水的人不得不继续埋头苦干，并接受在业绩一般时无法获得奖金的现实。失去奖金也会驱使大家更愿意采用零基预算并削减公司成本。

14

反垄断战场上的大卫和歌利亚

“凯撒啤酒试图将自己描述为大卫，但事实上他们是歌利亚。”

——马塞尔·赫尔曼·泰勒斯

DREAM
BIG

3G精髓

如何应对反垄断调查

政治战

由马尔希领导的团队，在巴西首都巴西利亚待了近9个月，向国会议员和政府官员解释合并案的好处。

舆论战

1. 凯撒组织了一份材料，宣传该合并案会使巴西啤酒市场陷入严重的动乱中。它还资助了一项研究，宣称合并会造成8 000人失业、税收下降和啤酒价格上涨。
2. 美洲饮料则开始大规模投放广告宣传本次合并的好处。营销总监胡安手中有一张电子表格，上面列出了美洲饮料的代表应该联系的所有利益相关方的名字。该表格每天会更新，以显示谁支持合并。

法律战

1. 凯撒在全国各地发起了诉讼。
2. 美洲饮料则组建了由知名律师领衔的30多人的团队，并广泛咨询全球并购和反垄断领域的专家。

反击战

1. 马塞尔通过反击凯撒，连带性地攻击可口可乐涉足酒精饮料。
2. 美洲饮料通过不断向巴西竞争委员会发送传真，从而占用线路，防止后者收到法庭发出的宣布搁置合并案裁决结果的命令。

博浪啤酒在市场上势如破竹，并逐渐将南极洲啤酒远远地甩在了身后。总部设在圣保罗的南极洲啤酒正身陷利润大幅下滑的困境中。其利润总额从1995年的1.61亿巴西雷亚尔直线下降到1998年的0.64亿巴西雷亚尔，减少了2/3。当时，南极洲啤酒的主营品牌的市场份额约为22%，而博浪啤酒和太阳啤酒（Skol）则拿下了49%的份额。通过比较巴西两大啤酒公司的销售及分销数据可以发现，在这场市场决斗中，博浪啤酒胜得非常彻底。一切迹象都表明，赛点将至，是时候让马塞尔及其团队来结束这场比赛了。

握手言和，世界第五大啤酒公司的诞生

一场颠覆巴西啤酒市场格局的交易即将到来，它将缔造出巴西最大的一家企业。这场交易于1999年5月初开始有了大致轮廓。当时，马塞尔和罗德里格斯仍在博浪啤酒总部工作，他们谈论起了公司的未来。

罗德里格斯："马塞尔，我们要不要买下南极洲啤酒？"

马塞尔："你疯了吗，罗德里格斯？"

罗德里格斯："他们已经耗尽力气，陷入困境了……"

马塞尔："你怎么知道的？"

罗德里格斯："我不会告诉你怎么知道的，但我就是知道。"

马塞尔："我们应该买吗？好吧，和他们谈谈也可以。明天我会打电话给维多利奥·德·马尔希（Victorio De Marchi）。"

马尔希在1998年开始担任南极洲啤酒CEO。而此前一段时间，该公司的管理制度非常怪异，其指挥权每周都会在董事会内部轮替。虽然马尔希和马塞尔掌管着敌对的公司，但他们仍经常会面，并交流对市场的看法。所以，当马塞尔在周末打电话邀请他在下周一共进午餐时，马尔希并没有感到惊讶。

他们选了一个公开场所，位于圣保罗哈尔丁区（Jardins）的格洛餐厅。用餐期间，马塞尔抛出了这个想法："马尔希，我们联合起来吧！这个世界正在走向全球化，那些家伙已经杀到我们家门口了。"他所说的"那些家伙"主要是指安海斯-布希和米勒啤酒。前者拥有南极洲啤酒5%的股份，后者通过与博浪啤酒达成分销协议，从而使其产品得以进入巴西市场。南非啤酒（SAB）、来自荷兰的喜力等巨头同样也将它们的目光聚焦在了巴西消费者的身上。

其实这并非博浪啤酒第一次向南极洲啤酒提出这种建议。罗德里格斯在1998年年底就曾向马尔希表达过相同的意愿，但南极洲啤酒并没有多大热情去研究这一提议的可能性。时过境迁，南极洲啤酒当时的情况已经不容乐观了。马尔希显然对马塞尔的提议很感兴趣，他答应会与董事会就此进行讨论。

马尔希在第二天就给马塞尔打了电话，说南极洲啤酒的董事们做好准备来讨论这个提议了。

在接触南极洲啤酒的前几个月，博浪啤酒曾差点买下哥伦比亚巴伐利亚啤酒。收购之所以没有成功，主要是因为双方无法就价格达成一致。经过长时间的谈判，博浪啤酒给这家哥伦比亚啤酒公司开出了 18 亿美元的价格。它希望在签约时支付 5 亿美元，然后用这家公司的未来现金流支付余款。不过，巴伐利亚啤酒的股东们想要更多：22 亿美元以及更短的付款期。马塞尔最初真的很想做成这笔交易，但在还价之后，他咨询了合伙人及罗德里格斯。最终，他意识到，这个代价太高了，因为这样的金额和付款条件可能会让博浪啤酒的现金流捉襟见肘。

虽然马塞尔当时很沮丧，但那个决定显然是幸运的。如果他买了巴伐利亚，博浪啤酒就不可能有能力接管南极洲啤酒了。[①]

马塞尔在获得了南极洲啤酒董事会的绿灯后，立即联系了 BMA 公司的合伙人保罗·阿拉冈律师，让他帮忙组织投标。阿拉冈说话慢条斯理，但逻辑清晰，且带点轻微的卖弄学问的腔调。多年来，他对马塞尔及其合伙人已经很熟悉了。20 世纪 80 年代，他就曾帮助贝托在美洲商店创建了可变薪酬制度。90 年代，他成了 GP 的合伙人，并已洞悉到这三位合伙人

① 马塞尔的梦想后来还是实现了。在 2015 年 11 月 11 日百威英博和南非米勒合并后，作为南非米勒一部分的哥伦比亚巴伐利亚啤酒，还是被马塞尔收入囊中。——译者注

有意将博浪啤酒打造成一家全球性的公司。1994年，在与贝托及汤普森一起访问美国期间，他安排了一次与全球最受尊敬的世达律师事务所的律师会面。会议开始后不久，贝托就问这些美国人他要如何才能买下安海斯-布希。不出所料，这些美国律师被他惊吓到了。

“这就好像我们说，我们想要买圣彼得大教堂。”阿拉冈高兴地回忆道。这些美国律师礼貌地回应了几句，然后转换了话题。

在那小插曲的5年后，一个听起来就很疯狂的想法在贝托的脑子里蹦了出来。这个想法就是梦想计划（Dream Project），而买下南极洲将是打造世界上最大的啤酒公司的第一步。为了实现这个计划，博浪啤酒的掌控者必须克服一系列障碍，首先要解决的便是说服南极洲啤酒的股东们出售该公司。博浪啤酒不仅得提出一个可以兼顾双方利益的价格，还必须注意南极洲啤酒方面的反应，以及交易完成后如何对外宣布。它得把这一次交易称为“合并”，而非“收购”，虽然它实际上就是收购。直至今天，美洲饮料都没有人把它称为一次收购。①

合并后的新公司的控制人必须向监管部门证明，一家超级啤酒公司的诞生并不会导致其形成垄断。最后，两家酿酒商的员工还必须意识到“战争”结束了。曾几何时，两家公司竞争得非常激烈。当时，博浪啤酒的员工甚至被禁止饮用南极洲啤酒，就算是在家里喝也不行。

“这就像把圣保罗和科林蒂安这两个互为对手的足球俱乐部组成一支

① 百威英博在其历史上若干次的并购新闻发布稿中从未使用“收购”一词，它总是很谦卑地使用更加中性和温和的“双方合并为一个更强大的公司”这一说辞。——译者注

队伍。”阿拉冈说。

谈判过程进展很快，且只局限于几个人。几乎所有会议都在 GP 的办公室举行。博浪啤酒有 4 个关键人物，分别是主谈判者汤普森、负责为该协议提供法律支持的阿拉冈、博浪啤酒的分销总监米格尔以及非常优秀的策划经理若昂·卡斯特罗·内维斯。[①]米格尔和若昂的任务是拟定这笔交易的细节，并评估它会给博浪啤酒带来怎样的协同效应。博浪啤酒的 CEO 罗德里格斯没有参与这个过程，因为马塞尔希望他继续负责公司的日常运营，以保持博浪啤酒在谈判期间的正常运转。

若昂当时 32 岁，是整个团队最晚加入博浪啤酒的成员。他出生在里约热内卢，并在 13 岁时第一次听说了雷曼的名字。雷曼赞助过一项少年比赛，获胜者将有机会参加美国的橘子碗杯赛（Orange Bowl），而若昂那时正是一位极具竞争力的网球运动员。

“我并不知道他到底是谁，但像雷曼这样的人愿意支持这样的比赛，从而帮助年轻人成长。我认为这确实是在做一件大好事。”他回忆说。

又过了多年，从里约热内卢天主教大学的工程学专业毕业后，若昂开始向雷曼寻求另一种赞助。他被芝加哥伊利诺伊大学 MBA 课程录取了，但承担不起费用。雷曼很喜欢这个男孩，于是若昂成为第一批艾斯特达教育基金的受益者，获得了 2 万美元资助。随后，他在 1996 年获得了到博浪啤酒工作的机会。在最后一轮面试中，若昂曾请马塞尔澄清一条谣言：博浪啤酒在 1994 年与米勒啤酒开展合作后可能会被出售。

① 此后他还担任过美洲饮料的 CEO 和百威英博北美区总裁。——译者注

“我们没有一点出售的兴趣，”马塞尔说，“我们买下这家公司，把它视为一项超长期投资……我认为 CEO 的在位时长是有限制的，我已经在位 6 年了，应该还会再待 4 年。在我离开之后，会有空间给另一个人和新的想法……除非我们买的是百威（安海斯 - 布希的主要品牌）。”

若昂认为这个抱负有点太离谱了。不过，他觉得这家公司至少可以为自己的成长提供充足的空间，于是决定接受这份工作。以此为开端，他终于在 2008 年登上了美洲饮料 CEO 的宝座。

1999 年 7 月 1 日，即在梦想计划首次启动后的第 45 天，博浪啤酒和南极洲啤酒宣布合并为美洲饮料公司。这则公告原定在 7 月 7 日发布，然而博浪啤酒的股价突然开始出现极不寻常的上涨，这使得公司不得不提前宣布这一消息。①一名记者在 6 月 28 日曾致电南极洲啤酒，询问它将被对手博浪啤酒买下的传闻是否真实。南极洲啤酒的新闻办公室否认了这个“谣言”。不过，薄睿拓的一个低级错误差点将发布活动给搅黄了。在正式向市场披露相关信息前的 72 小时，公司本应先通知巴西反垄断监管机构巴西竞争委员会（Cade）。薄睿拓负责将文件传真到该部门，然而他不小心按错了号码。当他发现自己的错误时，疯狂地试图做出补救，以防止传真接收方泄露这个仍属于机密的消息。还好，很幸运，他成功了。

在该交易的最后冲刺阶段，律师、银行家、博浪啤酒的主要代表以及公关顾问莫罗·萨列斯（Mauro Salles）几乎没有离开过设立在 GP 总部的

① 博浪啤酒是上市公司，在圣保罗证券交易所挂牌。——译者注

作战室。[①]公关顾问的介入主要是为了策划如何进行对外沟通。马塞尔和贝托密切配合相关团队，而雷曼则在美国依靠电话跟进事情的发展。最终，这笔交易将通过双方公司之间的换股来完成。雷曼、马塞尔和贝托将持有美洲饮料总股份的 18.77%（以及 46.08% 有表决权的股份），策伦纳那基金会则将持有美洲饮料总股份的 10.44%（以及 22.67% 有表决权的股份）。双方将各自提名美洲饮料董事会的半数成员。十余位重量级人物在 GP 办公室见证了该协议的签署。不过，签约仪式没有安排什么大的庆祝活动。

“我们都不是很擅长庆祝，”汤普森说，“所以就只是相互敬了酒，然后睡觉去了。”有史以来，在巴西本土公司之间进行的最大交易，就这样结束了。

接下来所需要做的则是宣布这项交易，新闻发布会将在南极洲啤酒总部召开。马塞尔及马尔希前一天刚去巴西利亚向卡多佐总统报告了这项交易，接着又马不停蹄地出席发布会，并作为发言人接受记者们的采访。马塞尔尽可能地显示其外交手腕，把风头让给马尔希，似乎马尔希比他还重要。显然他并不太喜欢站在聚光灯下的感觉。从那之后，马塞尔和马尔希将成为美洲饮料董事会的联合董事长。美洲饮料的到来意味着，全球啤酒市场刮起的大型整合风暴将巴西也卷入其中。这家新公司一举成为世界第五大啤酒生产商，并拥有一些令人印象深刻的数据作为支撑：年营业额为 100 亿巴西雷亚尔，拥有 1.7 万名员工，占巴西啤酒市场 73% 的份额及软

① “War Room”，公司在进行重大并购或重大项目时会设立一个独立的会议室，用于商讨、指挥、协调、调度整个交易的策略和进程。同时也可以起到保密作用，防止闲人进入。——译者注

饮料市场 19% 的份额。[①]

争斗多年的两家公司不可思议地通过美洲饮料结合在了一起，而它们之间的差异甚至在发布会发言人的穿着方式上就能看出来。被记者称呼名字的马塞尔穿的是牛仔裤、牛仔衬衫、夹克和休闲鞋，而常被称为维多利奥博士的马尔希则穿着他平常的打扮：西装、商务衬衫、打着领带。不过，与美洲饮料整合两家公司原有的业务相比，这种视觉上所带来的差异简直不值一提。所谓的“合并”必定会伴随着文化冲突、解雇、业绩压力以及所有其他可预期的实际问题，但哪一方会获胜呢？这个问题的答案其实是非常显而易见的。

反垄断战场，凯撒啤酒全力开火

顺利完成与南极洲啤酒的交易可谓初战告捷，接下来就该想法子获得反垄断及消费者保护机构的批准了。即便拥有超过 70% 的市场份额，新公司也难以形成垄断或对消费者产生不利影响，但要说服巴西竞争委员会绝不是一项简单的任务。美洲饮料与政府的主要中间人是马尔希，这位说话带着一种谨慎语调、保守的经济学家，曾与巴西利亚打过多年交道。从宣布交易到获得政府批准期间，马尔希在巴西首都巴西利亚住了差不多 9 个月，他不断奔忙于国会议员及政府官员中间，解释交易的细节。

“需要花大力气向政府部门，特别是要向巴西竞争委员会解释清楚，合并产生的超高集中度将会带来的好处。”马尔希说。

---

① 美洲饮料是百事可乐在南美的合作伙伴。——译者注

为了提供令人信服的论据，马尔希集合起了一支近30人的团队，包括知名律师如塞尔希奥·贝穆德斯（Sergio Bermudes）、阿里斯瓦尔多·玛托斯·菲尔霍（Ariosvaldo Mattos Filho）以及阿拉冈。若昂曾参与过分析两家公司之间协同效应的工作，他的新任务则是前往英国、比利时和美国，向兼并与收购领域的知名专家寻求建议。

“我们的一位律师说整个过程会千头万绪，所以我很清楚我们必须求助于世界上最了解反垄断立法的专家。”若昂说道。

由于凯撒啤酒的激烈反对，美洲饮料的高管们简直度日如年。[①]凯撒啤酒当时是可口可乐瓶装公司旗下的控股公司，在巴西啤酒行业排在第三位。凯撒啤酒的董事长温贝托·潘多夫（Humberto Pandolpho）公开反对这项交易，并不惜花费时间与金钱来破坏新对手的合并计划。在他的指导下，凯撒啤酒准备了一份材料，预测巴西的啤酒行业将步入人动荡的境地。他还资助了一项研究，其结论是美洲饮料的创建将导致8 000人失去工作、政府税收下降及啤酒消费价格上涨。该资料被广泛散发到了国会议员及意见领袖手中。凯撒在另一端也没闲着，它在巴西不同的城市提起了30余项诉讼，以此来挑战这次交易。在凯撒制造大量噪音的同时，美洲饮料只能沉默不语。有报道称，巴西政府已向其发出过警告，让它不要把这个问题变成酒吧间热议的材料。

接着，雪上加霜的事情发生了。1999年9月，在宣布合并后的两个月，当新公司与凯撒的角力正进入胶着状态时，马塞尔病了，他被迫放下工作

① 博浪啤酒和南极洲啤酒的合并给仍然独力支撑的凯撒啤酒带来极大压力。——译者注

近一个月的时间。发生这样的事情并不是第一次了。1985 年，马塞尔仍在加兰蒂亚工作时，曾被诊断出患有结肠炎，随后他接受了紧急手术。14 年后，相同的症状再次出现了。在这之前，他已经请了几天假，以消除在收购南极洲啤酒的过程中所产生的紧张感，同时也是兑现和米格尔的赌注：如果交易顺利进行下去，他们将会在巴拿马钓几天鱼。他也计划利用这段短暂休息的时间节食，因为在创建美洲饮料的过程中，他的体重增加了好多磅。

在马塞尔和他的钓鱼伙伴乘坐“情感号”（Sensation）游艇穿越中美洲时，他开始感觉胃部疼痛，随后痛感逐渐加剧，以至于让人难以忍受。于是，他不得不前往美国治疗。他在医院待了两个星期，直到一位美国专家发现了造成这种疼痛的原因：马塞尔患有卟啉症（Porphyria）。这是一种会逐渐造成血液中毒的罕见疾病，而且非常难诊断。多年前导致马塞尔紧急手术的结肠炎，就是由卟啉症造成的。当时，他的饮食和身体中葡萄糖数量不断下降，这导致肝脏失去了控制，污染了血。不过，一旦发现这个问题，马塞尔只需要服用一种药物，便可以很快痊愈。

在美洲饮料的 CEO 停工期间，凯撒并没有在媒体战中节省弹药。随着马塞尔的回归，一场反击战也完美地打响了。这家新啤酒公司开展了大规模的广告宣传活动，以说服公众相信创建美洲饮料对他们大有好处。除此之外，在美洲饮料的作战室，拥有巴西公民身份、正担任公司营销总监的哥伦比亚人胡安·韦尔加拉拿着一张电子表格，上面列出了美洲饮料的代表应该联系的所有利益相关方的名字。这个包括记者、政府相关部门及其他意见领袖的表格每天都会更新。韦尔加拉想知道谁赞成这次合并，以及如何改变那些新公司反对者的意见。

1999 年 11 月，争议变得更加激烈了。当时巴西司法部旗下的经济法办公室建议，美洲饮料剥离出售太阳啤酒的所有资产，包括品牌、工厂及分销体系。假如这个建议被反垄断监管机构接受，从美洲饮料的角度来看，这次收购就没有任何意义了。如果达成合并交易的“代价”是要失去一个主要品牌，那两家公司结合在一起又能带来什么优势呢？

马塞尔及其团队孤注一掷，进行了反击。其中最具侵略性的一招就是在美国媒体上，对持有凯撒啤酒 10% 股份的可口可乐进行谴责。虽然巴西可口可乐瓶装公司掌控着凯撒啤酒，但亚特兰大的可口可乐总部也持有一小笔股份。马塞尔亲自点燃了战火。

“凯撒啤酒试图将自己描述为大卫（David），事实上他们是歌利亚（Goliath）。”① 2000 年初，他在接受《纽约时报》的采访中这样说道。他认为，由于凯撒啤酒的分销掌握在可口可乐系统的瓶装公司手中，所以这两家公司是不能分开的。“没有可口可乐，凯撒就会灭亡。”对于世界上最大的软饮料生产商来说，将其名字与酒精饮料的销售关联起来，绝对是给了它一次痛苦的打击。这次反击使凯撒收敛了好几天。

经过几个月的讨论，巴西竞争委员会最终将美洲饮料并购案的裁决日定在了 2000 年 3 月 29 日。在此之前，没有人知道这项交易是否将获得批准，

① 马塞尔引用的是《圣经》的故事，把自己放在弱势的一方，把凯撒啤酒放在强势的一方。大卫是《圣经》故事中的英雄，他年纪轻轻就走上战场，对抗巨人歌利亚。歌利亚是《圣经》故事里的一个大脚巨人。——译者注

以及如果获得批准，是否会附加条件和限制措施。但在这一天到来时，凯撒啤酒宣布圣保罗北部的圣若泽杜斯坎普斯（Sao Jose dos Campos）地区联邦法院已经发出了一项暂停宣布裁决的禁令。如果要竞争委员会服从这项禁令，那么这份文件必须直接从法院发送到竞争委员会的一台传真机上。但凯撒的老板潘多夫声称，他们发现一个问题，竞争委员会的传真机没法使用。他还继续说，传真机是被故意关闭的，为的就是暗地里偏袒美洲饮料。竞争委员会则反驳说，它的传真机很正常，甚至还为此拍摄了正在工作的传真机的照片，并向跟进事件发展的记者进行了展示。联邦警察还被叫来"护卫"这些传真机，确保没有人干扰它们运行。一个目击了此场景的人说，这些机器运行得"很完美"。然而，当时实际发生的事情是，连续几个小时，传真机收到的一直都只是黑纸。从博浪啤酒总部直接发送的碳纸一直占据着竞争委员会的电话线，以防他们收到禁令文件。

经过近9个月的详细审查，这件事终于在截止日那一天尘埃落定。巴西政府批准了美洲饮料的创立，但也附加了一些限制。最主要的一条是要求美洲饮料将南极洲啤酒所拥有的巴西巴伐利亚啤酒卖给一个单一买家，这一剥离措施将涉及巴伐利亚品牌及其5家工厂。[①]不过，这一救济措施并没有削弱马塞尔、雷曼和贝托的精气神。他们现在已经成为巴西超级啤酒公司的掌控者。

① 巴伐利亚啤酒是哥伦比亚第一大酿酒商，彼时巴伐利亚在巴西的生产和销售归属于南极洲啤酒。——译者注

DREAM BIG

How the Brazilian Trio behind 3G Capital Acquired Anheuser-Busch, Burger King and Heinz

15

巴黎、纽约、伦敦、圣保罗和8 500封电邮

要么公司迎来巨大的飞跃，从而给更多的人提供晋升机会，要么就失去一些最好的人才

DREAM BIG

3G精髓

逆向收购，英博啤酒成立

收购目的

美洲饮料必须不断增长，才能为新人才提供成长的空间，因此，雷曼需要再次扩大企业的规模。而英特布鲁非常符合雷曼的标准。这家由三大家族控制的名牌企业，管理处于极度不稳定状态，旗下存在遍布全世界的缺乏统一文化的啤酒品牌。

收购手段

由英特布鲁买下“三剑客”手中价值20亿美元的美洲饮料的股票，从而获得控股权。与此同时，“三剑客”将获得价值40亿美元的英博的股票。随后，“三剑客”开始在市场上继续吸收英博的股票，从而最终达到了控股的目的。

变革措施

通过将自身的文化基因反向输入英博，“三剑客”最终成功地把福利制下的比利时啤酒企业打造成了极具竞争力的赚钱机器。

买下南极洲啤酒是一件事，而将博浪啤酒与前竞争对手变成一家公司则是另一件事。每家啤酒公司都有自己的生产流程、销售、营销和人力资源，它们都需要被仔细地整合起来。马塞尔选择了米格尔来监督新公司运营情况。米格尔和他的团队一起分析了南极洲啤酒的所有运作细节，并近距离地接触了其主要管理人员。他所发现的东西看起来很熟悉：

“南极洲啤酒完全与旧博浪啤酒一样，同样的文化，同样相当老的员工，同样的传统主义……没有人做出任何决定，没有人赚到钱……我告诉马塞尔应该开同样的药方，将我们收购博浪啤酒时所做的一切全部复制过来。很多来自南极洲啤酒的人在合并后留了下来，但他们因为没有适应节奏，最终还是选择了离开。”

“那些很难适应美洲饮料风格的人会觉得它很奇怪。任何人来到这样的公司，想在短期内就过上很有质量的生活，通常都会过得很不顺心。与普通人相比，你可能陪家人的时间会更少，但另一方面，你会拥有另一种收获——你可以照顾你的未来，你会赚到很多钱，生活也会发生改变。在那些选择了这种公司风格的人身上，这些都是经常发生的事情。他们每个人都会在这桩生意里赚到很多钱。”

基本上，南极洲啤酒的高管都没能在美洲饮料变得更富有。随着时间的流逝，来自南极洲啤酒的人很少会选择留在新公司的高层。如所预见的一样，博浪啤酒的文化获得了决定性胜利。

新的美洲饮料有了更多的“肌肉”，提供了许多新机会，并开始将马塞尔及其合伙人不断重复的“大梦想”（Big Dream）[①] 的想法转化为无穷的热情。前博浪啤酒宣扬的精英治理也被推向了新高度。公司里的竞争意识得到了恢复，每个人都向往丰厚的奖金以及随扩张而来的晋升机会。当然，所有人最看重的，还是成为公司合伙人的可能性。这家公司的高速发展似乎永无尽头。

2000 年 12 月出版的《检视》杂志刊登了一篇报道，用“他们牙齿之间的刀”和“他们眼中的火”来强调这个新团队的强势心态。许多员工每天工作超过 10 个小时，即使周末也如此。他们甚至为了实现自己的目标，愿意搬到任何地方去居住。当时的奖金体系结构是，符合获得奖金条件的员工只有一半的人会拿到奖金。该体系还明确地说明，如果有一些人赢，其他人就必须输。

① 在百威英博，这里的 Dream 是个动词。雷曼常常说：“做一个大梦和做一个小梦需要同样的能量，那我们为什么不做一个大梦呢？”——译者注

正如在加兰蒂亚发生的一样，甚至笑话和恶作剧也被允许带着一定的敌意。在公司向其 50 位最优秀人才所提供的内部 MBA 课程中，大家最爱的恶作剧之一就是往那些说了蠢话的同事身上扔番茄。因说蠢话而被扔了最多番茄的人便会被大家笑话。“当时公司需要力量、拼搏和新鲜血液，”罗德里格斯说，“太苛刻了吗？是的，我承认，但补偿的方式也很激动人心。”

在过去的许多年里，美洲饮料曾因对员工造成了精神侵扰而被法院罚了很多次款。例如，巴西最高劳动法院在 2012 年年初，曾命令该公司向一名前销售人员支付 10 万巴西雷亚尔。这名业务员因为未能达成目标而被其同事公开羞辱。

在任何情况下，超越目标的人往往会得到额外的收入。这家啤酒公司所支付的薪水略低于同行水平的平均水准，不过，高达 18 个月额外薪水的奖金可以轻松抵消这一点。这个薪酬系统多年来调整过几次，但基本原则不变。员工通常会使用奖金换取公司的股票，公司很鼓励这种做法。而且为防止员工在短期内变现他们手中的股票，公司还会设置一些障碍。[①]现实的做法是，那些使用所有奖金购买公司股票的人可以免费获得其所购的数额 10% 的股票。问题在于，这些额外的股票在 5 年后才能出售，而在这段时间之前离开的人，必须放弃他们获得的额外股份。

“没有一个地方写着你必须用奖金来买股票，但每个人都知道这就是

① 公司对期权以及公司奖励的股票设置了 5 年锁定期。此举使得获得大量期权和奖励股票的高管高度关注公司的业绩和股价，他们因此也和公司长期捆绑在一起。——译者注

公司所期待的，”一位前合伙人说，“购买股票是员工们相信公司前途光明的标志。”①

美洲饮料的利润逐年增加。即使是在没有发放奖金的 1998 年，它的业绩仍旧很不错。该公司当时已经占领了巴西国内市场 70% 的份额，所以向国外寻求新的发展机会成了必然的选择。首先，在拉丁美洲扩张业务显然是很明智的第一步棋。自 1994 年博浪啤酒在委内瑞拉创建一家很小的分公司开始，其国际化的步伐越迈越大。紧接着，加速的时刻到来了。2001 年，美洲饮料收购了巴拉圭的塞维利亚啤酒（Cerveceria Nacional）；2002 年，公司进一步收购了阿根廷的基尔梅斯啤酒 36% 的股份。这次对阿根廷竞争对手的收购备受争议，因为当时荷兰喜力啤酒也持有基尔梅斯啤酒 15% 的股份。

喜力的业务主要集中在已趋饱和的欧洲市场，因此扩张到其他地区对它至关重要。在没有任何竞争的情况下，将基尔梅斯啤酒拱手相让并非喜力所愿。于是，荷兰人向位于巴黎的国际商会申请禁止美洲饮料收购这家阿根廷公司的部分股份，然而失败了。美洲饮料不仅获得了基尔梅斯的控股权，甚至还在数月后买下了这家荷兰公司所持有的 15% 的股份。

增长是留住人才的最好方式

科罗拉多州的博尔德市是一座群山环绕的小城镇，人口超过 10 万。

① 是否动用全额奖金购买公司股票有时会被看成该员工是否对公司忠诚的一个标志。——译者注

十几年来，美洲饮料的高层和管理人员经常会前往这个安静的地方与吉姆·柯林斯进行座谈研讨。柯林斯是商业经典名著《基业长青》和《从优秀到卓越》的作者。他也是雷曼的一位老熟人。

在博尔德的座谈会上，柯林斯会使用苏格拉底的方法来提问，以便帮助参与者得出他们自己的结论。[①]在 2002 年 12 月的一次研讨会上，柯林斯所问的一个问题让马塞尔特别不安。这位大师问在座的所有人，美洲饮料的主要问题是什么。

马塞尔想了一会儿，并给出了以下答案："一个大问题是，我们有优秀的人和全新的执行委员会，而我不想失去我们所培养的那些新人才。"马塞尔意识到，他投入这么多时间打造出的雄心勃勃的年轻人，不会一直在公司里等着职业机遇的出现。结论是不可避免的：要么公司迎来巨大的飞跃，从而给更多人提供晋升的机会，要么就失去一些最好的人才。美洲饮料需要做的事比在拉丁美洲称雄更大、更快。马塞尔认为，是时候与一位老熟人亚历山大·范达默（Alexandre van Damme）见面了。范达默来自掌控着比利时英特布鲁啤酒集团的三大家族。英特布鲁是时代啤酒和贝克啤酒的生产商。[②]

1995 年，这两人相识于纽约拉扎德银行的办公室。当时，博浪啤酒和英特布鲁都在远程与安海斯 - 布希"调情"。虽然它们当时都没有能力买下

---

① 苏格拉底相信知识存在于人们自身，因此他通过不停地询问问题来挖掘本来就存在于人们脑海中的答案。——译者注

② 英特布鲁是比利时最大的出口啤酒商，工厂位于比利时大学城鲁汶市（Leuven）。贝克啤酒是老牌的德国啤酒，总部位于德国的不莱梅。——译者注

这家美国啤酒巨头，但拉扎德的银行家们还是认为把博浪啤酒和英特布鲁的掌控者放在同一个房间里是没有害处的。

尽管当时所谈的并没有什么要紧的内容，但马塞尔和范达默从此一直保持着联系。2002 年年初他们同在纽约时，马塞尔邀请这个比利时人到一家酒店共进早餐。而当范达默到达时，他发现马塞尔身边有两位自己不认识的人，他们就是雷曼和贝托。

双方并没有讨论两家公司进行交易的可能性，但从那次纽约会面后，雷曼便开始增强与范达默的关系。雷曼邀请范达默在里约热内卢举行嘉年华活动时，到博浪啤酒的贵宾休息室观看桑巴游行。后来，他们还带着各自的家庭在纽约附近的豪华海滨汉普顿海滩（Hamptons）共同度过了一些阳光明媚的日子，并相约在那年年中去瑞士阿尔卑斯山相聚。范达默与“巴西三剑客”志趣相投，也不喜欢在媒体面前曝光。他还很喜欢三位美洲饮料掌控者的谨慎、接地气的风格。一种富有价值的纽带正在形成。

英特布鲁当时正处在一个转折点上。它是世界第三大啤酒公司，但它运作起来和其他单一的公司非常不同。① 在东欧、亚洲和加拿大进行了一系列收购后，它似乎已经成为没有单一文化的“企业联盟”。投资家和分析师认为，在世界各地进行收购却没有做到成功整合，这样的交易实在太不划算了。

这种大规模的收购活动，在很大程度上是因为掌控英特布鲁的三大

① 当时，英特布鲁公司的口号是“全球化的本地啤酒酿造商”（World’s Local Brewer），整合成单一公司并不在公司日程表的显要位置上。——译者注

家族的介入。英特布鲁的起源可以追溯到 14 世纪，由范达默、梅维乌斯（Mevius）及史波尔贝赫（Spoelberch）三大家族控制。这些家族有近 500 名成员，其中许多人有贵族头衔。通常情况下，贵族中的男爵、伯爵和子爵会把时间花在打野鸡上。他们的习惯和爱好都很昂贵，公司的日常运作因此也变得非常阔绰。管理层会议和董事会会议通常会在豪华酒店举行，会议期间时常有香槟服务。由于有许多不同利益要去调和，因此 CEO 一职有如电椅，在不到 20 年时间里，就有 5 个人担任过这一职位。

这番景象很对雷曼做项目的口味。于是，雷曼在 2003 年 5 月与范达默会面时提出了将两家公司合并的建议。虽然没有详细介绍交易的形式、股东构成和公司治理的问题，但在当时几乎已经是“三剑客”盟友的比利时人，喜欢这个想法。

双方分别提名了一个可靠的人来开展谈判，巴西人选择了汤普森，比利时人则选择了拉扎德银行的合伙人、英特布鲁董事会成员、荷兰人雷默特·拉恩（Remmert Laan）。在雷曼与范达默谈话后，汤普森和拉恩在巴黎圣奥诺雷郊区街（rue du Faubourg Saint-Honre）传统五星级的布里斯托尔酒店（Le Bristol）的会议室见了面。会议地点的安排很实际，也很小心。酒店距离拉扎德的办公室不到 500 米。一个月间他们在这家酒店见了 4 次面，还在电话里交谈过许多次，但交易却失败了。

此番提议的交易是基于股份互换，而不是现金交易，所以根本的问题是评估美洲饮料的所有者将在合并后的新公司中拥有多少股份。在这一点上，汤普森和拉恩持有截然不同的期望值。

“我们进行了第一轮对话，但没有达成任何协议。”汤普森回忆道。

他们有两个月没有说话，直到 2003 年 9 月，拉恩给这个巴西人打电话，建议他们恢复交谈。于是，汤普森回到了布里斯托尔酒店。

> “我们有两张纸，一张涉及财务问题，主要讨论的是我们在新公司中所分配的股份价值多少。另一张则有关公司治理，例如新董事会将如何组成，它会有什么功能，我们与比利时人合作的控股公司要如何运作。我们确定某些事情必须通过全体一致来决策，例如公司的出售。所有这些治理问题都非常重要，因为如果公司没法良好运作，那么持有公司 *x*% 的股份都是毫无意义的。我们写了这两张纸，并带给了股东，而且劝他们必须更好地了解彼此。雷曼、马塞尔及贝托认识范达默，但不认识其他家族的成员。这三个人后来在当年 9 月底与范达默本人、菲利普·史波尔贝赫（Philippe Spoelberch）及阿诺德·普利特·德·卡尔斯伯格（Arnoud de Pret de Calesberg，此人是梅维乌斯家族的代表）举行了会议。在此之后，谈判加速了。”

2003 年 10 月的第一周，在布鲁塞尔史波尔贝赫的家中举行的一次会议上，双方公司各三位领导人在汤普森及拉恩的陪同下，拟定了合同的框架。在那之后，银行家及律师才进入现场。比利时方的财务顾问是拉扎德和高盛，而巴西方则聘请了来自纽约的花旗银行（前加兰蒂亚员工若泽·奥林皮奥·佩雷拉在那里工作）以及在美国长大的阿根廷人路易斯·里纳尔迪尼（Luis Rinaldini）。里纳尔迪尼在拉扎德成名，且在那里工作了二十多年。不过，他当时刚离开了该投资银行，创立了自己的公司。两家啤酒公司的银行家和谈判者于当年 10 月 15 日在纽约的克拉瓦斯律师事务所（Cravath, Swaine& Moore）总部举行了会议。这次会议标志着谈判的正式开始。有大约 30 人参与了会议，雷曼代表了三位美洲饮料的掌控者。

乌哈坎通律师事务所（Ulhoa Canto）的合伙人阿洛伊西奥·米兰达·菲尔霍（Aloysio Miranda Filho）负责向布雷科公司（Braco）提供咨询。而布雷科公司其实是集合了雷曼、马塞尔及贝托在美洲饮料所持股份的控股公司。今天，扮演这个角色的控股公司则是环球 BR 公司（BR Global）。从那时起，菲尔霍便全力专注于这次交易。他曾就读圣伊纳西奥小学，后来与同龄人普拉多及巴巴拉一起成为加兰蒂亚银行合伙人。他的律师事务所出动了 50 人参与这个过程。美洲饮料的法律顾问则是律师阿拉冈。

这次交易牵扯到的法律问题与财务结构一样复杂。美洲饮料分别在圣保罗证券交易所和纽约证券交易所挂牌，而英特布鲁则在布鲁塞尔证券交易所挂牌。而且，两家公司在不同国家经营的实际情况给谈判者带来了不少麻烦，他们不得不到处奔波。

“我们在世界各地会面，巴黎、纽约、伦敦、圣保罗……”阿拉冈回忆说，“到最后，谈判桌前坐着来自 16 个不同国家的律师……在 6 个月的谈判时间里，共有 8 500 封往来的电子邮件。”

克拉瓦斯律师事务所负责协调在国际层面的工作。交易最终必须得有另一个律师来审阅所有文件，瑞士人彼得·诺贝尔（Peter Nobel）接下了这个任务。他毕业于圣加伦（St. Gallen）大学，且 12 年来，一直是管理瑞士金融行业的联邦委员会的成员。作为雷曼的老熟人，他也是一个非常自信的人。

美洲饮料的掌控者非常关注的一点是，巴西政府会如何回应这次交易。显然提前沟通并避免未来的问题才是明智的，因为他们对在等待政府部门批准博浪啤酒收购南极洲啤酒的几个月里所耗费的时间与精力仍心有余悸。2004 年 1 月，贝托前往巴西利亚会见了当时的总统办公厅主任若泽·迪尔塞乌（Jose Dirceu）。贝托和迪尔塞乌很熟悉。自从 2000 年贝托创立布拉瓦（Brava）基金会后（该基金会是一个支持公共部门管理项目的非政府组织），他与一些政府官员就走得很近了。他向迪尔塞乌简要地介绍了这次交易的路线图，并想要了解巴西联邦政府对这次交易的立场。他获得了卢拉总统的得力助手的支持，剩下的就让比利时人解决了。

即使一切都非常有利，完成一项有这么多人参与的大规模交易，仍是一件非常困难的任务。在整个交易接近尾声的时候，已经有近 500 名专业人士在为此而忙碌，包括律师、银行家、行政人员、会计师、审计师、市场营销及公关人员。布雷科公司与这些比利时家族之间的股东协议的措辞就很令人头疼，需要协调数十位成员的利益。于是，布雷科公司的顾问们最终建议，该协议应该在最终宣布交易之后再签署。而雷曼的顾问、瑞士律师诺贝尔则否决了这个提议，他认为在统一所有不同利益方的意见之前这么做过于冒险。菲尔霍也前往比利时与各个家族的代表谈话，以便获得共识。

“该交易卡了好几次壳，差点进行不下去，直到签署前夕也仍有混乱。”

汤普森回忆说，“早上两点，有一个银行的家伙说，他不能同意一个已经商定好的内容，由此又引发了一场骂战……”

经过无数次半夜的来来往往，这次交易终于在 2004 年 3 月 2 日完成。当一切尘埃落定时，雷曼、马塞尔和贝托并不在场。菲尔霍打电话给马塞尔，告诉他只需要签名即可。比利时方面，有 100 多名家族成员需要签署协议。“菲尔霍，你是律师……你来发言祝酒吧，因为我要睡觉了。”马塞尔疲惫地说。

到了早上，马塞尔、贝托和雷曼在正式宣布交易前，分头告知了与该并购案相关的关键人士。贝托打给了墨西哥企业莫德罗的股东；在苏黎世的雷曼则打给了好朋友，如大投资家巴菲特；马塞尔告知了安海斯 - 布希的 CEO 奥古斯特·布希四世。当晚，布希四世与马塞尔在伦敦一家餐厅共进晚餐，这个巴西商人详细地向后者介绍了啤酒行业的全球新巨头是如何建立起来的。

巴西人的逆袭，薄睿拓成为英博 CEO

1999 年，当博浪啤酒通过兼并南极洲啤酒而创办美洲饮料时，公司的股东和高管都被要求接受公众监督。监管机构、政客、投资家和消费者保护协会都对这笔交易表现出兴趣，且总体上都持反对意见。因此，马塞尔等人需要在意见领袖身上付出巨大努力才能扭转这一局面。而美洲饮料与英特布鲁的合并则在全球范围引发极具戏剧性的反应。当两家公司在 2004 年 3 月 3 日正式宣布“合并”时，大部分的人都感到很惊讶。尽管几天前就有新闻报道了即将到来的换股，不过它并没有透露更多的细节，而正是这些“细节”使这次交易引发了极大争议。

通过换股，全球销量排名第三的英特布鲁和第五的美洲饮料合并成一家新的啤酒公司，这家新公司自诞生之日起就是全球老大。新公司最初被称为“英特布鲁美洲饮料”，不过，在交易宣布后的几天又被改成了“英博”。英博的年收入近120亿美元，业务遍布140个国家，而且它占有全球啤酒市场14%的份额。不过安海斯-布希当时在销售收入上仍然保持领先。无论从哪方面看，数据已证明这家公司就是巨头。然而，投资家、分析师和记者所关注的问题是，谁会负责经营这家公司。

美洲饮料与英特布鲁的交易是历史上涉及巴西企业的最大交易，其结构看起来却是模糊的。掌控美洲饮料的雷曼、马塞尔及贝托的控股公司布雷科将持有的这家巴西啤酒公司52%的股份出售给了比利时人。作为交换，它获得了25%的英特布鲁股份。这次交易还将属于比利时人的加拿大拉巴特啤酒公司（Labatt）转让给了美洲饮料，美洲饮料将负责拉巴特近15亿美元的债务。美洲饮料将继续作为一家单独的公司经营，继续作为上市公司在股市挂牌，并拥有自己的管理层。不过，客观冷静地分析这些数字时就会发现，英特布鲁现在成了这家巴西啤酒公司的所有者，虽然“三剑客”已经成功获得了新公司的一大笔股份。

紧接着的问题涉及英博的公司治理规则，交易本身并未明确谁会是老板。有效期为20年的股东协议规定，控制权将由双方共享。董事会将有4名成员代表布雷科，4名成员代表比利时人，另外还有6名独立董事。新公司的 CEO 将是已经管理英特布鲁近两年的美国人约翰·布洛克（John Brock）。新近成立的、旨在统一两家公司的文化并规范运作的整合委员会将由马塞尔掌管。新公司的总部将位于比利时的鲁汶（Leuven），也就是原英特布鲁的总部所在地。

股份的分配、CEO 的选择及总部的选址都明确表露出，是美洲饮料被收购了。当英特布鲁的英国公关公司博然思维（Brunswick）一大早在欧洲宣布这次交易，并描述其为一次“收购”时，这一迹象便更为显著了。由于时差原因，当巴西记者在圣保罗希尔顿酒店听着美洲饮料的高管们的说辞时，比利时版本的说法已在世界各地传开了。这完全是混乱的。于是在几个小时内，美洲饮料在巴西所聘用的对外沟通中介马奎那公关公司（Maquina da Noticia）被迫将参与项目的团队人数从 12 名增加到 48 名。国际范围的对外沟通则由美国爱德曼公关公司（Edelman）负责。

新闻发布会上的两位发言人是马尔希以及薄睿拓。薄睿拓在罗德里格斯离任后成为美洲饮料 CEO。与马尔希、薄睿拓同台的还有银行家佩雷拉及律师阿拉冈。那些看了采访的人仍记得一切看起来有多么混乱。美洲饮料的人不惜一切代价地争辩说公司没有被收购，但记者却以更多的问题向他们施压。英特布鲁有多大可能会成为这家巴西啤酒公司的最大股东？此外，根据马塞尔等人的解释，美洲饮料的创立是为了保护自己不受外国竞争对手的打击，进而打造出一家“巴西跨国公司”。如果真是这样，他们又将如何来论证这次与比利时人的合并协议呢？美洲饮料的“合并”一说并没有说服任何人。

美洲饮料在办公室的员工也被周三上午的新闻震惊了。一个大屏幕转播了由布洛克和马塞尔在布鲁塞尔主持的新闻发布会，不久便播放了一个马塞尔提前录制好的视频。休息室放满了桌子和免费饮料，充满了欢乐祥和的气氛，人们用巴西的博浪啤酒和比利时的时代啤酒互相敬酒。当晚，巴西国家电视网出现了一部由知名巴西演员安东尼奥·法贡德斯（Antonio Fagundes）主演的广告，该片试图向公众解释这次交易的益处。这次宣传活动是由广告专家杜达·曼多卡（Duda Mendonca）策划的，当时他是卢拉总统身边的红人。

世界各地的报纸对交易的形式和所涉及的金额提出了不少质疑。布雷科公司在美洲饮料的股份价值近 20 亿美元，三位商人却收到了价值 40 亿美元的英博股份。按通常的理解，这一差别是由于“控股权溢价”。与此同时，一些分析师认为，美洲饮料为加拿大拉巴特公司支付了过高的价钱。他们付出的价格是该公司现金流的 11 倍，而行业平均水平则少于 8 倍。这么多猜疑逐渐影响到了资本市场，美洲饮料的股价直线下落。

随着股价下跌，兴高采烈的气氛也消散了。那些曾用大部分奖金购买股票的员工，不得不眼睁睁地看着自己的资产价值按小时计地减少。于是，谣言开始越传越广：雷曼、马塞尔及贝托真的已经把美洲饮料卖给英特布鲁了吗？

必须采取应急行动计划才可以平息公司内外的疑虑。薄睿拓在美洲饮料内部传达了马塞尔的信息。这些信息更多的是对信心的恳求，而非理性的解释，他只是让员工要相信他。

“我用尽了自己所有的信誉，”马塞尔说道，“谢天谢地，我还保存有一些信誉。”虽然他知道英博的管理权最终将落在巴西人手中，但他不想公开说明这一切都是计划好的，以免与新合作伙伴发生不必要的冲突。

马尔希开始不停地拜访巴西主要报纸的编辑，向他们解释这次运作。总是对记者唯恐避之不及的薄睿拓也开始接受巴西最大媒体的独家采访。雷曼则亲自向传媒大亨，如出版商阿布里尔（Abril）的所有者罗伯托·奇维塔（Roberto Civita），提供了协议的细节。新闻界一片哗然。为处理记者提问而设立的作战室，在公告后的 48 小时内收到了 482 份问询及采访请求。

几个星期后，英国的《经济学人》刊发了一篇文章，没有什么批评比它更让雷曼难受了。该文章称巴西资本市场允许两类股票——普通股（称为 ON，有投票权）和优先股（称为 PN，无投票权），这种情况可能会造成对小股东利益的漠视。该文章还着重分析了美洲饮料交易案中的不正常现象。根据巴西圣保罗股票交易所的上市公司法，对于那些不在三位巴西商人手中的普通股，英特布鲁发起了公开要约收购。不过，英特布鲁的要约价只有它给予三位巴西商人的报价的 80%。而且，法律并没有规定英特布鲁必须将这种“跟随权”[①]的好处延展给优先股（无投票权）所有者。因此，那些持有优先股的股东认为，用杂志上的话说，自己卖的是“高价的垃圾股。”

① 跟随权（Tag-along Right，简称 TAR）是公司法上的法律术语。它的含义是，如果公司的大股东出售公司股票，则公司小股东有权在同等条件下“跟随”出售自己在公司的股份。此举是为了保护公司小股东的权益。——译者注

在随后的日子里，随着普通股飙升而优先股进入自由落体状态，这种情况更加恶化了。

“我很少看到雷曼对一篇报道这么恼火。”熟悉他的人说道。雷曼认为小股东的指控是没有意义的，因为他们在购买这些股票时就已经知道那些附加的限制。

“这就像买了一辆菲亚特，却想着车库里能拥有一辆法拉利。”他经常用这个比喻来支持自己的观点。

《经济学人》的文章使全世界都知道了小股东的不满，例如强大的巴西银行养老基金普莱维持有美洲饮料近8.8%的股份（几乎均为优先股），它自协议公告发布以来，就已公开表达了不满，认为这次交易仅使三位控股股东获益。而雷曼、马塞尔及贝托最担心的是强烈的抗议会导致法律诉讼并转化为法庭禁令，这将危及交易的连续性。就如以前所发生的一样，在博浪啤酒买下南极洲啤酒时，凯撒啤酒曾提起了一系列法律行动来推迟反垄断机构对交易的批准。他们想要不惜一切代价地避免这种争斗。马塞尔建议美洲饮料聘请律师塞尔希奥·贝穆德斯以为少数股东辩护的角度来解读这份协议，并深入了解所有细节，以找到任何可能的漏洞。马塞尔的这项策略可谓一石二鸟，因为这会使贝穆德斯这位巴西最知名的律师无法代表普莱维。

无论从哪个角度考虑，英特布鲁都无义务给予优先股所有者特别待遇，所以少数股东最终只能平息争端并接受和解。股价开始再次回升，且自那时以来已升值近700%，而圣保罗上市公司指数同时仅增长了150%。

三位巴西商人也不得不处理另一个问题：巴西证券交易委员会启动了行政调查，以便搞清楚这三个人是否涉嫌使用保密信息以及其他违规行为，使美洲饮料的掌控者在与英特布鲁谈判期间获益。

2009 年年底，雷曼、马塞尔及贝托与巴西证券交易委员会达成和解协议，并支付了超过 1 800 万巴西雷亚尔的和解金。许多人认为这个结果是承认有罪，但在此案中为他们辩护的律师阿拉冈则有另一番解释。

“证券交易委员会的承诺条款的官方假设是，既不是承认有罪，也不是承认无罪，”他说，“我们的目的只是要结束这件事。”

几十年来，雷曼及其合伙人经常会买下某家公司并对其输入精英文化。加兰蒂亚买下美洲商店时，贝托可以完全自由地给这家零售商贴上自己风格的标签，在短时间内他换掉了主要管理人员，实施了可变薪酬制度，并为员工制定了目标。多年后，在加兰蒂亚银行收购了博浪啤酒时，马塞尔遵循了类似的做法。在这两个项目中，贝托和马塞尔都在努力向这两家公司灌输新所有者的目的和意图，并且为了达到自己想要的结果，可以做任何必须要做的事情。他们不必与其他股东打交道或关心自己是否受欢迎，不喜欢这些新规则的员工可以自由离开。

然而，与英特布鲁的交易则需要另一种方法。这一次，他们不是征服者。是美洲饮料被别人买下了，因此这几个巴西人不能简单地走进英博总部，强加他们的思想。巧妙、敏锐、交际手腕以及一定的耐心，变得至关重要。这次游戏的规则和他们所习惯的有所不同，他们需要适应新的条件。

交易完成后不久，三个比利时家族的代表陪同雷曼、马塞尔及贝托，到科罗拉多参加由吉姆·柯林斯主持的研讨会。

“雷曼说我们需要在公司创造单一的文化，最好就是从董事会做起。”柯林斯说道。由于他是雷曼的导师之一，没有人比他更适合来帮助统一这一想法。①

根据协议规定，英特布鲁的CEO、美国人布洛克将执掌英博。另一方面，新公司的财务主管则由来自美洲饮料的费利佩担任，而由马塞尔带领的整合委员会则立即设法为每家公司确认最佳流程与发现人才。

“从一开始，英特布鲁的高管就很清楚，尽管重要决策将由所有股东共同承担，但美洲饮料的管理风格最终将占上风。”一个熟悉这些比利时家族的人说道。

英特布鲁一方并非全都赞同巴西人介入。随着马塞尔、费利佩及其他巴西人愈发频繁地出现在英博总部，阻力亦蔓延至公司各个层面。前英特布鲁从上至下的员工都被他们认为具有侵略性且太贪婪的做法震惊了。他们已习惯了稳定的收入、工作与个人生活之间的平衡，以及可以保障所有公民的健康、教育和安全的富有的政府。他们几乎没有巴西人的那种对金钱的狂热，而且也不觉得这有什么意义。雷曼等人传统的“胡萝卜”，即丰厚的奖金及成为公司合伙人的可能性，对于他们毫无吸引力。

“他们想减少我们的固定工资，增加我们的可变薪酬，但我们对奖金

① 当时公司内部的口号就是“一个公司，一个文化”（One company, One Culture）。——译者注

并不感兴趣。”一名在鲁汶工厂工作的员工总结了当时大多数员工的想法，“如果他们因为这样而要解雇我们，没问题，因为国家会提供我们所需要的一切。”

管理层的冲突也明显影响着公司的氛围。英特布鲁的高管不赞成结束优厚的福利待遇，诸如出差乘坐商务舱。现在出差时，只有飞行超过 6 小时的航程才可享受商务舱。[①]个人的专属办公室消失了，高管与其他员工之间的等级差异被打破了。可变薪酬制度被引入了公司，其中包括奖金不再以金钱而是股票的方式进行发放。在英博成立后的数月，一位比利时高管甚至公开抱怨，自己在参加圣保罗举办的一次公司活动期间，不得不与其同事同住一个房间。真的一切都改变了。

“有些人喜欢，而大多数人则憎恨，但我们的文化是不变的。”马塞尔多年前说道。

虽然马塞尔在这个阶段并没有行政职位，但他几乎每天都在英博工作。他了解了英博在世界各地不同的运作方式。他与员工们交谈，想看看每个部门是如何密切配合的。他仿佛再次参与了博浪啤酒和南极洲啤酒的整合，只不过这次是在全球范围内而已。整合委员会每个月都举行会议，讨论进展及下一阶段的事宜。英博成立后 3 年，整合委员会才解散。

巴西人介入后很快就看到了初步效果。2005 年上半年，英博的利润同比 2004 年宣布交易时增长了 11%，而销售额则增长了 5.5%。

---

① 头等舱是任何情况下都不允许的。公司随时根据经营压力的变化收紧出差待遇。——译者注

马塞尔及其合伙人不仅在努力说服比利时人采纳他们的想法，同时也在另一方面表现积极，他们逐步增持了自己在英博的股权。自从宣布设立英博啤酒后，他们就开始在市场上购买这家公司的股票，不到一年时间便成为英博最大的个人股东。

通过增加他们的股权及对管理所施加的影响，三个巴西商人不断取得进展。那些仍然抵制新文化的高管离开了，那些不开心的员工也逐渐离开。这和马塞尔及其合伙人预期的一样。英特布鲁高管的离开为那些在美洲饮料“压抑已久”的人才提供了空间，他们终于找到了机会。傅玫凯（Miguel Patracio）、高才溢（Claudio Garcia）及胡安·韦尔加拉这些美洲饮料的老将，都获得了英博全球高层的职位。①

2005年12月，薄睿拓出任英博CEO一职，被普遍认为是一次极具象征意义的晋升，它标志着比利时方的彻底下台。“投资家和记者们都说，最初被英特布鲁收购的巴西人实际上更聪明，并最终获得了掌控权。”一个熟悉掌控英特布鲁家族的人说道，“然而，比利时股东认为无论其护照为何种颜色，都应该让最佳人选来管理公司。”

自2003年接管美洲饮料后，薄睿拓就已经为这个职位准备了一段时间。2004年，英特布鲁买下美洲饮料后不久，马塞尔要求与他谈话，并给他发出了一个不能拒绝的“邀请”：

① 傅玫凯曾先后担任百威英博北美区总裁、亚太区总裁，现为百威英博全球首席市场营销官（Chief Marketing Officer）。高才溢现为百威英博全球人力资源官（Chief People Officer）。——译者注

马塞尔："薄睿拓，你是巴西第一，但现在公司变了，你需要在巴西之外证明自己，所以你应该去加拿大经营拉巴特。"

薄睿拓："但是，马塞尔，加拿大？相比巴西，加拿大很小！"

马塞尔："如果有一天你想成为公司的全球 CEO，你必须在巴西之外证明自己。"

薄睿拓相信他的上司，于是与妻子、孩子一起去了北美。一年后多一点，他成了英博的全球 CEO。

"谁来管理公司？"在英特布鲁与美洲饮料的交易宣布后不久，这个就被分析师、记者及投资家重复了无数次的问题，终于有了答案。

DREAM

BIG

How the Brazilian

Trio behind 3G Capital

Acquired Anheuser-Busch,

Burger King and Heinz

16

10 亿美元的回报

“如果你发现了一个非常的品牌以及与其自身不相匹配的收入，这就意味着你有一个大好的机会了。”

——贝托·斯库彼拉

“我们遵循着正确的策略，将细枝末节的事情搁置一旁，从而专注于核心的事情。”

——罗伯托·汤普森

DREAM BIG

3G精髓

百威英博开出的超大奖励包

原因

在收购安海斯-布希的过程中，公司承担了大量的债务，因此2009年被视为企业的生存之年。该年的目标由往年的四个减为两个，就是税息折旧前利润和现金流。

目标

如果在2013年前，成功将百威英博的债务减少一半，该公司39位高管将获得价值10亿美元的股票期权。

结局

薄睿拓的团队提前两年就完成了任务，从而造就了一大批新的富翁。

英特布鲁买下美洲饮料后几个月，雷曼、马塞尔和贝托决定在美国开设一家投资公司，目的是将他们的部分资产直接投入美国的公司，而不仅仅是像之前那样通过基金进行投资。这家新公司并不缺乏经营人才。亚历山大·贝林曾将拉美铁路从废墟变成巴西资本市场上最具价值的铁路公司之一，他刚刚将该公司CEO一职转交给了伯纳多·希斯，并准备开始一段新旅程。多亏贝林有在投资银资当过合伙人的经验，他知道如何识别哪些深处困境的公司可以通过管理层的彻底改变来提高它们的经营业绩。

贝林建议将雷曼的儿子保罗·雷曼于1997年在纽约成立的协同公司（Sinergy）转变为私募股权基金。那时，保罗·雷曼已经离开了这家美国公司，成立了资产管理公司波利克斯。他们的每一步都必须非常小心，因为三个合伙人不想在美国再重演GP过度扩张的经历，所以这个美国基金应该聚焦于一些精选的领域和项目。结果，3G资本便应运而生，其名称意指三位前加兰蒂亚的所有者。

与之前的公司一样，其模式也将是合伙制。汤普森和贝林成为雷曼、贝托及马塞尔在这家新公司的第一批合伙人。接着，3G 资本开始了其试验和学习的阶段。公司办公室位于纽约曼哈顿市中心第三大道的一栋建筑的 31 层，贝林在那里买了少量像可口可乐一样的美国公司的股票。这些都是少量购买，3G 是不能介入管理的，尽管如此，仍使这些巴西人更接近美国公司。为了帮助公司的业务扩张，贝林组建了一支不到 40 人的精干团队。这其中包括马克·梅兹温斯基(Marc Mezvinsky)。在 3G 历史上，吸引最多头条新闻的员工，就是梅兹文斯基。2010 年，他与美国前总统比尔·克林顿的女儿切尔西·克林顿（Chelsea Clinton）结了婚。数月后，梅兹文斯基便离开了公司。打从一开始，雷曼、贝托和汤普森便通过每周一次例会，通常是在星期二的电话会议，跟进新的投资项目，商讨基金的发展计划。

3G 资本首个最显著的举动是在 2007 年 12 月买下美国第三大铁路公司 CSX 资产 4.2% 的股权。尽管 CSX 收入超过 100 亿美元，但它是一家非常老化的公司。贝林认为它代表了美国版的巴西企业拉美铁路，这是他很熟悉的版本。问题是，他们是否可以在 CSX 上重复拉美铁路的故事。

贝林需要比 3G 资本所持有的 4.2% 更多的股份才能控股公司。所以从一开始，他便规划了一个交易，并将引入另一个合作伙伴。这个合作伙伴是被称为 TCI 的儿童投资基金（Children’s Investment Fund），其总部位于伦敦。该基金已持有 CSX 资产 4.1% 的股权，并且一段时间以来一直试图在其管理上有发言权。3G 资本和 TCI 相信他们可以共同掌控公司，因为其他股份广泛地分布在大量的投资者手里。然而，CSX 公司的董事会及其执行委员会都不愿屈服于这两个股东，双方之间长期的法律对抗就此展开。在法院继续博弈的同时，3G 资本和 TCI 得到了董事会最多的四个席位，占董事会 1/3。由于仍然是少数股东，他们可以建议进行诸如成本削减这样的调整，但没办法完全按他们的想法来管理企业。

两年后，TCI 基金放弃了，并出售了其在该铁路公司的股份。2011 年，3G 资本也撤出了 CSX 公司。在不到 4 年的时间里，3G 资本在 CSX 上的投资回报率达到近 80%。尽管这是很好的财务回报，但巴西人无法使公司步入他们希望的轨道，所以对这些合伙人而言，这是一个相当令人沮丧的结果。这或多或少像 30 年前加兰蒂亚收购圣保罗帆布鞋公司及巴西商店公司的小部分股权一样，由于他们的股份不足以介入公司的运作，他们决定从那两项投资中撤出。

贝林需要找到另一个好的业务，但这一次，必须是他可以实际运作的。

登顶世界老大，英博吞下安海斯 - 布希

大西洋的另一边，成立已有 3 年的英博吸收了美洲饮料企业文化的主要精髓，所有员工都知道他们的目标。在法尔科尼教授的帮助下，从公司高层到工厂基层都对自己需要完成的任务很清楚。他们还执行了新的可变薪酬体系。之前一些员工对精英体制的抵制已得到控制，部分原因是许多抱怨这种新风格的人离开了公司。两家啤酒公司之间的协同效应带来了约 1.5 亿美元的费用节省，新公司利润在 2005—2007 年增长近 150%，从 9 亿欧元上涨到 22 亿欧元。

三位巴西企业家认识到是时候继续前进了。对于成为世界最大啤酒商的所有者，他们一直拥有野心。而现在，他们终于攒够了所需的实力，来进行最后一步了：买下美国的安海斯 - 布希，即世界最畅销的百威啤酒的生产者。

2008 年 6 月 11 日，薄睿拓向安海斯 - 布希的 CEO 布希四世写了一封信，正式表示收购公司的意向。11 月，雷曼、马塞尔及贝托便以 520 亿美元控股了这家美国啤酒商，并创建了百威英博。

收购完成得很快。在结束收购后的 6 个月，《华尔街日报》刊登了一篇报道，强调了在薄睿拓及其巴西团队的领导下，位于美国密苏里州圣路易斯的安海斯 - 布希总部所发生的一系列改变：高管办公室的墙被拆了，取而代之的是一个大开间，高管们现在在里面共用同一张桌子；高管们手中的黑莓数量从 1 200 部下降到 720 部；对外出售了公司的私人飞机机队，高管们出行开始搭乘商业航班，当然是经济舱：免费发放的啤酒没有了；圣路易斯红雀队的免费比赛门票也没有了；约 1 400 名员工，其中许多人曾在公司服务了数十年，在新管理层到来前的几周就被辞退了。财务报告一出便发现，薄睿拓及其团队在不到一年的时间里已削减了 10 亿美元的开销，并出售了近 90 亿美元的资产。①

“这些变化对员工们来说难以接受，有的人担心工作量会增加，担心工作的稳定性，员工对锱铢必较的节俭作风诚惶诚恐。”该报道写道。这

① 出售资产的目的是偿还银行的过桥贷款，为此，安海斯 - 布希拥有的海洋公园、易拉罐厂、在中国青岛啤酒的 27% 的股份以及英博拥有的韩国 OB 啤酒以及中东欧的啤酒业务，均在短短一年不到的时间内被出售。——译者注

与之前成立博浪啤酒、美洲饮料和英博时所发生的情境别无两样。

2008 年 9 月爆发的全球金融危机使薄睿拓采用的措施变得更为紧迫。当时正值全球流动性接近枯竭之时，而对安海斯 - 布希的收购又使英博背上了过多的债务包袱。因此，不仅新近收购的美国啤酒公司得要勒紧裤腰带，百威英博旗下所有的公司都必须大幅削减开销。已经制订好的 2009 年的预算计划也必须紧急修改，以反映这一削减开支的要求。美洲饮料 CEO 若昂描述了这件事：

> "正常情况下，我们在 7 月、8 月便开始准备制订下一年的预算。所以当危机爆发时，已经基本准备好的预算必须在两三周之内完成修改，我们需要迅速采取行动，改变目标。我们每年通常会有四个大目标：市场份额、费用支出、税息折旧前利润、现金流。我们发现 2009 年将是生存之年，于是决定只专注于两个目标：税息折旧前利润和现金流。然后我们就得做好功课：我要如何延长付款周期？我要如何推迟一些工厂的扩建项目？我们怎么用 2 000 万巴西雷亚尔推出一款新产品，而不是 3 000 万巴西雷亚尔？你必须做出选择……一切不重要的事情都得先等等。"

公司为薄睿拓和另外 39 位百威英博的高管设置了一个额外的激励措施，以保证能快速削减开支，并将安海斯 - 布希整合到英博。在收购完成后不久，百威英博向这群人提供了市场价值达 10 亿美元的 2 800 万份股票期权。然而，只有在 2013 年前成功将公司的债务减少一半，这些高管才能实际获得这些股票期权。这就是孤注一掷。

薄睿拓和他的团队不仅实现了这一目标，还提前了两年。于是，公司里涌现出了一批新的百万富翁，如同雷曼、马塞尔及贝托一路走来的过程中时常会发生的事一样。承诺给薄睿拓个人的百威英博的股票期权在2013年年初价值就达到了5亿巴西雷亚尔。百威英博的股票自安海斯-布希被收购以来，已经升值了270%。据《伊波卡》(*Epoca Negocios*)杂志报道，那是截至当时给巴西人的最大的一笔可变薪酬。然而，谨遵雷曼及其合伙人的文化，薄睿拓不会一次性收到所有股票期权，而是在2014年先获得一半，剩余的则在2019年获得。这就意味着最终的收入可升可降，一切均取决于行使股票期权时股票的价格。公司的年报显示，薄睿拓持有公司0.18%的股份，相当于近6亿巴西雷亚尔。这个金额不包括他未来还会获得的股票期权。

薄睿拓在收购安海斯-布希后坚持进行的成本削减计划，从一开始便引发了愤怒的回应。薄睿拓同时成为华尔街备受尊敬的CEO(因为他在不断创造出非凡的财务业绩)和公众鄙视的人物(主要是因为裁员等提升效率的项目所产生的副作用)。消费者最近又开始指责该啤酒公司改变了其啤酒的味道。美国杂志《彭博商业周刊》(*Bloomberg Business Week*)2012年10月的一篇封面故事渲染了这一问题，它揭露了追求成本削减如何影响着百威英博的产品质量。该杂志报道说，在美国出售的贝克啤酒，以前都是从德国进口，现在则来自圣路易斯的工厂。它还声称，该公司已经替换了一些传统供应商，例如生产啤酒的重要成分啤酒花的供应商。这样一来，啤酒的味道就变差了，而一些随时被解雇的小供应商则失去了很多业务。关于薄睿拓，它写道："他以削减成本的名义胡乱篡改百威的配方，将美国啤酒爱好者的热情置于风险中。”

3G资本再出手，汉堡王被收入囊中

雷曼并不吃汉堡，他倾向于选择“鱼肉和沙拉”的组合，而非“三明治配薯条”。然而，颇具讽刺意味的是，他和他的合伙人在快餐行业找到了在美国的第二个投资机会。由于3G资本是在纽约开始的业务，所以贝林管理的基金便对一些快餐食品情有独钟，如他在诸如温蒂汉堡（Wendy's）、杰克汉堡（Jack in the Box）和麦当劳这样的连锁店都有少量的投资。贝林借此对这一领域有了更多的了解，并由此得出结论，这里面存在很大的机会。这个目标就是汉堡王（Burger King）。汉堡王业务遍布70个国家，是全球最大的快餐连锁店之一。在汉堡王50年的经营史里，它曾有过6组不同的控股人，而且公司的业绩已经低迷了至少十年了。换句话说，这为3G资本提供了大好的时机。

贝林在2009年年底找到汉堡王董事会的一位成员，借口是想更好地了解这家公司。贝林在尽可能地梳理出一切的同时，也做好了出价准备。拉扎德被聘为这笔交易的投资顾问。2010年3月29日，汉堡王的董事长兼CEO约翰·奇德西（John W.Chidsey）收到一封信，贝林在信中正式表示有兴趣购买这一连锁企业。

经过5个月的紧张谈判，2010年9月2日，该公司宣布以40亿美元出售。不是所有的钱都来自雷曼、马塞尔及贝托的口袋，他们注入了12亿美元，剩下的钱则筹自其他一些投资者，包括摩根大通、巴克莱资本等银行以及他们在百威英博的合作伙伴艾克·巴蒂斯塔（Eike Batista）和范达默等人。希斯被任命为运营汉堡王的负责人。在之前的几个月里，他已经向保罗·巴西利奥（Paulo Basilio）完成了交接，后者将成为拉美铁路的新CEO。因为3G资本仅持有汉堡王在巴西30%的股份，所以巴西本地业务将由吉尔伯托·赛沃所拥有的芬奇公司控制。

2011年，在一次由弘扬企业家精神的非政府组织奉献基金（Endeavor）举办的活动上，贝托评论了这次收购：

> “我不知道自己会不会学着去吃汉堡包，但我会学习怎么做汉堡包……我得出的结论是，‘汉堡王’这个品牌比人们想象的要更强大。它不是一家大公司，在任何方面都不及美洲商店的一半。无论在店面数量上，还是在税息折旧前利润上，其交易金额还不到我们买下美洲商店所支付的一半，市场价值也不足美洲商店的一半……但这次收购的反响多么大啊！我在世界各地都有朋友，关于这次收购的新闻报道出现在了各个国家。现在，如果你发现一个非常好的品牌以及与其自身不大匹配的收入，这就意味着你有一个大好的机会了……”

雷曼、贝托和马塞尔远程跟进由贝林所率领的谈判。交易完成后，他们想要更近距离地观察这笔新投资。贝托和雷曼一反他们常规的饮食习惯，品尝了汉堡王的三明治，以了解他们将在世界各地出售什么。雷曼对这种不同寻常的美食体验的看法是，分量太大了！贝托和马塞尔加入了董事会，同时还有贝林（他是董事长）、希斯、范达默及另外三位独立董事。

“过去 10 年里，我们遵循着正确的策略，将细枝末节的事情搁置一旁，从而专注于核心的事情，”如今是百威英博、美洲饮料及美洲商店董事会成员的汤普森说道，“我们的时间完全用在这些重要的事情上，就像现在的汉堡王一样……当你开出了一张大额支票，你就会想要照看好这张大额支票。”

没有人比 42 岁的希斯更有责任照看好这张“大额支票”了。他和妻子及两个孩子现在住在汉堡王公司总部所在地迈阿密。二十多年前，希斯在里约热内卢天主教大学学经济学并向艾斯特达教育基金会申请资助时，便学会了三位合伙人的思考方式：

“我申请资助时，贝托对我进行了最后一次面试，那是在他当时负责的美洲商店里。我记得看到像他这样穿牛仔裤的 CEO 时，真有眼前一亮的感觉。贝托坐下来，把脚放在桌子上，问我为什么要从他那里得到钱。20 岁的我告诉他我需要支付自己的学费。我的父亲当时已经退休了，经济环境也不景气。谢天谢地，直到那时我的父亲都一直在照顾我，但现在得由我来决定自己的人生，我必须过好自己的生活。然后贝托问了第二个问题，‘你会把我的钱花在女朋友身上吗？’我说我想要钱来支付自己在天主教大学的学业，如果有剩余的话，是的，我会花在女朋友身上。听了这个笑话，他笑了。我认为他喜欢我的答案，我也喜欢他的坦率和直接的风格。”

希斯从天主教大学毕业后，在英国华威大学（Warwick）学习了 MBA

课程。1998 年，他作为分析师开始在拉美铁路工作。7 年后，他成为拉美铁路 CEO。2010 年 7 月，仍在负责拉美铁路的他成为 3G 资本的合伙人。铁路公司的转变已经步入正轨，希斯正准备担任另一个要职。

自从希斯来到汉堡王，他就一直遵循着三个合伙人的所有策略：展示目标和业绩表现的公告板挂到了公司总部里；数百名员工被辞退；鼓励高管走出办公室去探视店面，并学习如何制作三明治。2013 年年初，汉堡王的市值达到 62 亿美元，是 3G 资本买下这家公司时的两倍有余。该公司的股票在收购后停盘，直到 2012 年 6 月才再次开始股票交易。这是一次相当大的进步，但公司距离市场价值近 920 亿美元的行业龙头麦当劳仍然还有很长一段距离。

随着汉堡王的经营开始步入正轨，贝林也可以放下一些董事长的工作，去寻找新的业务了。他有一笔 40 亿美元的基金可用于投资一家新企业，这笔钱不仅来自 3G 资本的三个创始人，也来自与他们同为百威英博合作伙伴的三个比利时家族。与汉堡王一样，新目标将是另一家具有强大品牌力和全球影响力的公司，而且其业绩可通过管理再造得到改善。

有人猜测称化妆品生产商科蒂（Coty）在 2012 年 4 月对雅芳敌意收购的失败，其背后有 3G 资本的影子。这种怀疑并不缺乏根据：科蒂的董事长，即收购雅芳的主要支持者，是德国人皮特·哈弗（Peter Harf）。皮特直到 2012 年年初一直是百威英博的董事长，而科蒂的首席财务官巴西人塞尔希奥·佩德雷罗（Sergio Pedreiro）曾负责拉美铁路的财务部门多年。另外，用于收购雅芳的一些资金可能来自雷曼的老朋友巴菲特的投资公司伯克希尔哈撒韦。雷曼和巴菲特关系很近。巴菲特在近几年甚至陪同雷曼到科罗拉多参加了3次柯林斯的研讨会。雷曼、巴菲特和柯林斯三人相交的证据无处不在。

8个月后，贝林才成功找到理想的投资对象，于是将数十亿美元的现金投了进去。

DREAM BIG

How the Brazilian Trio behind 3G Capital Acquired Anheuser-Busch, Burger King and Heinz

17

下一个目标？

“你生命中所做的每一件重要的事，都需要制度化。如果不这样，就好像你什么都没做成一样。”

——贝托·斯库彼拉

DREAM
BIG

3G 精髓

3G 资本联手巴菲特收购亨氏

收购缘起

亨氏拥有非常知名的品牌，业务遍布全球，而且正展现出不错的发展势头。如果移植入 3G 资本的文化基因，亨氏一定能够发展得更快。

收购条件

以当时亨氏股票的市场交易价格为基础，溢价 20%。

收购资金

巴菲特和 3G 资本各出资 45 亿美元获得亨氏的控股权，巴菲特另拿出 80 亿美元投资亨氏的优先股。

17 下一个目标？

2012 年 11 月 30 日星期五的早晨，苏珊娜·雷曼正在瑞士的厨房里吃早餐，刚一打开地方广播新闻，便听到播音员提到自己丈夫的名字。她已经习惯于在报纸杂志上看到雷曼的名字，但在广播里听到他确实有点不同。提及他的原因是最新一期杂志《比兰》（*Bilan*）将他列为瑞士最富有的人之一。因为雷曼拥有双重国籍，即巴西国籍和瑞士国籍。他已经在这一排名中出现多年，尽管一直没有进入首位。现在他位列第二，紧随创立了瑞典宜家零售连锁店的英瓦尔·坎普拉德（Ingvar Kamprad）。几个小时后，彭博新闻社每天更新的全球亿万富翁排行榜显示，这个瑞士巴西人已超过 EBX 集团所有者艾克·巴蒂斯塔，成为巴西最富有的人，资产预估为 189 亿美元。雷曼身边的人说，他对这个消息很淡定。[①]

“当山姆·沃尔顿出现在世界富翁的名单上时，我们问他的想法是什么，他说名单不会改变什么，因为那只是纸，”雷曼说，“他说其他的东西才是真正重要的，那就是我的感觉。”

---

① 艾克·巴蒂斯塔，曾经的巴西首富，拥有巴西 EBX 集团，掌控巴西油气、巴西矿业等 6 家上市公司。——译者注

在基金会中贯彻自身的企业文化

对雷曼来说，重要的是他的公司及慈善项目的可持续性，而且随着他从所控股公司的日常管理中退下，他开始专注于教育项目。

他大约 1/3 的时间会花在艾斯特达教育基金会及雷曼基金会上，两者都遵循严谨的文化并追求卓越，这符合他一直提倡的企业文化。除了精益的结构，两个基金会联合聘用的员工不到 25 人，所有员工都有目标需要达成。三位合伙人于 1991 年创立的艾斯特达基金会已向 529 位海内外巴西学生提供了研究生学业资助，每一个获得批准的人都会经由这三人进行评估。其中一个经历过这种漏斗式筛选过程的学生是来自巴西南部班内苏尔银行（Banrisul）的前 CEO 马蒂斯·班代拉（Mateus Bandeira）。班代拉目前负责法尔科尼创办的一家咨询公司。其他曾在这三位合伙人掌控的公司里担任高级职位并获得过资助的人包括若昂和希斯。

雷曼就像艾斯特达教育基金会的国际大使一样到处跑。有赖于他与国外大学的紧密联系，艾斯特达基金会会定期邀请全球顶级大学的教授到巴西来给学生们做演讲。例如，基金会在 2011 年年初邀请了哈佛大学校长德鲁·福斯特（Drew Faust），后者讲述在自己哈佛大学学习的经历。哈佛大学的校友及大捐赠家雷曼担任了她的演讲主持，并陪同她参加了与巴西前总统迪尔玛·罗塞夫（Dilma Rousseff）的会面。

雷曼在雷曼基金会上也排了满满的活动日程，该基金由雷曼创立于 2002 年，旨在帮助提高巴西公共教育的质量。第一个项目便是为公立学校的教师和管理人员提供培训。

近年来，雷曼基金会已经引起了更多的国际关注。2012 年，它与斯坦福大学建立了合作关系，创建了巴西教育领域的创业与创新研究中心；同时它还与哈佛大学及伊利诺伊大学建立了另外两个国际合作关系，向专注研究巴西的学生、学者提供资助。2013 年 1 月，被称为“比尔·盖茨的老师”的美国人萨尔曼·可汗（Salman Khan）[①]到访巴西，介绍其独特的教育方法，该方法已经给世界各地的教育带来革命性变化，这些讲座的视频在 YouTube 上可以看到。雷曼基金会于 2012 年与可汗学院（Khan Academy）达成协议，将其课程翻译成葡萄牙语。

马塞尔和贝托不仅参与艾斯特达基金会，同时还拥有自己的慈善项目。马塞尔的项目是伊斯马特基金（Ismart），一个向低收入背景的学生提供资助，从而让其进入高等私立学府的非政府组织。他是这个组织的董事会成员，也参与遴选最终获得资助的学生。至今已有超过 1 000 名学生受惠。贝托则将其时间分别用在两个基金会上。第一个是奉献基金（Endeavor），这是一个为企业家提供支持的美国非政府组织。多亏贝托的援助，它才能于 2000 年开始在巴西运作。从那时起，奉献基金在巴西已发展成为强大的机器，其帮助的巴西创业企业的数量倍增。除了在财务上以及通过培训、社交网络、辅导向 56 位商业领袖提供直接支持，奉献基金还通过在全国各地的现场及互联网向所有对创业感兴趣的人提供相关课程。奉献基金预估已直接帮助巴西创造了两万个工作岗位。2012 年，贝托将奉献基金会主席一职移交给托特维斯（Totvs）的所有者拉埃西奥·科森蒂诺（Laercio

① 萨尔曼·可汗在 2009 年辞去金融分析师的工作后，把全部精力投入到了建设旨在为全球学生提供免费在线教育的“可汗学院”。2014 年，湛庐文化策化推出了其畅销全球的著作《翻转课堂的可汗学院》。——编者注

Cosentino)，贝托则继续担任董事会成员。

即使创始人已经离开，这些基金会仍然遵循三个合伙人的策略，开始靠自己的双脚行走并保持可持续性。“贝托曾告诉我，你生命中所做的每一件重要的事，都需要制度化，”若热·盖尔道回忆说，“如果不这样，就好像你什么都没做成一样。我永远不会忘记那句话。”

贝托和盖尔道自加兰蒂亚时期便认识，而在过去 10 年中他们的关系变得更加紧密了。贝托在慈善行业的第二个项目是旨在改善巴西政府治理的布拉瓦基金会，而盖尔道则在 2000 年开始了一场帮助巴西各州政府和市政府提高效率的运动。两位商人平行的路径直到 2007 年才开始产生交集，由盖尔道给巴西政府公共部门带来管理冲击的得力干将法尔科尼牵线。这两个人对于更高效的政府治理的追求已经触及米纳斯吉拉斯州、南里奥格兰德州（Rio Grande do Sul）、伯南布哥州及里约热内卢州。2011 年 5 月，该项目上升到联邦级别，成立了由盖尔道协调的巴西联邦政府管理和规划厅。

贝托保持着他实干的风格，不满足于只是参加与州长和政府代表的会议。

“他在里约热内卢会乔装打扮与警官会面，”一个亲近的熟人说，“因为他想亲自看看安全项目进展如何，所以他戴着棒球帽坐在房间后面，这样他就不会被认出来。”

贝托在里约热内卢州花费的时间和精力最多，为的就是改善它的政府治理。该州州长塞尔希奥·卡布拉尔（Sergio Cabral）这样表达了他对贝托所带来的“干预”的意见：

> “我很荣幸能拥有贝托这样的长期顾问……我知道他在各部门之间游走并和我的工作人员谈话……他穿着破旧牛仔裤、背着背包来，是世界上最简单的家伙，尽管他有那么多的经历，但仍表现得就像我的助理一样……我会说，他对我的政府最大的鼓励是创造精英治理。这是一个巨大的挑战，因为巴西几十年来充满了与公职人员相关的虚假的平等主义立法，我们必须在现行法律中找到建立精英治理的方法……”

联手巴菲特，收购亨氏

雷曼、贝托及马塞尔越来越多地参与慈善项目并不意味着他们已经将他们的商业活动搁置一旁。他们不满足于拥有世界上最大的啤酒商、巴西最大的零售连锁店以及遍布全球的快餐连锁店，他们想要更多。无论是美洲饮料在2012年年底成为拉丁美洲最具价值的公司，还是他们主要的公司，如百威英博（美洲饮料所有者）、美洲商店（B2W所有者）、汉堡王和圣卡洛斯等合计总市值超过1 600亿美元，这一切并不重要。美洲饮料、美洲商店及圣卡洛斯在他们的领导下拥有历史性的25%的平均年收益，但这也不重要。雷曼、马塞尔及贝托正在继续寻求机会，不断遵循他们的原则与支柱：精英治理、削减成本及不断改进。

他们的目标是使用这个经受过几十年考验的配方来转变另外两家新近收购的公司。第一家是生产科罗娜啤酒的墨西哥莫德罗公司。百威英博于 2012 年 6 月以 200 亿美元收购莫德罗。[①]这次收购将扩大百威英博作为世界最大的啤酒公司的领先优势，进一步扩大与排名第二的南非米勒的距离。[②]

第二家是 3G 资本于 2013 年 2 月宣布以 280 亿美元收购的美国老牌调味品制造商亨氏食品。这是当时食品行业历史上最大的交易。全世界都在关注这次亨氏收购，不仅是因为其涉及的金额，而且是因为它使巴西人成为美国三个标志性品牌的所有者：百威、汉堡王和亨氏。他们因此也成为投资巨头沃伦·巴菲特的合作伙伴。

贝林和其他 3G 资本的高管一直在跟踪世界上最著名的番茄酱制造商的业绩，雷曼第四个儿子马克·雷曼也参与了这项并购的研究分析工作。2009 年夏天，他在 3G 资本进行了简短的实习，被贝林安排去分析亨氏的业绩表现。当时，17 岁的马克在瑞士读高中。（他现在在纽约的哥伦比亚大学学习经济学。）他对自己的发现很兴奋，并向 3G 团队做了简短的说明，建议他们购买这家公司的股票，当时其股价还不到 40 美元。然而，3G 合伙人并没有听从这个男孩的意见，更愿意购买食品和饮料领域其他公司的股票。

3 年过去，3G 资本最终对亨氏下手了。2012 年 12 月第一周，在与雷曼的一次谈话中，贝林提议买下这家年收入 116 亿美元的美国巨头的控股

① 200 亿美元实际是莫德罗剩余 50% 的股权，百威英博的旗下公司安海斯 - 布希此前已经拥有莫德罗 50% 的股份，但安海斯 - 布希并不参与莫德罗的日常经营和管理。如前所述，百威英博对纯粹的没有经营管理权的战略性投资兴趣不大。——译者注

② 2015 年 11 月 11 日签约，2016 年 10 月 10 日被百威英博收购。——译者注

权。他认为亨氏有强大的品牌力，业务遍布200多个国家，且平均每年有个位数的增长率。在巴西,亨氏是总部位于戈亚斯（Goias）的奎罗（Quero）的所有者。贝林觉得它有潜力扩张得更快。雷曼立马充满了热情，几天后他与巴菲特在科罗拉多州博尔德参加柯林斯的研讨会，他向这位伯克希尔哈撒韦的所有者提出了自己的想法。

12月9日，在从博尔德前往奥马哈的飞机上，雷曼向巴菲特概述了他的计划，两人都决定推进这次交易。不久，雷曼和贝林便安排了与亨氏董事长兼CEO威廉·约翰逊（William Johnson）共进晚餐。这次见面于当月下旬在佛罗里达州的一家餐厅进行。这标志着收购的正式开始。随后，雷曼抽身出来，贝林负责与亨氏的谈判。

年底的假日季后不久，贝林前往匹兹堡。亨氏总部设立于此已经超过一个多世纪了。接着，谈判加速了，双方共聘请了6家银行和4家律师事务所来组织这次并购交易，最终约300人参与其中。

巴菲特远程跟进相关事宜，直到2013年2月11日星期一，他才直接参与进来。随着交易即将达成，他请了贝林和约翰逊在奥马哈一家简单的餐厅共进午餐。这就是完成交易所需要做的一切。3天后，伯克希尔哈撒韦和3G资本宣布，他们以每股72.50美元的价格收购亨氏股票，这比前一天的市场收益价溢价了20%。双方各投资了45亿美元收购亨氏的控股权。伯克希尔哈撒韦另外还以80亿美元购买了亨氏的优先股。

在这次交易办理相关法律手续的同时（这一过程持续到2013年第三季度），贝林及其团队将实地去了解亨氏是如何运作的，并规划交易获得批准后将做出怎样的改变。

“亨氏距离成为食品行业中的百威英博还有很长的路要走（它在全球食品行业排名第 13），”《经济学人》写道，“但在巴西人的掌舵以及巴菲特先生的支持下，它很有可能会不断进步。”

雷曼、马塞尔及贝托在巴西之外的进展不可能停步于此。熟悉这三个人的人说，他们还想着其他大型的外国公司。有关百威英博收购百事可乐或可口可乐的传言多年来一直流传。自从前博浪啤酒开始在巴西分销百事可乐软饮料，百威英博和百事公司已经认识几十年了。至于可口可乐，可能会从另一个方向入手，那就是巴菲特。巴菲特是可口可乐最大的个人股东，持有 9% 的股份。

巴菲特和雷曼是否会再次携手，买下这家市场价值近 1 690 亿美元、规模是其竞争对手百事可乐两倍以上的美国最具标志性的企业的控股权？

对于这个问题，巴菲特把头往后一靠，笑着说：“你不会听到我任何关于这个问题的想法。”

致谢

我于2007年1月结识了豪尔赫·保罗·雷曼。当时，我告诉他自己想写一本书，介绍他的发家史以及他的合作伙伴马塞尔·泰勒斯和贝托·斯库彼拉。他以典型的低调风格婉拒了我。他说："我们所做的一切不过是从高盛抄一点，从沃尔玛抄一点，此外无他。不管怎样，我不觉得现在是出书的合适时间。"此后，我连续4年追着三位商人讨论写书的事宜，无果。最后我得出了一个结论，这样的"合适时间"永远也不会来到。雷曼、马塞尔和贝托压根儿不喜欢这样的"曝光"。

在这种情形下写这本书，我不得不依赖于100多位第三者的叙述和评论，这里许多人还是匿名的。这100多人中最出名的恐怕就是沃伦·巴菲特了。我们在他的办公室聊了差不多一个小时。这位世界第四富有的老人简单而好奇，他问了我很多关于巴西的问题。他对"三剑客"的评价构成了这本书的基石。

很多和雷曼、马塞尔、贝托亲近的人给我提供了帮助。他们当中一些人非常慷慨，他们不止一次地和我会面，回复了无数的电子邮件。我尤其要感谢费尔森·兰博诺、亚历山大·贝林、罗伯托·汤普森、保罗·阿拉冈、若泽·卡洛斯·拉莫斯·达·席尔瓦、马塞洛·巴巴拉、若泽·奥林皮奥·佩雷拉以及罗杰里奥·卡斯特罗·玛亚。美洲饮料负责对外沟通的米尔顿·塞利格曼（Milton Seligman）和亚历山大·洛雷斯（Alexandre Loures）给我的工作带来了极大便利，帮我查找公司资料，安排采访公司高管。

很荣幸的是，在我供职于《检视》杂志的12年里，吉姆·柯林斯多次接受过我的采访。而且，柯林斯还应邀为本书撰写了序言，也许他觉得同意撰写序言比拒绝我永无休止的恳求容易些。柯林斯的寥寥数言就已经精辟地概括了这三位巴西商人的投资和经营哲学。

如果没有之前和一些人的交流，特别是佩德罗·梅洛（Pedro Mello）、阿尔弗雷多·奥加瓦（Alfredo Ogawa）以及卡门和劳伦蒂诺·戈梅斯夫妇（Carmen and Laurentino Gomes），做出写这本书的决定将是无比困难的。每个人都为我尽可能减少写作的谬误提出了他们中肯的建议。我也非常感谢爱德华多·奥伊内格（Eduardo Oinegue）的鼓励，没有他的不断催促，我恐怕还在等待“合适时间”的到来。

我也很感谢部分或全部阅读了初稿的朋友们，他们帮助我纠正了书中的错误，提出了修改意见，并建议我采用最便于阅读的叙述方法。这些朋友包括帕特里夏·哈格里夫斯（Patricia Hargreaves）、迪米特里·阿博蒂（Dimitri Abudi）以及我的编辑埃利奥·苏斯肯德（Helio Sussekind）和马科斯·达·维加·佩雷拉（Marcos da Veiga Pereira）。埃利奥和佩雷拉对于该书的投入和专注给予了我极大的信心，完成书稿。

没有我的母亲爱汀希娅（Edinezia）和父亲多明戈斯（Domingos）的支持和影响，我绝无可能完成此书的写作，也不可能完成我一生中的其他任何事业。

湛庐，与思想有关……

如何阅读商业图书

商业图书与其他类型的图书，由于阅读目的和方式的不同，因此有其特定的阅读原则和阅读方法，先从一本书开始尝试，再熟练应用。

阅读原则1 二八原则

对商业图书来说，80% 的精华价值可能仅占 20% 的页码。要根据自己的阅读能力，进行阅读时间的分配。

阅读原则2 集中优势精力原则

在一个特定的时间段内，集中突破 20% 的精华内容。也可以在一个时间段内，集中攻克一个主题的阅读。

阅读原则3 递进原则

高效率的阅读并不一定要按照页码顺序展开，可以挑选自己感兴趣的部分阅读，再从兴趣点扩展到其他部分。阅读商业图书切忌贪多，从一个小主题开始，先培养自己的阅读能力，了解文字风格、观点阐述以及案例描述的方法，目的在于对方法的掌握，这才是最重要的。

阅读原则4 好为人师原则

在朋友圈中主导、控制话题，引导话题向自己设计的方向去发展，可以让读书收获更加扎实、实用、有效。

阅读方法与阅读习惯的养成

（1）回想。阅读商业图书常常不会一口气读完，第二次拿起书时，至少用 15 分钟回想上次阅读的内容，不要翻看，实在想不起来再翻看。严格训练自己，一定要回想，坚持 50 次，会逐渐养成习惯。

（2）做笔记。不要试图让笔记具有很强的逻辑性和系统性，不需要有深刻的见解和思想，只要是文字，就是对大脑的锻炼。在空白处多写多画，随笔、符号、涂色、书签、便签、折页，甚至拆书都可以。

（3）读后感和 PPT。坚持写读后感可以大幅度提高阅读能力，做 PPT 可以提高逻辑分析能力。从写读后感开始，写上 5 篇以后，再尝试做 PPT。连续做上 5 个 PPT，再重复写三次读后感。如此坚持，阅读能力将会大幅度提高。

（4）思想的超越。要养成上述阅读习惯，通常需要 6 个月的严格训练，至少完成 4 本书的阅读。你会慢慢发现，自己的思想开始跳脱出来，开始有了超越作者的感觉。比拟作者、超越作者、试图凌驾于作者之上思考问题，是阅读能力提高的必然结果。

扫码关注湛庐文化，
回复“阅读”
这5种方法，让读过的书变成你的影子

[特别感谢：营销及销售行为专家 孙路弘 智慧支持！]

我们出版的所有图书，封底和前勒口都有“湛庐文化”的标志

并归于两个品牌

找“小红帽”

为了便于读者在浩如烟海的书架陈列中清楚地找到湛庐，我们在每本图书的封面左上角，以及书脊上部 47mm 处，以红色作为标记——称之为**“小红帽”**。同时，封面左上角标记**“湛庐文化 Slogan”**，书脊上标记**“湛庐文化 Logo”**，且下方标注图书所属品牌。

湛庐文化主力打造两个品牌：**财富汇**，致力于为商界人士提供国内外优秀的经济管理类图书；**心视界**，旨在通过心理学大师、心灵导师的专业指导为读者提供改善生活和心境的通路。

阅读的最大成本

读者在选购图书的时候，往往把成本支出的焦点放在书价上，其实不然。

时间才是读者付出的最大阅读成本。

阅读的时间成本=选择花费的时间+阅读花费的时间+误读浪费的时间

湛庐希望成为一个“与思想有关”的组织，成为中国与世界思想交汇的聚集地。通过我们的工作和努力，潜移默化地改变中国人、商业组织的思维方式，与世界先进的理念接轨，帮助国内的企业和经理人，融入世界，这是我们的使命和价值。

我们知道，这项工作就像跑马拉松，是极其漫长和艰苦的。但是我们有决心和毅力去不断推动，在朝着我们目标前进的道路上，所有人都是同行者和推动者。希望更多的专家、学者、读者一起来加入我们的队伍，在当下改变未来。

湛庐文化获奖书目

《大数据时代》

国家图书馆"第九届文津奖"十本获奖图书之一

CCTV"2013中国好书"25本获奖图书之一

《光明日报》2013年度《光明书榜》入选图书

《第一财经日报》2013年第一财经金融价值榜"推荐财经图书奖"

2013年度和讯华文财经图书大奖

2013亚马逊年度图书排行榜经济管理类图书榜首

《中国企业家》年度好书经管类TOP10

《创业家》"5年来最值得创业者读的10本书"

《商学院》"2013经理人阅读趣味年报•科技和社会发展趋势类最受关注图书"

《中国新闻出版报》2013年度好书20本之一

2013百道网•中国好书榜•财经类TOP100榜首

2013蓝狮子•腾讯文学十大最佳商业图书和最受欢迎的数字阅读出版物

2013京东经管图书年度畅销榜上榜图书，综合排名第一，经济类榜榜首

《牛奶可乐经济学》

国家图书馆"第四届文津奖"十本获奖图书之一

搜狐、《第一财经日报》2008年十本最佳商业图书

《影响力》（经典版）

《商学院》"2013经理人阅读趣味年报•心理学和行为科学类最受关注图书"

2013亚马逊年度图书分类榜心理励志图书第八名

《财富》鼎力推荐的75本商业必读书之一

《人人时代》（原名《未来是湿的》）

CCTV《子午书简》•《中国图书商报》2009年度最值得一读的30本好书之"年度最佳财经图书"

《第一财经周刊》• 蓝狮子读书会•新浪网2009年度十佳商业图书TOP5

《认知盈余》

《商学院》"2013经理人阅读趣味年报•科技和社会发展趋势类最受关注图书"

2011年度和讯华文财经图书大奖

《大而不倒》

《金融时报》• 高盛2010年度最佳商业图书入选作品

美国《外交政策》杂志评选的全球思想家正在阅读的20本书之一

蓝狮子•新浪2010年度十大最佳商业图书，《智囊悦读》2010年度十大最具价值经管图书

《第一大亨》

普利策传记奖，美国国家图书奖

2013中国好书榜•财经类TOP100

《真实的幸福》

《第一财经周刊》2014年度商业图书TOP10

《职场》2010年度最具阅读价值的10本职场书籍

《星际穿越》

国家图书馆"第十一届文津奖"十本奖获奖图书之一

2015年全国优秀科普作品三等奖

《环球科学》2015最美科学阅读TOP10

《翻转课堂的可汗学院》

《中国教师报》2014年度"影响教师的100本书"TOP10

《第一财经周刊》2014年度商业图书TOP10

湛庐文化获奖书目

《爱哭鬼小隼》
国家图书馆"第九届文津奖"十本获奖图书之一
《新京报》2013年度童书
《中国教育报》2013年度教师推荐的10大童书
新阅读研究所"2013年度最佳童书"

《群体性孤独》
国家图书馆"第十届文津奖"十本获奖图书之一
2014"腾讯网•啖书局"TMT十大最佳图书

《用心教养》
国家新闻出版广电总局2014年度"大众喜爱的50种图书"生活与科普类TOP6

《正能量》
《新智囊》2012年经管类十大图书，京东2012好书榜年度新书

《正义之心》
《第一财经周刊》2014年度商业图书TOP10

《神话的力量》
《心理月刊》2011年度最佳图书奖

《当音乐停止之后》
《中欧商业评论》2014年度经管好书榜•经济金融类

《富足》
《哈佛商业评论》2015年最值得读的八本好书
2014"腾讯网•啖书局"TMT十大最佳图书

《稀缺》
《第一财经周刊》2014年度商业图书TOP10
《中欧商业评论》2014年度经管好书榜•企业管理类

《大爆炸式创新》
《中欧商业评论》2014年度经管好书榜•企业管理类

《技术的本质》
2014"腾讯网•啖书局"TMT十大最佳图书

《社交网络改变世界》
新华网、中国出版传媒2013年度中国影响力图书

《孵化Twitter》
2013年11月亚马逊(美国)月度最佳图书
《第一财经周刊》2014年度商业图书TOP10

《谁是谷歌想要的人才？》
《出版商务周报》2013年度风云图书•励志类上榜书籍

《卡普新生儿安抚法》《最快乐的宝宝1•0~1岁》
2013新浪"养育有道"年度论坛养育类图书推荐奖

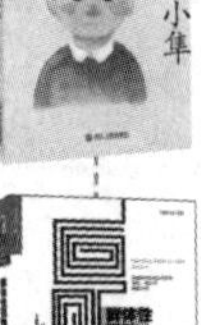

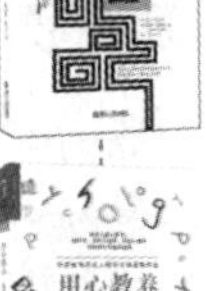

延伸阅读

《商界局外人：巴菲特尤为看重的八项企业家特质》

◎ 股神巴菲特、戴尔公司董事长兼 CEO 迈克尔·戴尔、投资新贵比尔·阿克曼强烈推荐，查理·芒格亲自审定。中国知名投资人张化桥倾情作序。

◎《福布斯》杂志号召“美国商界人士人手一本”的杰作。

《资本之王》（经典版）

◎《资本之王》（经典版），全球私募之王黑石集团成长史。

◎ 唯一一部透视黑石集团运作内幕的权威巨作。

◎ 首度展现黑石创始人史蒂夫·施瓦茨曼叱咤风云的私募传奇。

《投资中最简单的事》

◎ 轰动中国投资界的惊雷之作！盈利就是做好那些最简单的事情！

◎ 高瓴资本集团创始人兼董事长张磊专文力荐，国务院发展研究中心金融研究所副所长巴曙松等名家一致盛赞。

《富可敌国》（经典版）

◎ 顶级对冲基金大亨们的传奇人生。

◎《金融时报》与高盛最佳商业图书入围作品。

◎ 金融业的未来取决于对冲基金的历史。

图书在版编目（CIP）数据

3G资本帝国 /（巴西）克里斯蒂娜·柯利娅著；王仁荣译．—北京：北京联合出版公司，2017.6

ISBN 978-7-5596-0379-1

Ⅰ.① 3… Ⅱ.①克… ②王… Ⅲ.①企业兼并—研究 Ⅳ.① F271.4

中国版本图书馆 CIP 数据核字（2017）第 095314 号

著作权合同登记号

图字：01-2016-5969

上架指导：金融投资 / 企业管理

本书法律顾问 北京市盈科律师事务所 崔爽律师

张雅琴律师

3G资本帝国

作 者：［巴西］克里斯蒂娜·柯利娅

译 者：王仁荣

选题策划：湛庐文化 Cheers Publishing

责任编辑：管 文

封面设计：湛庐文化 Cheers Publishing 李新泉

版式设计：湛庐文化 Cheers Publishing 李新泉

北京联合出版公司出版

（北京市西城区德外大街 83 号楼 9 层 100088）

北京富达印务有限公司 新华书店经销

字数 200 千字 720 毫米 ×965 毫米 1/16 20.25 印张 6 插页

2017 年 6 月第 1 版 2017 年 6 月第 1 次印刷

ISBN 978-7-5596-0379-1

定价：69.90 元